零基础
学K线

张赞鑫 编著

中国宇航出版社
·北京·

图书在版编目（CIP）数据

零基础学K线 / 张赞鑫编著. -- 北京:中国宇航出版社，2021.1
ISBN 978-7-5159-1874-7

Ⅰ. ①零… Ⅱ. ①张… Ⅲ. ①股票投资一基本知识 Ⅳ. ①F830.91

中国版本图书馆CIP数据核字(2020)第240950号

责任编辑 卢 珊　　**封面设计** 宇星文化

出版发行 **中国宇航出版社**
社　址 北京市阜成路8号　　**邮　编** 100830
(010)60286808　　(010)68768548
网　址 www.caphbook.com
经　销 新华书店
发行部 (010)60286888　　(010)68371900
(010)60286887　　(010)60286804(传真)
零售店 读者服务部
(010)68371105
承　印 北京天顺鸿彩印有限公司
版　次 2021年1月第1版　　2021年1月第1次印刷
规　格 710×1000　　**开　本** 1/16
印　张 16.25　　**字　数** 232千字
书　号 ISBN 978-7-5159-1874-7
定　价 48.00元

K线——探寻股价运动规律的尝试

（代序）

自从有了股市，市场上的投资者就从来没有放弃过探寻股价运动规律的尝试，K线图的引入就是其中最重要的一次。时至今日，K线图在研判股价运行趋势方面的作用几乎是无可替代的，围绕如何更好、更准确地使用K线图研判股价运行趋势的研究和讨论，也一直持续下来。

本书试图从K线图的本源开始，帮助投资者逐层厘清K线图的结构、组合分析与高阶应用技巧。从设计层面来看，本书的内容结构大致可分为四个层次：第一，K线的起源与基础；第二，K线以及K线形态解读；第三，K线辅助分析系统；第四，K线高阶实用技法。投资者可根据个人偏好和意愿，选择使用不同的技术分析组合辅助K线分析。

诚然，K线图给出的都是股价历史走势信息以及即时成交信息，然而，我们却始终相信，虽然历史不会重复，却会以另一种方式重新演绎，K线经典形态就是被历史多次证明有效的股价波动趋势信号。我们在学习K线图时，要重视这样几点：第一，经典形态，特别是顶部形态和底部形态，准确性往往比较高；第二，注重K线分析与其他辅助分析系统的结合，多维度研判交易信号的有效性；第三，历史点位会对股价走势构成支撑或阻力，因为这些位置往往积累了大量被套牢的筹码。

笔者希望读者，特别是新入股市的投资者，通过学习本书，能够对K线分析有一个更加全面的认识和了解。当然，与其他技术分析方法相似，K线分析也并非一用就灵，一用就能赚钱。投资者如要利用K线分析赚钱，必须做好下面几件事：其一，相信既成事实，而非相信感觉，很多人做投资决策并非依据K线信号，而是凭借自己的感觉，如果你想利用K线分析挣钱，必须先相信它；其二，K线发出的信号有强弱之分，即使再强烈的信号，也只是一种大概率事件，如果能用其他技术指标加以佐证，成功率会更高；其三，K线发出的信号是死的，但人是活的，庄家和主力很狡猾，要想利用K线赚钱，就必须活学活用；其四，K线形态有很多种，市场上的股票也有很多，你只要把一种或几种K线形态用好、用精，也就不愁赚不到钱了。

目 录

第三章　K线反转形态解析

第四章　K线持续形态解析

第七章　K 线图高阶技法：猎杀强势股

第一章

K 线的由来与基本含义

在K线引入西方证券分析以前，欧美证券市场也存在一些记录证券价格走势的工具，如美国线等。不过，这些价格记录工具反映的交易含义远远没有K线丰富。正因为如此，自K线被史蒂夫·尼森介绍到西方后，因其简洁、生动而富有深层交易思想而大受欢迎。史蒂夫·尼森也因此被称为“K线分析之父”“向西方介绍K线技术第一人”。

第一节　本间宗久与K线

K线，也称蜡烛图，相传是由日本德川幕府时代的米商本间宗久所创。

一、本间宗久与蜡烛图技术

本间宗久1729年出生在一个富裕的家庭。本间家族拥有面积庞大的稻米种植园，因此，他家在大米现货市场拥有很大的话语权。

本间宗久出生前，在日本的大阪市，从事大米交易的商人超过千人。由于当时没有可靠的货币标准，大米便成为事实上的交换媒介，很多大名（领主）的领地数量或面积都是以稻谷等农作物产量来计量的。各家大名通过抽取农民收成获得收入，由于农民种植的农作物主要产出为大米，因而，这种抽成也称为大米税收。各地大名将大米运到大阪，这些米商就给大名开具大米库券作为收据。有时，大名在财政上周转不灵，还可以将下一熟的大米税收提前作为大米库券卖出。

当时，大米库券交易非常活跃，这种大米库券也就成了世界上最早的期货合约。其中，堂岛大米会所成了世界上最早的大米期货交易所。本间宗久继承本间家族的财富后，凭借其在现货市场的巨大影响力，迅速进入大米期货市场。同时，他还通过记录天气情况、研究大米交易记录等完善大米交易体系，很快，本间宗久就主宰了大阪的大米交易市场。传说，他曾经有过100笔连续盈利的交易记录。

1803年，本间宗久逝世。他在大米市场采用的交易策略，逐步演化为蜡烛图技术。

“K 线”这一称呼也是源于日本的叫法。日本民间一开始把蜡烛图称为“罫（日本音读 kei）线”，后来西方学者直接使用“K”作为“罫”的音译，因而便有了现在的名称。

二、K 线的基本构造

K 线是柱状的线条，由影线和实体组成，它能够把某一周期内的开盘价、最高价、最低价和收盘价这 4 个价格的市场情况直观地表现出来。K 线上影线的顶端代表这一交易周期的最高价；下影线的末端代表这一交易周期的最低价；实体上下两端分别代表这一交易周期的开盘价和收盘价，如图 1–1 所示。

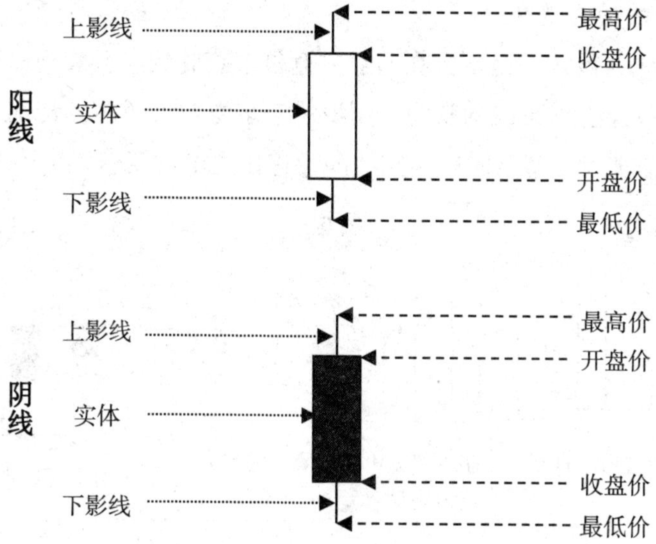

图 1–1　K 线基本形态

开盘价：又称开市价，是指某种证券在证券交易所每个交易周期开盘后的第一笔交易的成交价格，是买卖双方相互交战的楚河汉界。目前国内股票市场采用集合竞价的方式来确定每天的开盘价。

最高价：指某种证券在每个交易周期从开盘到收盘的交易过程中产生的最高价格。

最低价：指某种证券在每个交易周期从开盘到收盘的交易过程中产生的最低价格。

收盘价：指某种证券在每个交易周期最后一笔交易的成交价格。收盘价是当前行情的标准，又是下一个交易周期开盘价的依据，代表了买卖双方的力量对比结果，可据以预测未来的市场行情。目前，国内股票市场收盘价和开盘价一样是通过集合竞价产生的，也就是说，从 14:57 开始集合竞价，至 15:00 产生收盘价。

三、K 线与多空平衡

K 线图反映的多空平衡关系，与中国古代阴阳转化的原理有异曲同工之妙。月满则亏，盛极而衰，就是 K 线图整个形态变化最好的诠释。

1. 阳线的动态变化

出现阳线，被认为是多方在与空方竞争中获胜的一种表现。至于阳线实体的大小，以及上下影线的长短，则取决于多空双方争斗的情况。阳线从孕育到发展直至消亡，最后转变为阴线的过程如图 1–2 所示。

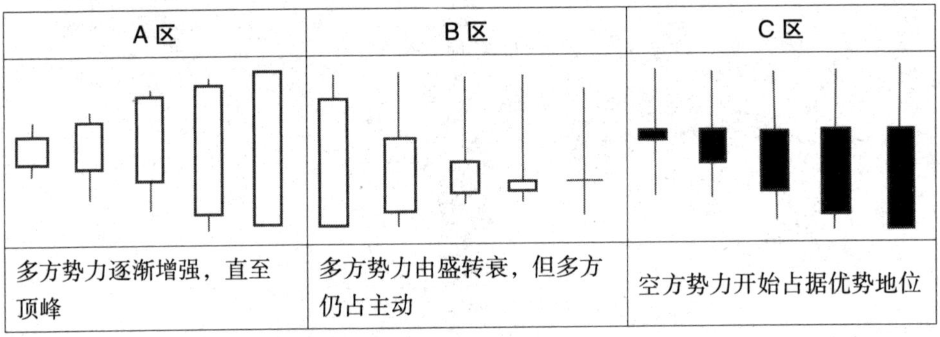

图 1–2　阳线动态变化至转化为阴线的过程

（1）A 区：多方势力逐渐走强阶段。

这一阶段，属于多方势力逐渐增强的阶段，阳线实体逐渐拉长，且上影线逐渐变短。小阳线、中阳线、大阳线、光头阳线，甚至光头光脚阳线都可能在此阶段出现。到了光头大阳线出现时，往往也是多方势力达到极盛时期，未来市场存在转弱的可能。

（2）B 区：多方势力开始逐渐走弱。

在这一阶段，多方实力有所不济，空方则趁机向多方发起反攻，不过，多方仍能占据主动地位，K 线往往还是会以阳线报收。不过，不断拉长的上影线是空方势力逐步增强的一种表现，最后甚至会出现十字星线，这说明多空力量在某种程度上达到了均衡状态。

（3）C 区：空方开始占据主导权的阶段。

这一阶段，尽管多方尽力拉升股价，有时股价的最高价都超过了开盘价，但无一不被空方击退，最后以低于开盘价的价格收盘，这说明空方已经占据了绝对的优势地位。光脚阴线的出现，是空方实力强劲的表现。

2. 阴线的动态变化

出现阴线，被认为是空方在与多方竞争中获胜的一种表现。至于阴线实体的大小，以及上下影线的长短，则取决于多空双方争斗的情况。阴线从孕育到发展直至最后消亡，到转为阳线的过程如图 1–3 所示。

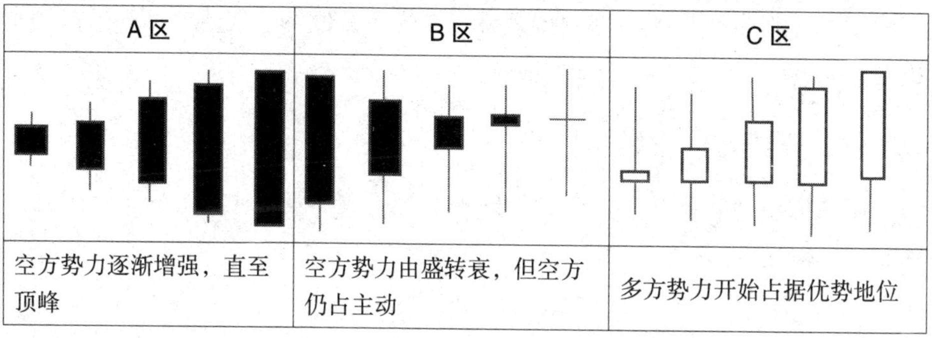

图 1–3　阴线动态变化至转化为阳线的过程

（1）A 区：空方势力逐渐走强阶段。

这一阶段，属于空方势力逐渐增强的阶段，阴线实体逐渐拉长，且下影线逐渐变短。小阴线、中阴线、大阴线、光脚阴线，甚至光头光脚阴线都可能在此阶段出现。到了光脚大阴线出现时，往往是空方势力达到极盛的时期，未来市场存在转弱的可能。

（2）B 区：空方势力开始逐渐走弱。

在这一阶段，空方势力有所不济，多方则趁机向空方反攻，但空方仍能占据主导地位，K 线往往还是会以阴线报收。不过，不断拉长的下影线是多方实力增强的一种表现。最后甚至会出现十字星线，这说明多空力量在某种程度上达到了均衡状态。

（3）C 区：多方开始占据主导权的阶段。

在这一阶段，尽管空方尽力打压股价，有时股价的最低价低于开盘价，但无一不被多方击退，最后以高于开盘价的价格收盘，这说明多方已经占据了绝对的优势地位。光头阳线的出现，就是多方实力强劲的表现。

第二节　K 线的基本交易含义

阳线与阴线是 K 线最基础也是最重要的两种形态，其他形态都是据此演化而来的。

一、阳线与假阳线

阳线的出现，通常意味着股价处于上行通道，股价又向上涨了一点儿。然而，一切都有例外，假阳线就是一个例外。

1. 阳线

阳线是某一交易周期内收盘价高于开盘价的 K 线。阳线实体上端表示收盘价，下端表示开盘价，实体长短代表收盘价相对于开盘价的涨幅大小，如图 1–4 所示。

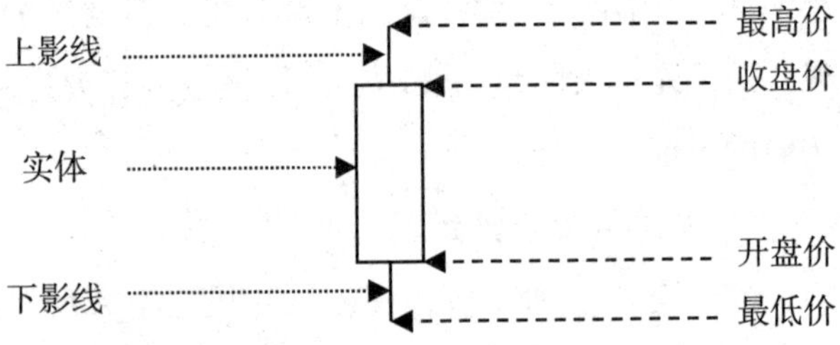

图 1–4　阳线的基本形态

阳线的基本描述如下。

第一，通常显示为红色实体柱、白色实体柱或空心框，本书使用的是空心框形态。

第二，收盘价高于开盘价，股价表现为上涨趋势，实体长度代表收盘价与开盘价之间的价差。通常情况下，实体越长，说明多方实力越强。

第三，上影线的长度表示最高价与收盘价之间的价差，下影线的长度则代表开盘价与最低价之间的价差。上影线越短，说明收盘价与最高价之间的距离越近，多方实力越强；反之，上影线越长，说明空方对多方的打压越强。

第四，一般而言，阳线表示买盘较强，卖盘较弱。

2. 假阳线

假阳线是指某只股票当天的收盘价高于开盘价，但却低于上个交易日的收盘价。这种情况下，K 线虽然呈阳线，但是股价或指数却是下跌的，如图 1–5 所示。

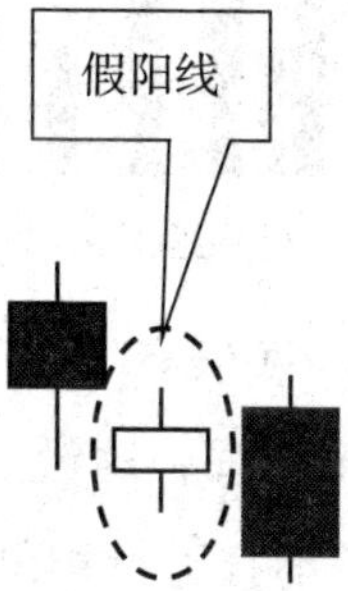

图 1–5　假阳线

假阳线的描述如下。

第一，从形态上来说，假阳线也是一种阳线，其收盘价高于开盘价，这是符合阳线基本特征的。

第二，假阳线的形成是由于空方在开盘阶段发力猛攻，将股价打压至较低的水平，随后多方趁机发动了一波反攻。不过，由于其收盘价没有收到前一交易日收盘价上方，说明多方实力仍不足以与空方竞争，多方尚需积蓄力量。

第三，由于假阳线的收盘价低于前一个交易日的收盘价，也就是说，假阳线不能推动股价上行，因此，假阳线多为下跌途中的一次“休息”，不会改变股价继续下跌的趋势。

下面来看一下京东方A的日K线走势图，如图1–6所示。

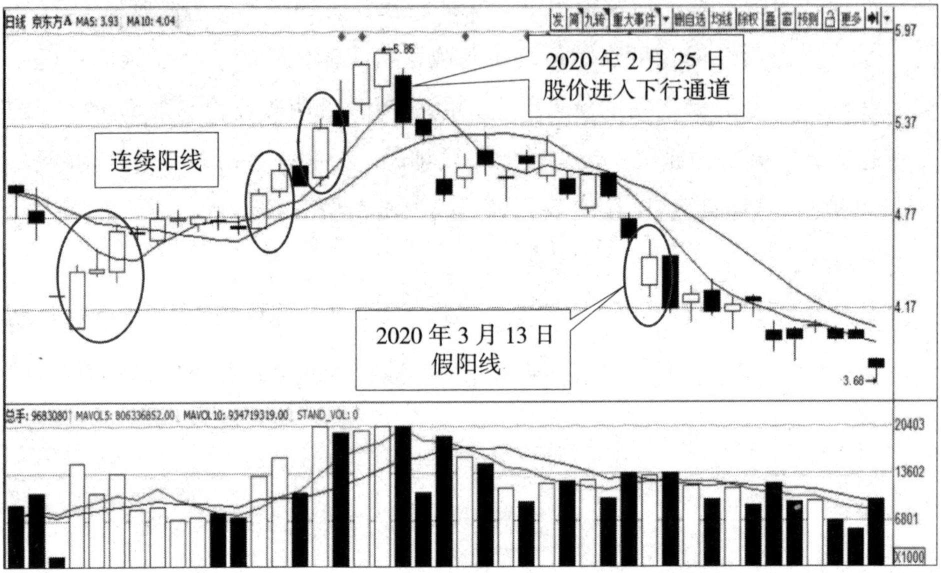

图1–6　京东方A（000725）日K线走势图

在2020年2月25日之前，京东方A的股价呈现振荡上扬的态势，股价K线也以阳线为主，很少出现阴线，这说明多方实力较强，能够推动股价持续上行。在此期间，投资者是不宜进行卖出或做空交易的。

2月25日之后，该股股价K线连续跌破多条均线，进入下行通道，随后股价K线以阴线为主。3月13日，该股股价低开高走，收出了一根“阳线”，不过，这根“阳线”的收盘价仍低于前一交易日的收盘价。也就是说，这根“阳线”是典型的假阳线，其性质更接近于阴线。这也说明多方实力不足以对空方构成威胁，股价仍将以下行趋势为主。

二、阴线与假阴线

阴线的出现，通常意味着股价处于下行通道，股价又向下跌了一点儿。

然而，一切都有例外，假阴线就是一个例外。

1. 阴线

阴线是某一交易周期内收盘价低于开盘价的K线。阴线实体上端表示开盘价，下端表示收盘价，实体长短代表收盘价相对于开盘价的跌幅大小，如图1–7所示。

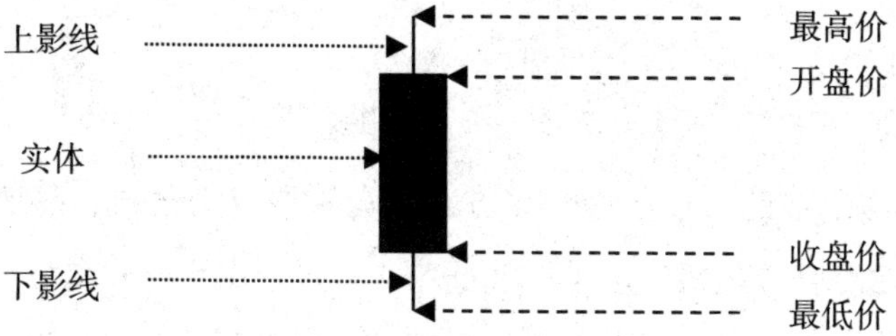

图1–7 阴线的基本形态

阴线的基本描述如下。

第一，通常显示为绿色实体柱、蓝色实体柱或黑色实体柱，本书采用的是黑色实体柱形态。

第二，收盘价低于开盘价，股价表现为下跌趋势，实体长度代表开盘价与收盘价之间的价差。通常情况下，实体越长，说明空方实力越强。

第三，上影线长度表示最高价与开盘价之间的价差，下影线长度则代表收盘价与最低价之间的价差。下影线越长，说明收盘价与最低价之间的距离越远，多方反攻欲望越强；反之，下影线越短，说明空方实力越强，多方几乎没有反攻能力。

第四，一般而言，阴线表示卖盘较强，买盘较弱。

2. 假阴线

假阴线是指某只股票当天的收盘价低于开盘价，但却高于上个交易日的收盘价，K线虽然呈阴线，但是股价或指数却是上涨的，如图1–8所示。

假阴线的描述如下。

第一，从形态上来说，假阴线是一种阴线，其收盘价低于开盘价，这是符合阴线基本特征的。

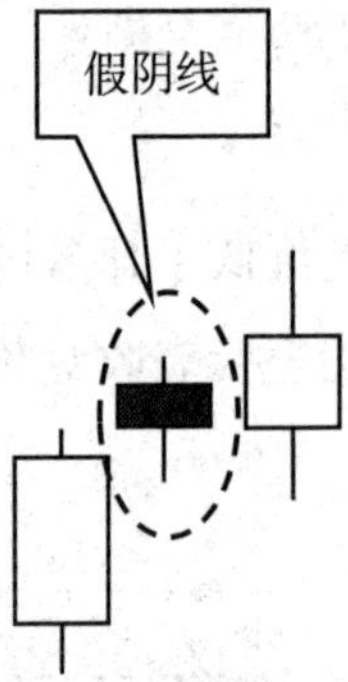

图 1-8　假阴线

第二，假阴线的形成是由于多方在开盘阶段发力猛攻，将股价拉升至较高的水平，随后空方趁机发动了一波反攻。不过，由于其收盘价没有收到前一交易日收盘价下方，说明空方实力仍不足以与多方竞争，空方尚需积蓄力量。

第三，由于假阴线的收盘价高于前一个交易日的收盘价，也就是说，假阴线不能推动股价下行，因此，假阴线多为上涨途中的一次“休息”，不会改变股价继续上行的趋势。

下面来看一下格力电器的日 K 线走势图，如图 1-9 所示。

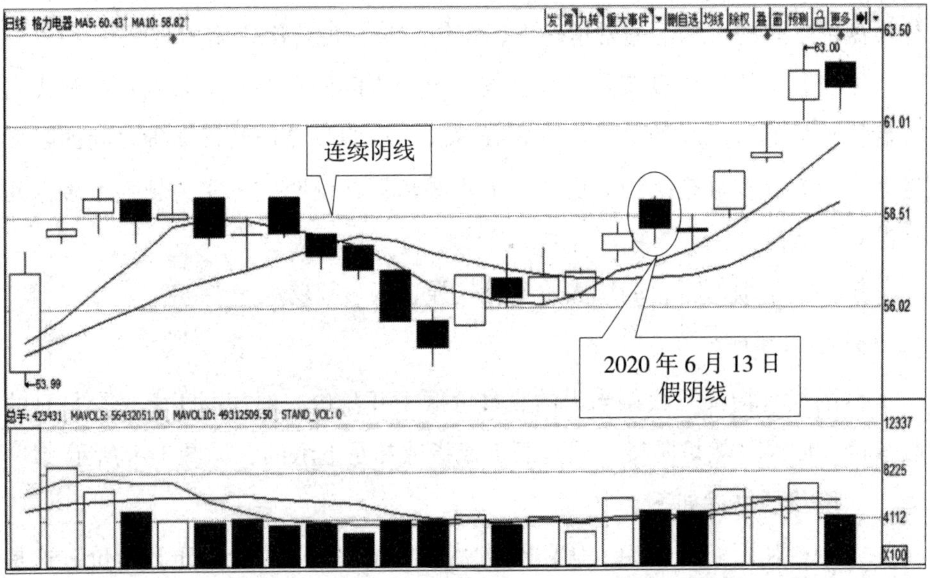

图 1-9　格力电器（000651）日 K 线走势图

如图1–9所示，2020年5月中旬，格力电器的股价呈现振荡下跌的态势，股价K线也以阴线为主，很少出现阳线，说明空方实力较强，能够推动股价持续下行。在此期间，投资者不宜进行买入或做多交易。

5月25日之后，该股股价K线开始连续上攻，进入上行通道，股价K线以阳线为主。6月13日，该股股价高开低走，收出了一根“阴线”，不过这根“阴线”的收盘价高于前一交易日的收盘价。也就是说，这根“阴线”是典型的假阴线，其性质更接近于阳线。这说明空方实力不足以对多方构成危险，股价仍将以上行趋势为主。

三、K线的基本分类

根据收盘价与开盘价之间的波动范围（收盘价与开盘价之差的绝对值与开盘价的比值），可以将日K线进行分类。一般情况下，阳线分为三种：大阳线、中阳线和小阳线，相应地，阴线分为大阴线、中阴线和小阴线，如表1–1所示。

公式：

$$\text{波动范围}(a)=\frac{(\text{收盘价}-\text{开盘价})}{\text{开盘价}}\times 100\%$$

表1–1　以实体长度对阳线和阴线分类

波动范围（a）	阳线	阴线
$a>6\%$	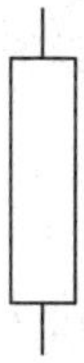 大阳线	 大阴线
$3\%<a\leqslant 6\%$	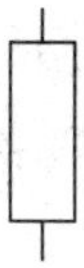 中阳线	 中阴线

波动范围（a）	阳线	阴线
$0 < a \leqslant 3\%$	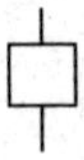 小阳线	 小阴线

注意：由于大盘和 ST 股票的涨跌幅度都较小，所以，在区分其 K 线实体大小时，一般需将波动范围缩小为原来的二分之一。比如，某 ST 股票某日的开盘价为 2. 00 元，收盘价为 2. 08 元，其波动幅度为 4%，大于 3%，则该日形成的 K 线应看作是大阳线。

除了新股之外，由于科创板和创业板股票的涨跌幅度限制放大至 ±20%，因此，这些股票大阴线和大阳线的范围也要适当地放大。

第三节　K 线图是如何指导交易的

我们通常所说的 K 线图，其实就是一组按照时间先后顺序排列的 K 线图形，这些 K 线包括阴线与阳线等诸多形态。由于单根 K 线发出的交易指示信号准确性相对有限，因而，一组 K 线分析往往可以弥补单根 K 线分析的不足。

通过对 K 线图的分析，大致可以获得这样几点信息。

一、交易指示信号：看涨与看跌

K 线的颜色不同，实体大小不同，反映了多空双方实力对比的不同，同时也对下一交易日的走势具有一定的指示作用。例如，前一交易日 K 线图走出了光头阳线（没有上影线的阳线），说明下一交易日高开的可能性非常大。如果前一交易日 K 线图走出了光脚阴线（没有下影线的阴线），则说明下一交易日低开的可能性非常大。

当然，实战中还存在另外一种情况，即某一交易日收出一根大阳线或大阴线，但收盘后发现，这些大阳线或大阴线的出现，属于投资者短时间的情绪化反应，也就是说，投资者对市场上的某些消息反应过度，那么，下一个交易日也存在走势修复的可能，即 K 线收出与前一交易日相反的形态。

若某日 K 线只是以小阳线或小阴线等多空力量对比并不明显的 K 线报收，那么，这种 K 线形态对下一个交易日的指示作用就不那么强了。

下面来看一下领益智造的案例，如图 1–10 所示。

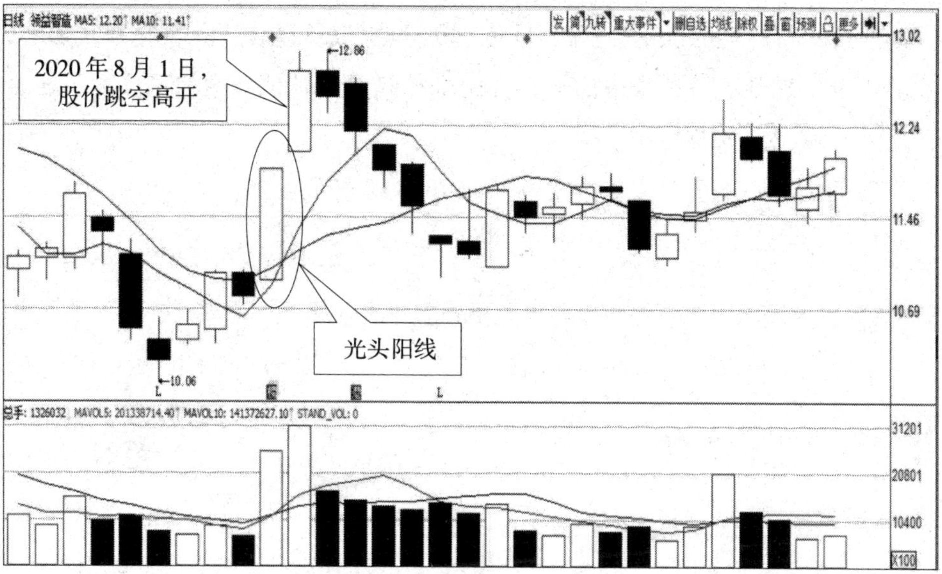

图 1–10　领益智造（002600）日 K 线走势图

图 1–10 为领益智造的日 K 线走势图。2020 年 7 月 31 日，领益智造股价涨停，日 K 线出现了光头大阳线形态，预示下一个交易日股价可能继续上涨。8 月 1 日，股价直接跳空开盘，印证了其交易指示作用。

由于我国股市设有涨跌停限制，因而，当做多力量还没有完全释放时，股价已经达到了规定的最高限制，这就迫使做多力量不得不在下一交易日开盘时段继续发力，这也是光头阳线次日股价多数高开的原因所在。

单根 K 线只反映了某一交易日的多空争夺情况，因而，其对未来走势的预判准确性并不高。前面也说过，有时候，当日的涨停可能是投资者短时间内情绪化的一种表现，投资者情绪发泄完后，可能会存在修复走势。此时，如果能够通过观察一组 K 线或者结合其他技术指标综合研判股价未来的走势，效果会好很多。

二、趋势引导信号：上行趋势与下行趋势

相对来说，单根 K 线发出的交易信号质量确实不佳，即使是收出大阳线或大阴线，下一交易日也存在走势修复的情况。将多个交易日的 K 线组合起来进行分析，特别是 K 线组合构成某种特殊的 K 线形态时，无疑可以增强判断股价运行趋势的准确性。特别是一些经过实战反复验证的经典 K 线形态，能够更准确地预测股价未来的运行方向，如趋势反转信号中的早晨之星、黄昏之星、W 底、头肩底等。

下面来看一下金科文化的案例，如图 1–11 所示。

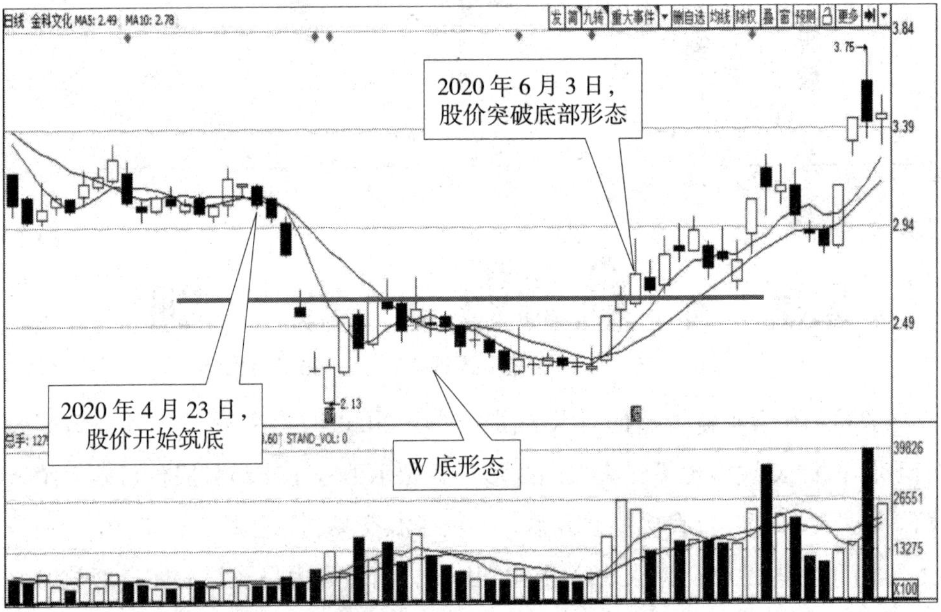

图 1–11　金科文化（300459）W 形底走势图

金科文化自 2020 年 4 月 23 日开始了一波下跌走势，其后，股价在底部振荡盘整了 1 个月左右的时间，形成了 W 形底形态。6 月 3 日，股价连续上涨，突破了 W 形底形态，成交量也同步放大，预示股价将会走出一波上涨行情。

趋势引导信号，一般并不会直接告诉你明天股价会涨还是会跌，但是它却可以告诉你未来股价运行趋势的大概率事件，即上涨的概率大还是下跌的概率大。

三、买卖交易信号：买入与卖出

实质上，单独的 K 线并不会发出买入或卖出信号，只是提示投资者当前市场是空方强势还是多方强势。如果能将 K 线与其他技术分析工具结合起来分析，那么，K 线就可以发出买卖交易的指示性信号。例如，K 线与均线系统结合，同时辅以成交量为参考，则可以用于研判股票的买卖点，且准确性相对较高。事实上，K 线与均线可以称得上是技术分析领域的“最佳拍档”，它们组合起来发出的交易指示信号非常明确，是判断股价买卖点的常用组合分析工具。

下面来看一下二三四五的案例，如图 1–12 所示。

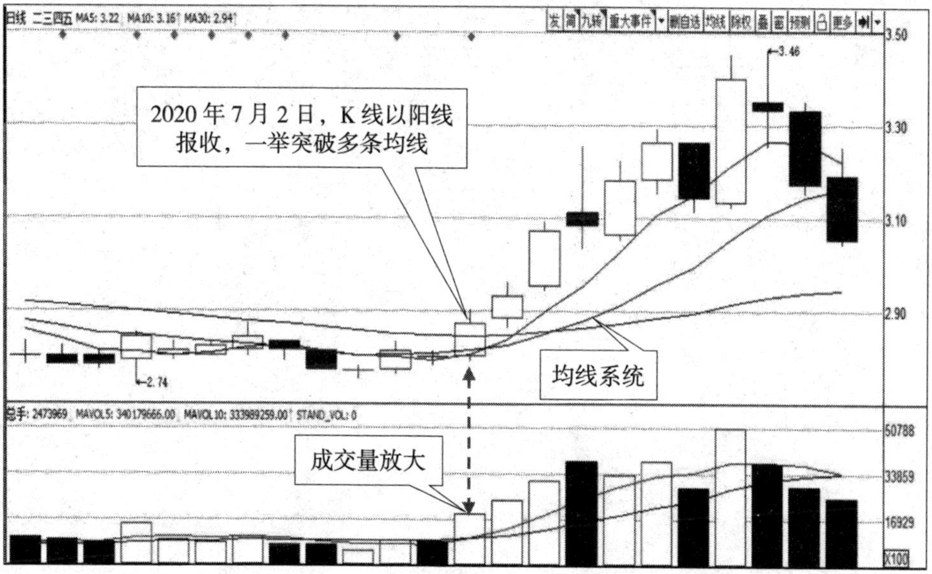

图 1–12　二三四五（002195）日 K 线走势图

二三四五的股价在 2020 年 7 月 2 日结束了连续多日的盘整，收出了一根中阳线，此根阳线一举突破了多条均线的压制。与此同时，成交量相比前一交易日放大了数倍，此时即是该股的最佳买入时机。

通常情况下，K线上穿均线系统时，如能有成交量放大相配合，那么，股价未来上涨的可能性会更高。

K线与均线系统结合发出的买卖交易指示性信号，其可靠程度相比单根K线或K线组合要高很多。不过，股市中永远没有绝对的事情，投资者还需要结合股价所处的位置、外围环境等综合分析。

第二章

K 线基础形态解析

无论哪种周期的K线图，都是由一组阳线、阴线、十字线以及缺口共同构成的。本章将向读者重点讲解构成K线图的最基础的K线形态。

第一节　阳线及其变形

阳线是推动股价上行的主要 K 线形态。在 K 线图上，阳线也会有各种不同的表现形式，而每种表现形式所代表的交易含义也有所不同。

一、大阳线

大阳线，又称长阳线，是指收盘价与开盘价之间的波动范围一般在 6% 以上的阳线（科创板、创业板、ST 股除外），即最高价与收盘价距离较远，且开盘价距离最低价较近，说明这段行情属于坚挺的上涨行情。这种阳线的实体较长，只有很短的影线或者没有影线。大阳线形态中，有无上影线非常重要，若没有上影线，则为光头大阳线，更能反映多方强势。如图 2–1 所示。

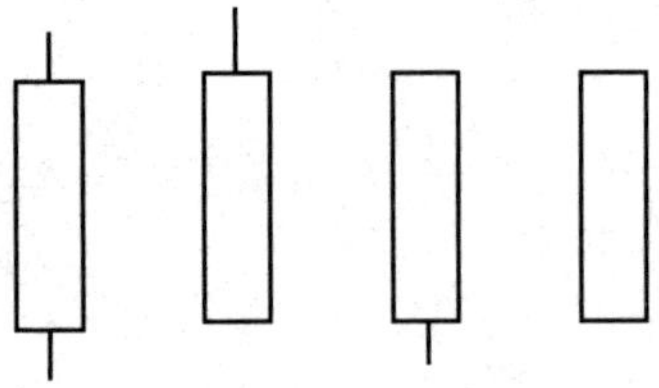

图 2–1　大阳线

大阳线可能出现在任何行情中，它的出现一般表示买盘强劲，多方始终占据优势，其实体越长，表明买盘力量越强。在我国涨停板制度下，单日阳线实体理论上的波动范围可达当日开盘价的 20%（科创板、创业板的阳线波动幅度可以达到 40%，上市前 5 个交易日的新股除外），即开于跌停位，收于涨停位。

1. 操作策略

出现大阳线，表明在当前的多空争夺中，多方处于绝对优势地位，未来股价走势可以看高一线，但仍需结合股价所处的位置来进一步研判。

第一，在股价刚开始上涨时出现大阳线，表示多方与空方经过一系列争斗后已经胜出，且完全占据压倒性优势，行情有继续上涨的趋势，投资者应该果断买进。

第二，在股价上涨途中出现大阳线，表示多方仍占据主动，后市继续看涨，投资者可以继续跟进。

第三，在高价位区域或连续上涨行情中出现大阳线，则要当心多方后劲不足，盛极而衰。当股价 K 线连续拉出大阳线时，则存在多方发力过猛，未来可能难以持续的情况。此后，若股价见顶回落，投资者宜逢高减仓卖出。

第四，在低价位区域或连续下跌行情中出现低开高走或者平开高走的大阳线，表示多方力量突然爆发，股价很有可能会脱离当前的底部区域，投资者可考虑跟进。

第五，出于投资安全考虑，大阳线出现的次日是投资者需要特别关注的，毕竟单根大阳线的出现，还可能属于投资者情绪化的一种反映。也就是说，下一个交易日如果股价没有出现大幅的修正行情，则可以确认大阳线引领的上行走势确立。

第六，大阳线出现后，若股价出现调整走势，只要股价没有跌破大阳线的开盘价位置，则仍可认定此时的调整只是一次整理走势，若股价重新上涨并突破大阳线的收盘价，则可追涨跟进。

2. 实战参考

下面来看一下戴维医疗的日 K 线走势图。

如图 2–2 所示，在 2020 年 4 月到 6 月期间，戴维医疗的股价出现了一波振荡筑底走势。2020 年 6 月中旬经过一番整理之后出现上涨走势。

2020 年 6 月 24 日拉出一根大阳线。在这样的低价位区域出现大阳线，表明多方在与空方的竞争中已经取胜，投资者只需追随胜利者即可。果然，自此之后，该股股价出现了一波大幅上攻走势。

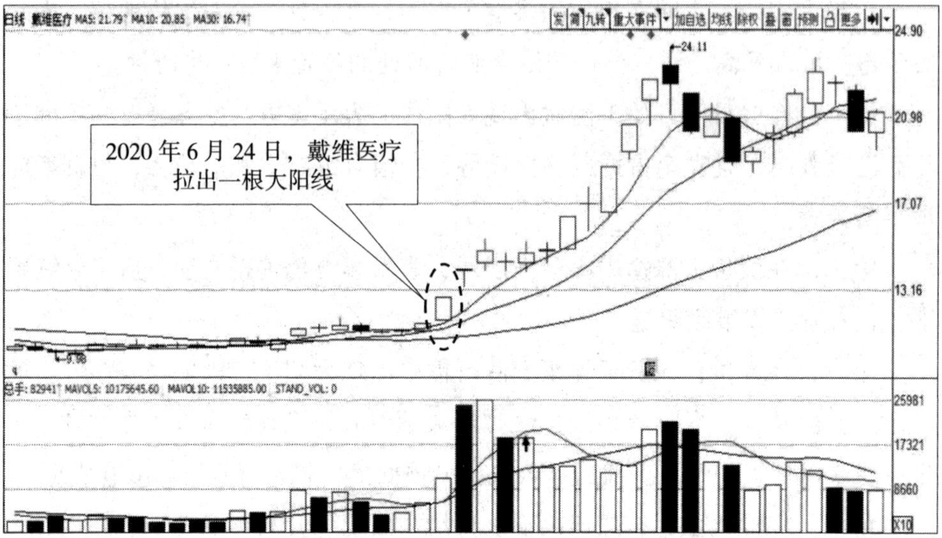

图 2-2　戴维医疗（300314）日 K 线走势图

二、中阳线

中阳线是指收盘价与开盘价之间的波动范围在 3% ～ 6% 之间的阳线（科创板、创业板、ST 股除外）。这种阳线的实体比大阳线要短一些，如图 2-3 所示。

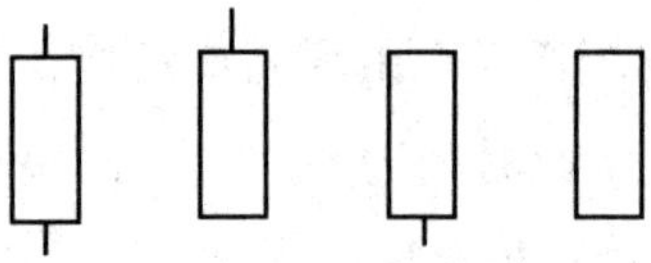

图 2-3　中阳线

中阳线在任何行情中都可能出现。它的出现一般表示经过一天的战斗之后，多方占据了优势，但优势不如大阳线明显。中阳线的实体长度也反映了买盘力量的强弱，实体越长，表示多方越强。

1. 操作策略

中阳线表示经过多空双方的力量对比，多方占据了一定优势，并把价格推高到了一定的程度。中阳线通常表示后市看涨，但是，这种形态往往又会成为股市的转折点。

第一，由于中阳线透露的信号不足，所以，投资者不能仅仅凭借单根中阳线来判断股价以后的走势，而应该审时度势，结合近几个交易日的 K 线来分析和判断。

第二，如果股价或大盘收于中阳线，并成功突破了公认的阻力位，这时投资者可以考虑买入。

第三，中阳线的出现，也有可能是多方为了积蓄长线进攻实力，故意没有暴露真实实力的一种表现。一些长线上升的牛股，在启动阶段都是以小阳线和中阳线为主的，只有到了上涨后期才会拉出大阳线。大阳线的出现，既是多方实力的顶峰，也是即将结束上升行情的表现。

2. 实战参考

下面来看一下舍得酒业的日 K 线走势图，如图 2-4 所示。

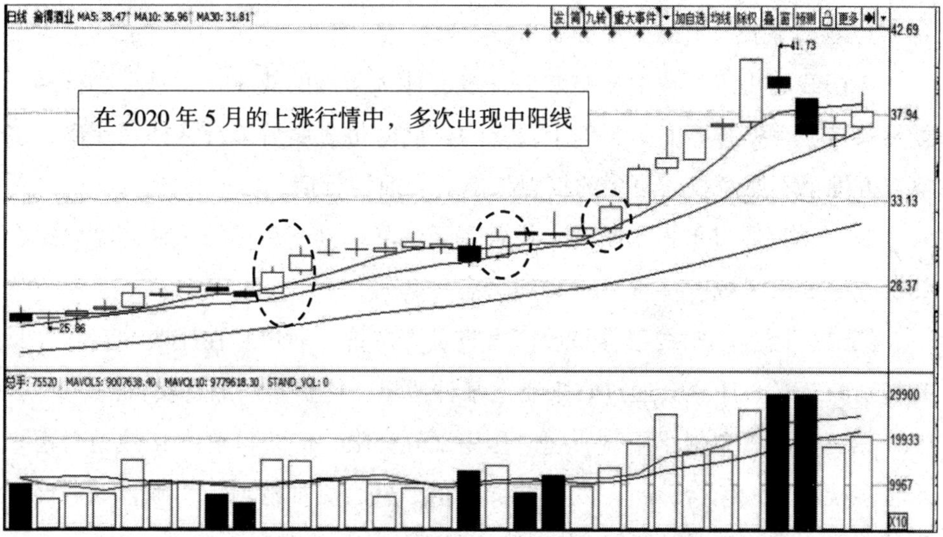

图 2-4　舍得酒业（600702）日 K 线走势图

如图 2-4 所示，在 2020 年 5 月的一波上涨行情中，舍得酒业的股价 K 线曾经多次出现中阳线。从 K 线图上也可以看出，中阳线之后，股价 K 线存在上涨或调整行情的可能性。也就是说，中阳线引导行情走势的能力要远远弱于大阳线。从舍得酒业的日 K 线走势图中也能看出，中阳线多在行情启动初期或中期出现。

三、小阳线

小阳线是指收盘价与开盘价之间的波动范围在 0 ～ 3% 之间的阳线（科创板、创业板、ST 股除外）。这种阳线的实体非常短，如图 2-5 所示。

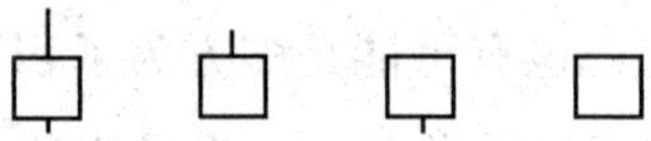

图 2-5　小阳线

小阳线可能出现在任何行情中，特别是在盘整过程中会经常出现。这种阳线显示多空双方的小型对抗——空方虽然有抛压，但多方仍有一定的支撑力。整体上来看，小阳线只是多空之间无意进行大规模对抗下市场暂时平衡的产物，对于未来行情的影响并不大。

1. 操作策略

小阳线的出现，说明多空双方并没有什么激烈的战斗，而是小心接触，虽然买盘显得略强于卖盘，但上攻乏力。同时也表明后市行情扑朔迷离，多空双方谁也不愿意投入更多的精力来应对当前的行情。

第一，只通过单根小阳线，投资者无法准确判断后市的涨跌，需要结合其所处的价位区域以及前后的 K 线形态一起研判。

第二，因为小阳线很容易被广大投资者忽视，所以它在庄股的运作中具有特别的意义。庄家会通过它来制造某种假象，掩盖自己的真实目的。

第三，尽管单根小阳线所起的作用十分有限，但若与其他 K 线组合起来或者多根小阳线组合分析，发出的交易信号就会更加清晰、明确，如后面讲到的前进三兵、启明星等组合。

2. 实战参考

下面来看一下科华恒盛的日 K 线走势情况，如图 2-6 所示。

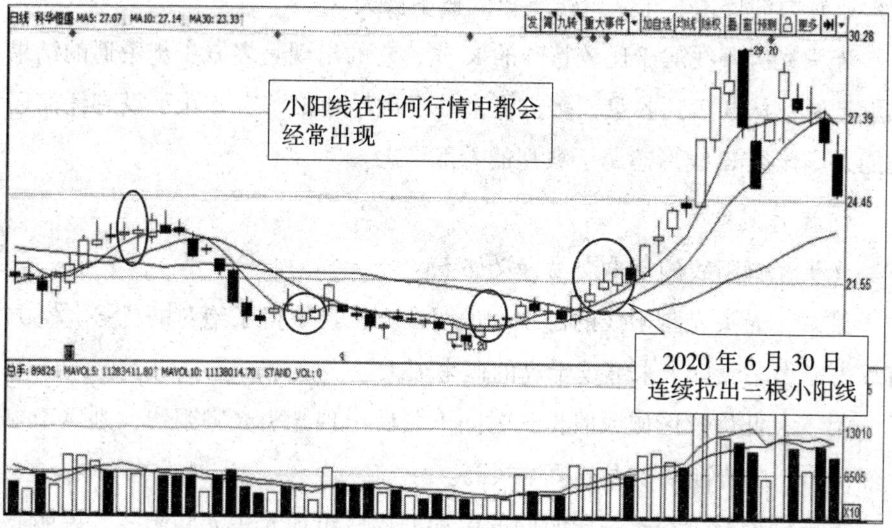

图 2-6　科华恒盛（002335）日 K 线走势图

如图 2-6 所示，科华恒盛从 2020 年 4 月初开始振荡筑底，在此过程中不时伴随着小阳线的出现。进入 2020 年 6 月，股价到达阶段低点后反弹，在这期间也出现了小阳线。2020 年 6 月 30 日开始，该股股价连续拉出三根小阳线，组成了一个近似前进三兵的形态。尽管单根小阳线对股价上涨的指示作用很弱，但三根小阳线组合的前进三兵形态，对股价上行的指示作用却非常强。此后，该股股价发动了一波大幅上涨行情。

四、光头光脚阳线

光头光脚阳线又称实体阳线，是一种没有任何影线的阳线。该阳线通常以最低价开盘，又以最高价为收盘价，如图 2-7 所示。

图 2-7　光头光脚阳线

光头光脚阳线是一种攻击性极强的形态，其开盘价与最低价基本相同，收盘价又与最高价基本接近，这说明多方在开盘阶段即发力上攻，且空方不能形成有力的反击，未来继续上攻的概率极大。

光头光脚阳线属于比较特殊的 K 线，它的出现是多方步步紧逼的结果。也就是说，从开盘到收盘，多方一直处于主导地位，空方几乎没有任何还手的能力。该类 K 线形态属于典型的看涨形态。

1. 操作策略

光头光脚阳线的基本交易含义如下。

第一，光头光脚阳线的出现，说明多方已经取得了绝对的优势，空方没有反击能力，股价未来继续走高的概率很大。

第二，低价位区域或股价长时间下跌后出现光头光脚阳线，则属于多方突然发力，股价迎来拐点的概率很高。

第三，若股价经过一段时间的温和上攻后出现光头光脚阳线，说明股价有加速上攻的可能，投资者宜追涨买入。

第四，若股价在连续多日上涨后的顶部区域出现光头光脚阳线，则可能是多方的最后一攻，未来有反转下跌的可能，投资者宜谨慎。

第五，光头光脚阳线的收盘价若位于涨停位，则股价次日高开的概率极大。

2. 实战参考

下面来看一下吉林森工的案例。

如图 2–8 所示，吉林森工自 2020 年 6 月底进入上攻期。到了 2020 年 8 月下旬，股价处于相对高位。2020 年 8 月 25 日，该股收出一根光头光脚阳线，同时以涨停价收盘，说明未来股价继续高开的可能性非常大。不过，鉴于此时股价已经处于高位，股价进入快速上攻期后容易盛极而衰，未来存在调整的可能，投资者需要保持谨慎，预防股价回调。

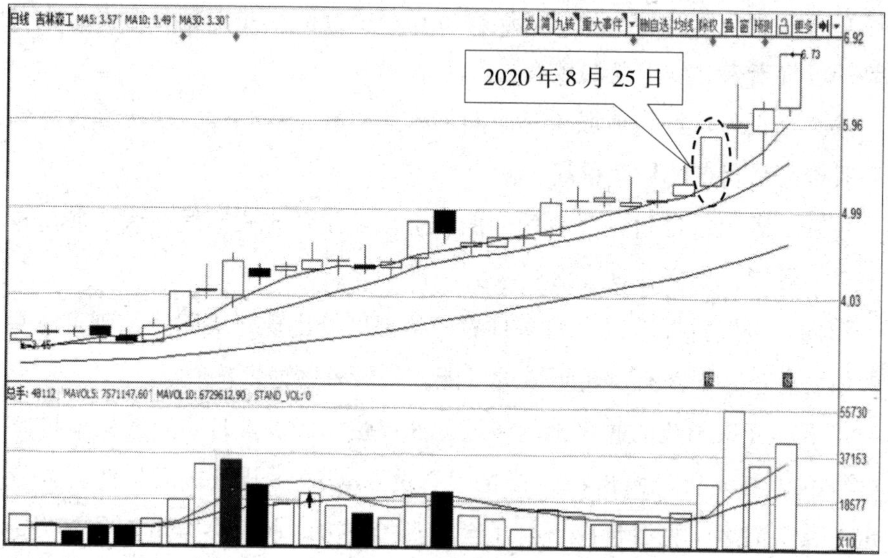

图 2-8　吉林森工（600189）日 K 线走势图

五、光头阳线

光头阳线，又称收盘秃阳线，是一种没有上影线的阳线。该阳线的最高价与收盘价接近或相同，属于典型的强势上攻形态。如图 2-9 所示。

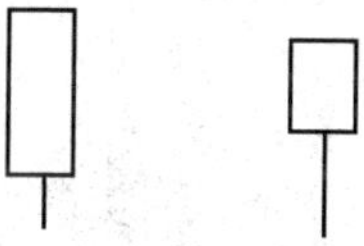

图 2-9　光头阳线

光头阳线与光头光脚阳线发出的交易信号强度相似，也是一种攻击性极强的形态，未来股价继续上攻的概率极大。由于 A 股市场上的涨停板制度，很多股票涨停时，股价 K 线必然是以光头阳线报收，次日股价高开的概率极高。

光头阳线是一种在强势上升趋势中容易出现的经典 K 线，该类 K 线形态属于典型的看涨形态。

1. 操作策略

光头阳线的交易含义与光头光脚阳线类似，也包括如下几点。

第一，光头阳线的出现，说明多方在与空方的争斗中已经取得了绝对的优势，股价未来继续走高的概率很大。

第二，低价位区域或股价长时间下跌后出现光头阳线，属于多方突然发力，股价迎来拐点的概率很高。

第三，若股价经过一段时间的温和上攻后出现光头阳线，说明股价有加速上攻的可能，投资者宜追涨买入。

第四，若股价在连续上涨多日后的顶部区域出现光头阳线，则可能是多方的最后一攻，未来有反转下跌的可能，投资者宜谨慎。

第五，光头阳线的收盘价越接近于涨停位，股价次日高开的概率越大。

第六，与光头光脚阳线不同的是，光头阳线在开盘之后，空方尚存在一定的反击能力，将股价向下打压至开盘价下方，此后多方重新收复失地，并使空方没有还手之力。在击退了空方的反击后，股价未来继续上涨的概率很大。

2. 实战参考

下面来看一下震安科技的案例，如图 2-10 所示。

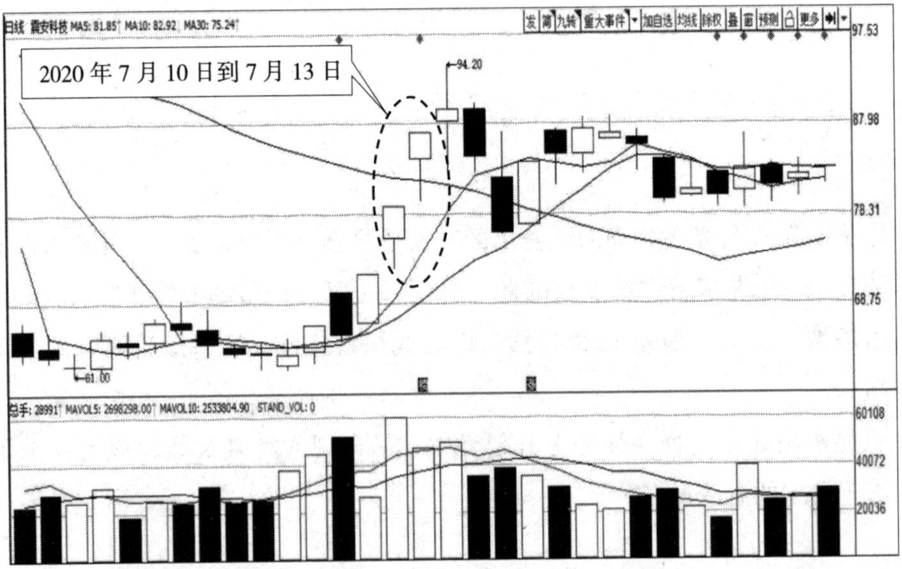

图 2-10　震安科技（300767）日 K 线走势图

如图2-10所示，震安科技在2020年6月底进入了盘整期。2020年7月初，该股重新开始上攻走势。7月10日和7月13日，该股连续拉出两根以涨停价报收的光头阳线，由此可见该股走势之强。

当然，第二根光头阳线出现后，该股股价已经进入相对高位，风险开始聚集，投资者宜做好风险防范准备。

六、光脚阳线

光脚阳线，又称开盘秃阳线，是指没有下影线的阳线。该阳线的开盘价和最低价很近或者相同，本质上也是一种多方开盘之后奋力上攻的形态，但多方实力如何，取决于阳线实体的长度。如图2-11所示。

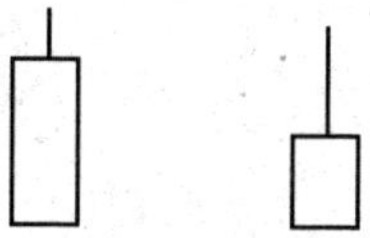

图2-11　光脚阳线

光脚阳线是与光头阳线相对的一种形态，不过，其反映的买入信号强度要远远弱于光头阳线。

光脚阳线是多空力量对比变化的一个结果。股价开盘后，多方强势开始显现，并屡屡向空方施压，空方则节节败退；其后，当多方力量用到极大水平后，空方发力反攻，不断向下打压股价，最终在K线图上留下了一根带上影线的阳线。

1. 操作策略

光脚阳线的基本交易含义如下。

第一，光脚阳线的实体长度是衡量多方实力的重要标准，若实体较长，达到大阳线标准，则仍可以将其看成是做多信号；反之，若实体长度较短，则宜谨慎。

第二，光脚阳线的上影线长度，是衡量空方反击力量大小的一个标准，若上影线较长，说明空方反击力量较强，投资者宜谨慎。

第三，若股价在上涨途中出现带长上影线的光脚阳线，未来存在走出多方尖兵形态的可能，投资者需要密切关注该形态出现后的股价走势。

第四，若股价在连续上涨多日后的顶部区域出现光脚阳线，说明多方最后一次进攻被空方击退，未来有反转下跌的可能，投资者宜谨慎。若阳线实体很小，上影线很长，则有出现射击之星形态的可能性。

第五，光脚阳线出现在振荡区域，且阳线实体不大，则对股价未来走势影响不大。

第六，光脚阳线出现在股价下跌阶段，且阳线实体很短，上影线很长，则可将其看成倒锤头线，属于典型的趋势反转信号。

2. 实战参考

下面看一下大金重工的案例，如图2–12所示。

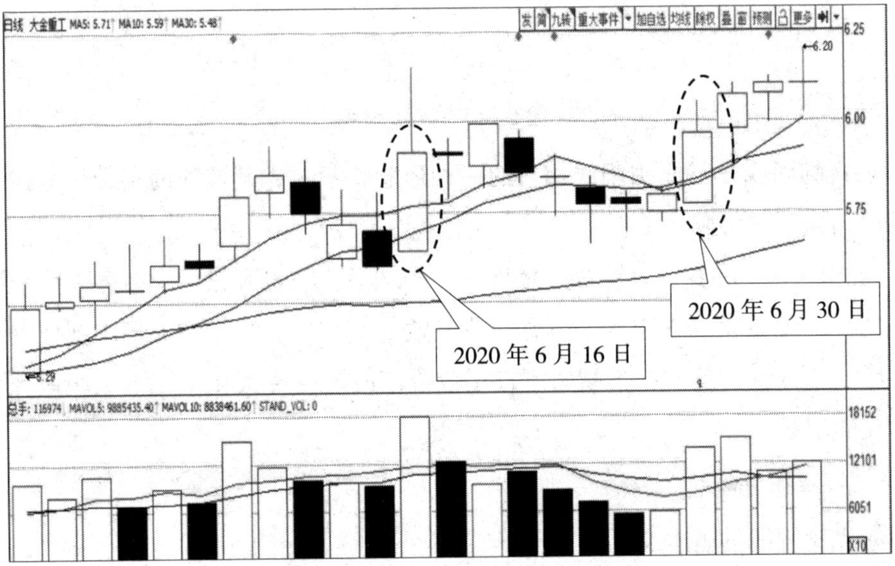

图2–12 大金重工（002487）日K线走势图

如图2–12所示，大金重工经历一波小型上攻之后，于2020年6月中下旬进入整理行情。6月16日，该股股价K线收出一根光脚大阳线，不过，其上影线相对较长，说明空方已经发动了反击，未来股价走势充满了不确定性。此后，该股股价连续振荡回调。

6月30日，该股股价经过一波调整之后，再度拉出一根光脚大阳线，该大阳线的上影线要比前一根短，不过实体也要短于前一根光脚阳线，因而，该K线仍无法引领股价上行。投资者可将该光脚阳线的最高价作为入场参照点，其后，若股价向上突破该位置，可考虑进场买入。

七、下影阳线

下影阳线是一种基于比较而得出的，特指下影线明显比上影线长的阳线。这类阳线的开盘价与最低价距离较大，这也说明空方是经过努力抗争后，多方才最终取得胜利的，如图2-13所示。

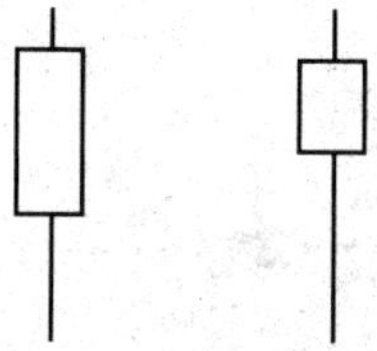

图2-13　下影阳线

下影阳线也是一种在强势上升趋势中容易出现的经典K线，它的出现是多方强势逼空的一个结果。股价开盘后，尽管空方曾经试图将股价打压至较低的水平，但多方很快收复失地，并迅速取得绝对优势地位，空方虽尝试向下打压，但仍未获得主导地位。该类K线形态属于典型的看涨形态。

1. 操作策略

下影阳线的交易含义与光头阳线类似，但看涨意义要弱于光头阳线，且看涨的强度与上影线、阳线实体长短有关。其具体操作要点包括如下几点。

第一，出现下影阳线，说明多方在与空方的争斗中已经取得了绝对优势，上影线越短，股价未来继续走高的概率越大。

第二，低价位区域或股价长时间下跌后出现下影阳线，说明股价探底成功，多方突然发力，股价迎来拐点的概率很高。

第三，若股价经过一段时间的温和上攻后出现下影阳线，则说明股价有加速上攻的可能，投资者宜追涨买入。

第四，下影阳线的实体越长，说明多方的优势越大，未来上涨的可能性也越大；反之，若实体很小，上影线很短，则该K线存在演变为锤头线或吊颈线的可能。

第五，下影阳线的收盘价越接近于涨停位，股价次日高开的概率越大。

2. 实战参考

下面来看一下云南白药的案例，如图 2–14 所示。

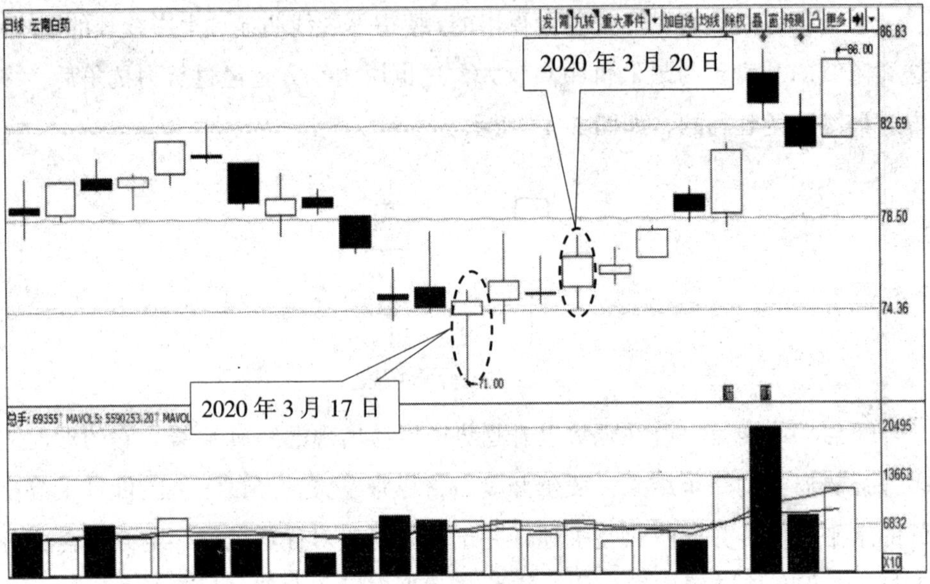

图 2–14　云南白药（000538）日 K 线走势图

如图 2–14 所示，2020 年 3 月初，云南白药的股价随着大盘的回调出现一波回调走势。2020 年 3 月 17 日，该股收出一根下影线较长的阳线，表明多方想努力抬升股价，但空方仍然具有一定的实力，表示股价可能即将见底。

次日，该股股价又收出一根上影线很长的阳线，说明多方渐渐取得了优势地位。3 月 20 日，该股股价又收出一根带上下影线的阳线。云南白药连续收出阳线，说明多方实力逐步增强，投资者可考虑入场建仓。

八、上影阳线

上影阳线是一种类似于光脚阳线的 K 线，是指上影线明显比下影线长的阳线，也就是说，收盘价距离最高价较远，也说明空方已经颇具实力了，如图 2–15 所示。

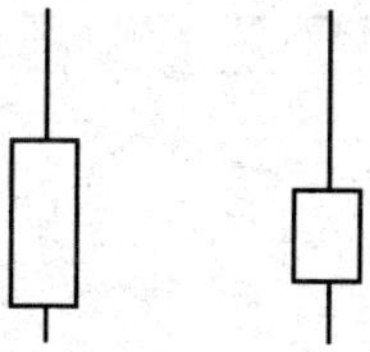

图 2–15　上影阳线

上影阳线是多空力量对比变化的一个结果，该形态的形成与光脚阳线类似。股价开盘后，多方强势开始显现，并屡屡向空方施压，空方则节节败退；其后，当多方力量用到极大水平后，空方发力反攻，不断向下打压股价，最终在 K 线图上留下了一根带上影线的阳线。

1. 操作策略

该类 K 线尽管属于阳线，但看涨意义要弱于光头阳线。上影阳线的基本交易含义如下。

第一，出现上影阳线，说明多方在与空方的争斗中尽管仍占有优势地位，但这种优势已经不是特别明显。上影线越长，说明空方反击的力度越大，股价未来走势存在的不确定性也越大。

第二，上影阳线的实体长度越长，股价未来走高的可能性也越大；上影线越长，股价下跌的概率越大。

第三，若股价在上涨途中出现带长上影线的上影阳线，未来存在走出多方尖兵形态的可能，投资者需要密切关注该形态出现后的股价走势。

第四，上影阳线出现在振荡区域，且阳线实体不大，则对股价未来走势影响不大。

第五，上影阳线在股价 K 线即将突破重要阻力位时出现，则存在突破失败的可能。

第六，当股价进入顶部区域，收出上影阳线，且下影线很短，则该形态近乎于射击之星，属于典型的看空形态。

2. 实战参考

下面来看一下振江股份的案例，如图 2–16 所示。

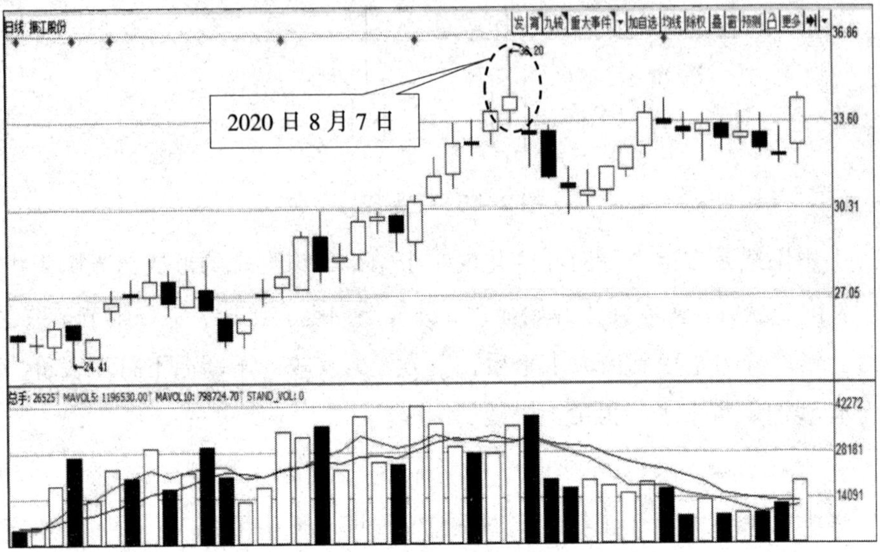

图 2–16 振江股份（603507）日 K 线走势图

如图 2–16 所示，2020 年 7 月，振江股份进入上行通道。

经过一段时间的快速上攻后，2020 年 8 月 7 日，该股股价收出一根实体较短且上影线很长的阳线，表明多方由于连续上攻，已经力有不逮，空方在集聚了较多力量后，可能会发动规模较大的反攻，投资者宜暂时避其锋芒。

第二节 阴线及其变形

阴线是推动股价下行的主要 K 线形态。在 K 线图上，阴线也会有各种不同的表现形式，每种表现形式所代表的交易含义也有所不同。

一、大阴线

大阴线，又称长阴线，是指收盘价与开盘价之间波动范围在 6% 以上的阴线（科创板、创业板、ST 股除外）。这种阴线的实体较长，只有很短的影线或者没有影线，如图 2–17 所示。

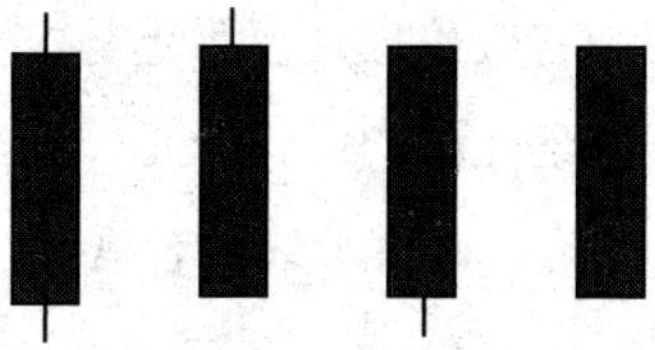

图 2-17 大阴线

大阴线可能出现在任何行情中。它的出现一般表示卖盘发挥了最大力量，空方始终占据着优势，后市看跌。大阴线的实体越长，表明卖盘力量越强。与大阳线一样，大阴线理论上的波动范围也可达到当日开盘价的 –20%（科创板、创业板的波动幅度可以达到 –40%，上市不足 5 天的新股除外），即开盘于涨停位，收盘于跌停位。

1. 操作策略

大阴线表示卖盘相当强劲，开盘价与最高价相同或接近，收盘价与最低价相同或接近，说明股价在此过程中处于极弱状态，后期股价可能继续下跌。但该形态出现在 K 线图不同位置时，其指示作用也有所不同，应区别对待。

第一，在股价下跌途中出现大阴线，表示空方力量继续占据主动，后市仍然是下跌趋势，此时被套的投资者最好斩仓卖出。

第二，在盘整之后出现大阴线，表示大多数投资者看淡后市，此时投资者应以持币观望为宜。

第三，在高价区或连续上涨行情中出现大阴线，表示卖盘突然发力，空方完全压倒多方，是见顶信号，投资者应当考虑卖出。当然，若成交量较小，也存在主力趁机洗盘的可能。

第四，在低价区或连续加速下跌行情中出现大阴线，而市场上的卖盘并不多，则可能是空方在释放最后的力量或是主力在洗盘吸筹，这时投资者应以观望为主，不要盲目抛售股票，也不要强势介入。

第五，出于投资安全考虑，大阴线出现的次日是需要投资者特别关注的，毕竟单根大阴线的出现，还可能属于投资者情绪化的一种反映，也就是说，下一个交易日股价也存在向上修复的可能，此时则不宜抛售股票。

第六，大阴线出现后，若股价出现反弹走势，只要股价没有向上突破阴线的开盘价位置，则仍可认定此时的反弹只是一次小型修复走势，若股价重新下跌，跌破大阴线的收盘价，则宜继续空仓观望。

2. 实战参考

下面看一下中兴通讯的案例，如图 2-18 所示。

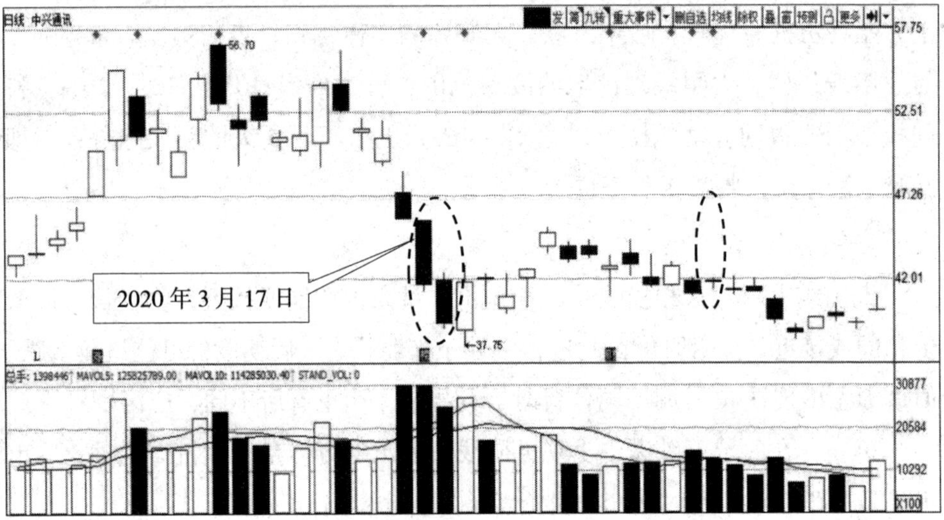

图 2-18 中兴通讯（000063）日 K 线走势图

如图 2-18 所示，中兴通讯在 2020 年 3 月中旬出现了快速下跌走势。

2020 年 3 月 17 日和 3 月 18 日，中兴通讯连续收出两根大阴线，表示空方占据绝对优势，后市走势更加黯淡。

不过，投资者结合当前股价的位置可以发现一个问题，在这两根大阴线出现前，中兴通讯的股价已经出现了大幅走低的态势，甚至还出现了跌停板。因此，此时的大阴线更像是空方的最后一击，仍然持有股票的投资者不宜再进行减仓或清仓。

二、中阴线

中阴线是指开盘价与收盘价之间的波动范围在 3%～6% 之间的阴线（科创板、创业板、ST 股除外）。这种阴线的实体比大阴线要短一些，说明空方没有发全力或者有所保留，如图 2–19 所示。

图 2–19　中阴线

中阴线在任何行情中都可能出现。它的出现一般表示经过一天的争斗之后，空方占据了优势，但优势不如大阴线明显。中阴线的实体长度反映了卖盘力量的强度，实体部分越长，代表空方力量越强。

1. 操作策略

中阴线表示经过多空双方的力量对比，空方占据一定的优势，从而造成股价一定程度上的下跌。中阴线通常是看跌形态，它和中阳线一样，也非常有可能成为股市的转折点。

第一，中阴线能够透露的信号并不强，投资者不能把单根中阴线作为判断后市走势的依据。

第二，如果股价或大盘收于中阴线，并跌破了大家公认的支撑位，这时投资者应该保持警惕，必要时可考虑减持或空仓。

第三，出现中阴线，也有可能是空方为了积蓄长线进攻实力，故意没有暴露真实实力的一种表现。一些长线下跌的股票，在启动阶段都是以小阴线和中阴线为主的，只有到了下跌后期才会拉出大阴线。出现大阴线，既是空方实力的顶峰，也是行情即将结束下跌的表现。

2. 实战参考

下面来看一下奥拓电子的案例。

如图 2–20 所示，2020 年 7 月底，正在振荡上涨过程中的奥拓电子出现了振荡走势，期间多次以中阴线报收。

2020 年 7 月中旬，该股多次试图上攻，但均被一根又一根的中阴线压制，不过，空方没有占据明显的优势。从这方面也可以看出，中阴线确实也没有能力改变股价的整体运行趋势。

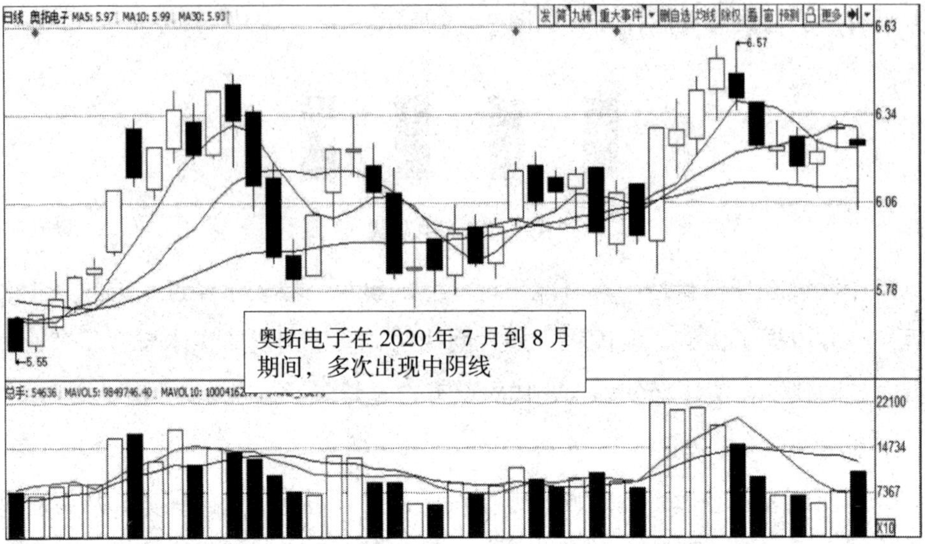

图 2–20　奥拓电子（002587）日 K 线走势图

三、小阴线

小阴线是指开盘价与收盘价之间的波动范围在 0～3% 之间的阴线（科创板、创业板、ST 股除外）。这种阴线的实体非常短，如图 2–21 所示。

图 2–21　小阴线

小阴线在盘整过程中会经常出现，也可能出现在上涨或下跌行情中。这种阴线显示多空双方在小心接触——多方尽管有支撑，但空方却略胜一筹。整体上来看，小阴线只是多空之间无意进行大规模对抗下暂时平衡的产物，对于未来行情的影响并不大。

1. 操作策略

出现小阴线，说明行情处于混乱不明的状态，多空双方并没有什么激烈的战斗，而是相互试探，在此过程中空方略占上风。

第一，通过单根小阴线是无法准确判断后市涨跌的，投资者需要根据其所处的价位区域以及前期的 K 线组合进行分析和判断。

第二，小阴线具有一定的欺骗性，会让缺乏警觉的投资者不以为然。庄家在控盘过程中会故意收出多根小阴线，用以悄然出货。

第三，尽管单根小阴线所起的作用十分有限，但若其与其他 K 线组合起来或者多根小阴线组合分析，发出的交易信号就会更加清晰、明确，比如后面讲到的黄昏星等。

2. 实战参考

下面来看一下新潮能源的案例，如图 2-22 所示。

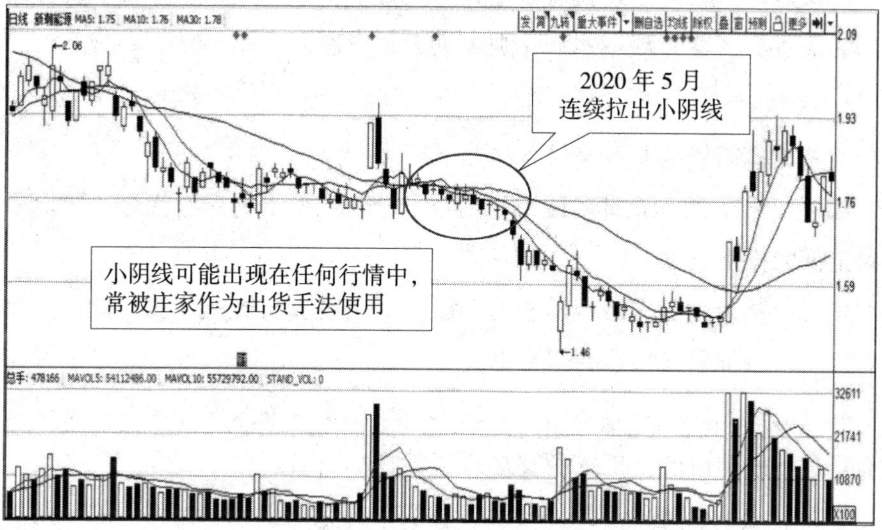

图 2-22 新潮能源（600777）日 K 线走势图

如图 2-22 所示，新潮能源的股价经过一个月的下跌之后，于 2020 年 3 月进入盘整走势，期间该股股价连续拉出多根小阴线，不过这并未影响股价的走势，此后该股进入振荡行情。进入 2020 年 5 月，该股股价再次连续拉出多根小阴线。随着多根小阴线的出现，空方逐渐加大打压力量，股价逐渐进入下行通道。

四、光头光脚阴线

光头光脚阴线，又称实体阴线，是一种没有任何影线的阴线。这种阴线以最高价为开盘价，又以最低价为收盘价。如图 2-23 所示。

图 2-23 光头光脚阴线

光头光脚阴线是一种非常危险的形态，开盘价与最高价接近，收盘价与最低价接近或相等，说明股价走势极弱，未来继续下跌的概率极大。

光头光脚阴线属于比较特殊的 K 线，它的出现是空方步步紧逼的一个结果。也就是说，从开盘到收盘，空方一直处于主导地位，多方几乎没有任何还手的余地。该类 K 线形态属于典型的看跌形态。

1. 操作策略

光头光脚阴线的基本交易含义如下。

第一，出现光头光脚阴线，说明空方已经取得了绝对的优势，股价未来继续走低的概率很大。

第二，高价位区域或股价长时间上涨后出现光头光脚阴线，则属于空方突然发力，股价迎来拐点的概率很大。

第三，若股价经过一段时间的温和下跌后出现光头光脚阴线，则说明股价有加速下跌的可能，投资者宜立即离场。

第四，若股价连续下跌多日后，在底部区域出现光头光脚阴线，则可能是空方的最后一击，未来有反转上涨的可能，投资者宜谨慎。

第五，光头光脚阴线的实体长度，决定了空方实力的强弱。实体越长，说明空方打压力度越强，未来走低的可能性越大。

第六，光头光脚阴线的收盘价若位于跌停位，则股价次日低开的概率极大。

下面来看一下中信证券的案例。

如图 2-24 所示，中信证券的股价从 2020 年 3 月初开始进入振荡盘整阶段。2020 年 5 月中旬，该股股价出现加速下跌态势。

2020 年 5 月 22 日，中信证券收出一根光头光脚阴线，表明股价短期内有加速下跌的可能。不过，由于这根阴线实体并未达到大阴线的标准，即使相对中信证券这样的大盘股而言，当日的阴线也仅仅属于中阴线水平，这说明空方实力并不是很强，未来该股股价很可能会迎来反弹走势。

其后，股价企稳反弹，投资者可适时进场买入。

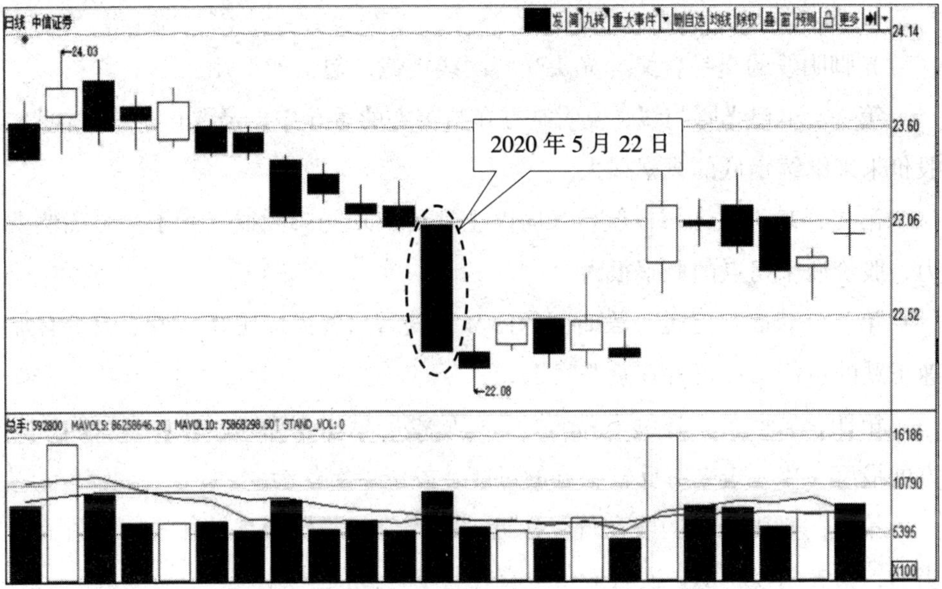

图 2–24　中信证券（600030）日 K 线走势图

五、光脚阴线

光脚阴线，又称收盘秃阴线，是一种没有下影线的阴线。这种阴线通常以最低价收盘。如图 2–25 所示。

图 2–25　光脚阴线

光脚阴线与光头光脚阴线发出的交易信号强度相似，也是一种攻击性极强的形态。该阴线的最高价与开盘价存在一定的距离，说明多方曾试图反攻，但未能占据主动地位，未来股价继续下跌的概率极大。

光脚阴线容易出现在强势下跌趋势中，它的出现是空方强势进攻的一个结果。也就是说，股价开盘后，尽管多方曾经试图将股价拉升至较高的水平，但空方很快收复失地，并迅速取得绝对优势地位，多方失去还手之力。该类 K 线形态属于典型的看跌形态。

1. 操作策略

光脚阴线的交易含义与光头光脚阴线类似，包括如下几点。

第一，出现光脚阴线，说明空方在与多方的争斗中已经取得了绝对优势，股价未来继续走低的概率很大。

第二，高价位区域或股价长时间上涨后出现光脚阴线，属于空方突然发力，股价迎来拐点的概率很大。

第三，若股价经过一段时间的温和下跌后出现光脚阴线，说明股价有加速下跌的可能，投资者宜杀跌卖出。

第四，若股价在连续下跌多日后的底部区域出现光脚阴线，则可能是空方的最后一攻，未来有反转上升的可能，投资者宜保持关注。

第五，光脚阴线的收盘价越接近于跌停位，股价次日低开的概率越大。当然，与大阴线相似，次日股价也存在行情修复的可能。

第六，与光头光脚阴线不同的是，在开盘之后，多方尚存一定的反击能力，将股价向上拉升至开盘价上方，此后空方重新收复失地，并使得多方没有还手之力。空方在击退了多方的反击后，股价未来继续下跌的概率很大。

2. 实战参考

下面来看一下北京城乡的案例。

如图 2–26 所示，2020 年 8 月初，北京城乡的股价经过振荡调整后进入高价位区域。2020 年 8 月 11 日，该股股价在前一交易日大幅调整的基础上收出一根光脚阴线，说明该股股价存在调整的风险。此后，该股股价连续下跌。8 月 21 日，该股股价经过几个交易日的横向盘整之后，再度收出一根光脚阴线，且该阴线是以跌停价报收的，预示股价还将继续下跌，投资者宜远离这样的股票。

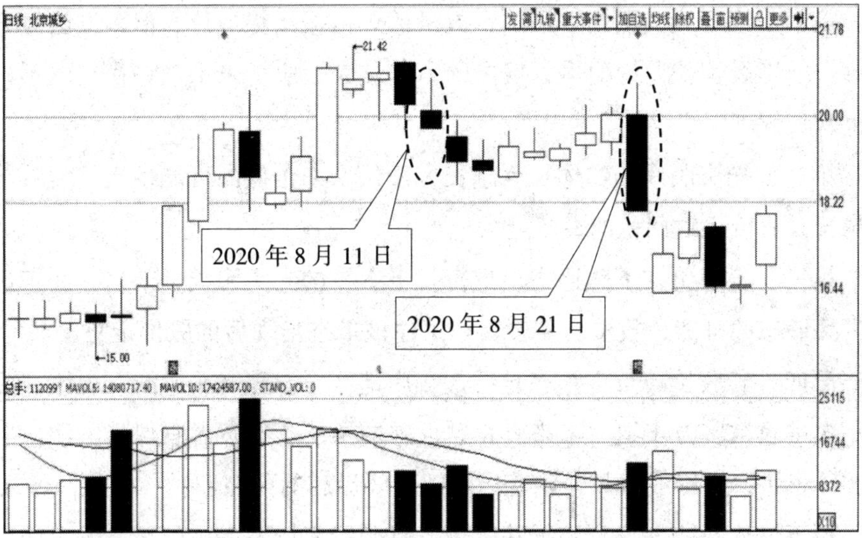

图 2-26　北京城乡（600861）日 K 线走势图

六、光头阴线

光头阴线，又称开盘秃阴线，是指没有上影线的阴线。这种阴线通常以最高价开盘。如图 2-27 所示。

图 2-27　光头阴线

光头阴线是与光脚阴线相对的一种形态，收盘价距离最低价较远，说明多方已经有能力发动一定的反攻，其反映的卖出信号强度要弱于光脚阴线。

光头阴线是多空力量对比变化的结果。股价开盘后，空方的强势力量开始显现，并屡屡向多方施压，多方则节节败退；其后，当空方力量达到极大的水平后，多方发力反攻，不断向上拉升股价，最终在 K 线图上留下了一根带下影线的阴线。该类 K 线尽管属于阴线，但看跌意义要弱于光脚阴线。

1. 操作策略

光头阴线的基本交易含义如下。

第一，出现光头阴线，说明空方虽然仍占据优势地位，但多方已经开始反攻。下影线越长，说明多方反击的力度越大，股价未来走势存在的不确定性也越大。

第二，光头阴线的实体长度越长，股价未来走低的可能性也越大；下影线越长，股价止跌回稳的概率越大。

第三，若股价在下跌途中出现带长下影线的光头阴线，未来存在走出空方尖兵形态的可能，投资者需要密切关注该形态出现后的股价走势。

第四，若股价连续下跌多日后，在底部区域出现光头阴线，说明空方最后一次进攻被多方击退，未来有止跌反弹的可能，投资者宜保持关注。若阴线实体很小，下影线很长，则有出现锤头线形态的可能性。

第五，光头阴线出现在振荡区域，且阴线实体不大，则对股价未来走势的影响不大。

2. *实战参考*

下面来看一下腾邦国际的案例。

如图 2–28 所示，进入盘整期后的腾邦国际，在 2020 年 6 月 23 日和 6

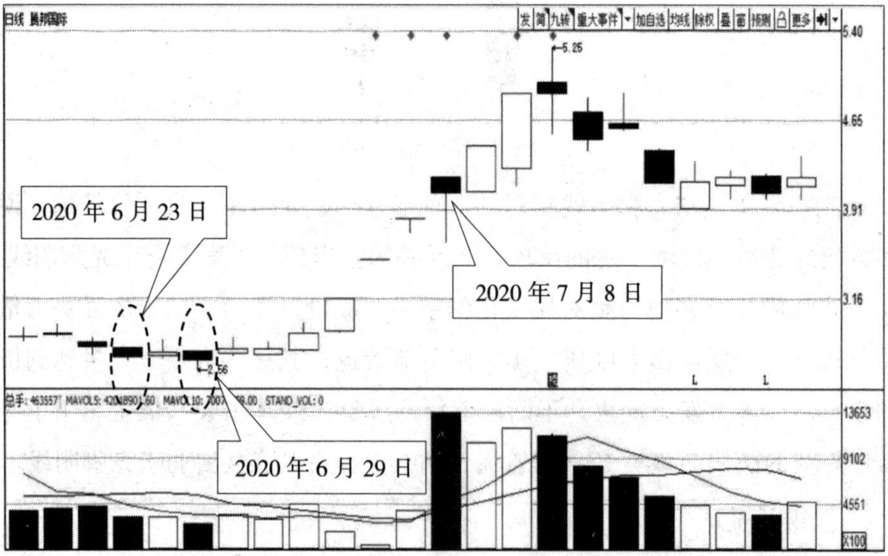

图 2–28　腾邦国际（300178）日 K 线走势图

月 29 日连续收出两根光头阴线。6 月 29 日阴线的最低价形成了一段时间以来的最低价，这说明该股股价存在触底反弹的可能。

其后，腾邦国际出现了一波快速上升行情。到了 2020 年 7 月 8 日这一天，该股又一次收出了光头阴线，这根光头阴线的实体较小，但下影线很长，说明空方聚集了较多的下跌动能，最终在与多方的争夺中险胜。这种形态在该位置很可能形成吊颈线，投资者宜小心。此后，该股股价经过两个交易日的上涨后进入了调整走势，投资者宜清仓。

七、上影阴线

上影阴线是基于比较得出的，特指上影线明显比下影线长的阴线，如图 2–29 所示。

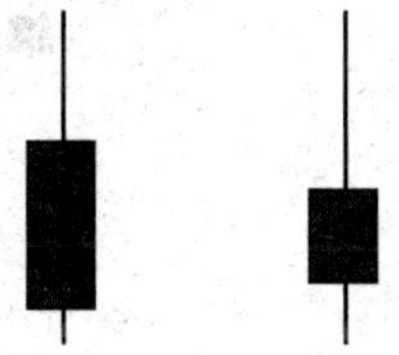

图 2–29　上影阴线

上影阴线也是一种容易出现在强势下跌趋势中的经典 K 线，它的出现是空方强势进攻的结果。股价开盘后，尽管多方曾经试图将股价拉升至较高的水平，但空方很快收复失地，并迅速取得绝对优势的地位，多方虽尝试向上拉升股价，但仍未获得主导位置。该类 K 线形态属于典型的看跌形态。

1. 操作策略

上影阴线的交易含义与光脚阴线类似，但看跌意义要弱于光脚阴线，其交易含义包括如下几点。

第一，出现上影阴线，说明空方在与多方的争斗中已经取得了绝对的优势，下影线越短，股价未来继续走低的概率越大。

第二，高价位区域或股价长时间上涨后出现上影阴线，说明股价触顶回落，空方突然发力，股价迎来拐点的概率很大。若此时成交量出现放大态势，则可增加股价下行的概率。

第三，若股价经过一段时间的温和下跌后出现上影阴线，则说明股价有加速下跌的可能，投资者宜割肉离场。

第四，上影阴线的收盘价越接近于跌停位，股价次日低开的概率越大。

第五，在底部区域出现上影阴线，且下影线较短，则该形态近似于倒锤头线，股价存在反转向上的可能。

2. 实战参考

下面来看一下三角防务的案例，如图 2–30 所示。

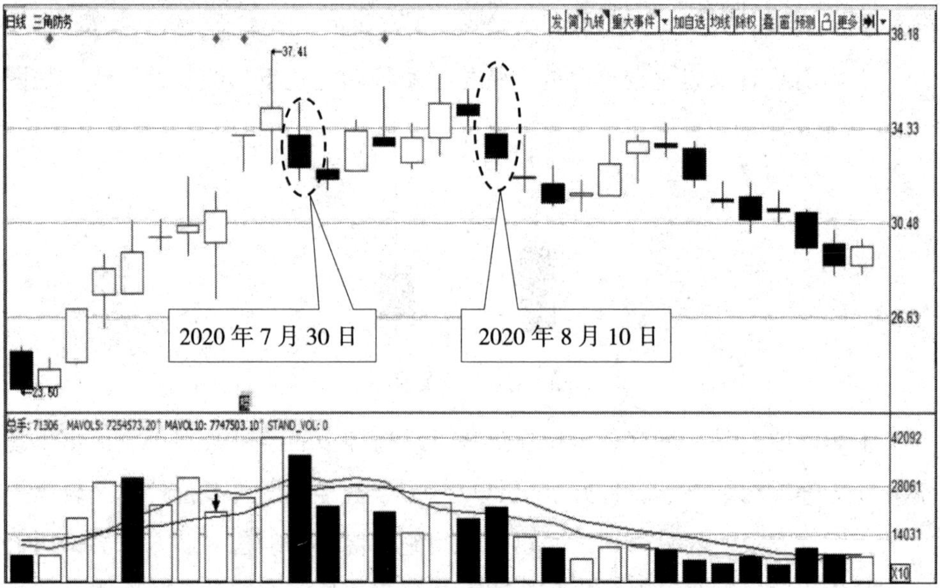

图 2–30　三角防务（300775）日 K 线走势图

如图 2–30 所示，三角防务从 2020 年 7 月初开始上涨。经过一段时间的上涨后，在 2020 年 7 月 30 日收出一根上影阴线，说明空方加大了打压力度，未来的股价走势存在变数。

2020 年 8 月 10 日，三角防务再度以一根上影阴线终结了股价的上行趋势，此后，该股股价确认将进入下降通道，投资者应当选择出货。

八、下影阴线

下影阴线是一种类似于光头阴线的 K 线，是指下影线明显比上影线长的阴线，其收盘价距离最低价较远，说明多方已经开始反攻，只是力量暂时还不及空方，如图 2-31 所示。

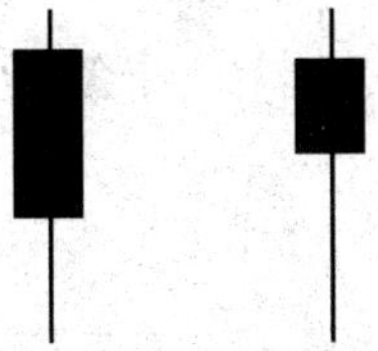

图 2-31　下影阴线

下影阴线是一种多空力量对比变化的结果。股价开盘后，空方的强势开始显现，并屡屡向多方施压，多方则节节败退。其后，当空方力量达到极大水平后，多方发力反攻，不断向上拉升股价，最终在 K 线图上留下了一根带下影线的阴线。

1. 操作策略

该类 K 线尽管属于阴线，但看跌意义要弱于光头阴线。

下影阴线的基本交易含义如下。

第一，出现下影阴线，说明空方在与多方的争斗中虽然仍占有优势地位，但这种优势已经不是特别明显。下影线越长，说明多方反击的力度越大，股价未来走势存在的不确定性也越大。

第二，下影阴线的实体长度越长，股价未来走低的可能性越大；下影线越长，股价反转向上的概率越大。

第三，若股价在下跌途中出现带长下影线的下影阴线，未来存在走出空方尖兵形态的可能，投资者需要密切关注该形态出现后的股价走势。

第四，下影阴线出现在振荡区域，且阴线实体不大，则对股价未来走势的影响不大。

第五，在顶部区域出现下影阴线，且上影线较短，则该形态近似于吊颈线，股价存在反转向下的可能。

2. 实战参考

下面来看一下中国中免的案例，如图 2-32 所示。

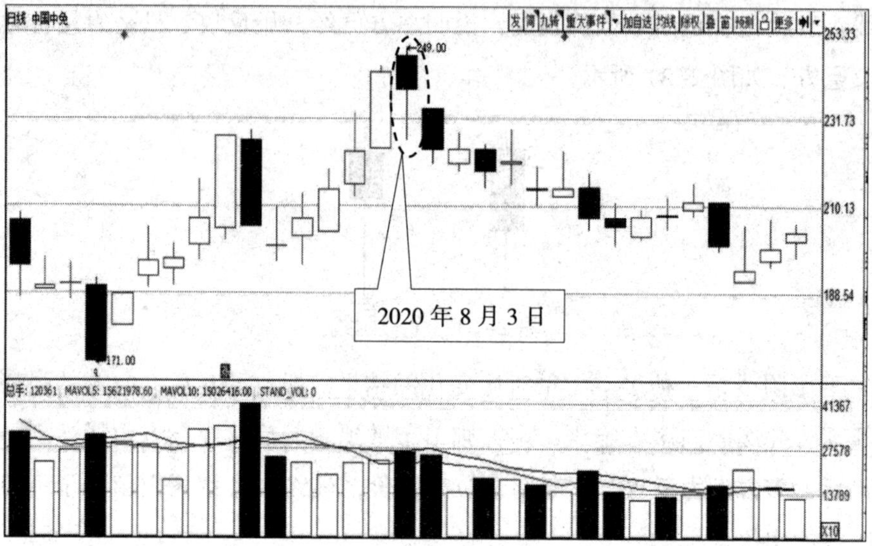

图 2–32　中国中免（601888）日 K 线走势图

如图 2–32 所示，中国中免 2020 年 3 月底受免税店牌照利好消息的刺激，股价出现了一波持续上攻走势。在 2020 年 8 月初，该股股价相对于 3 月底已经有了 3 倍多的涨幅。2020 年 8 月 3 日，该股股价收出下影阴线（该下影阴线类似于吊顶线），此时该股有触顶回落的风险，投资者可暂时执行避险操作。

第三节　十字线及其变形

收出十字线，是多空双方争斗暂时出现力量均衡的结果，不过这种均衡只是暂时的，未来很快就会确认新的股价运行方向。在实战中，十字线也存在诸多变形，且其出现的位置不同，交易含义也存在明显的不同。

一、十字线

十字线，又称十字星线，是一种没有实体或实体可以忽略不计的带有较长上影线和下影线的K线形态。这种K线以开盘价为收盘价，即开盘价等于收盘价（当然，在实战中，开盘价和收盘价允许存在一定的差异）。如图2–33所示。

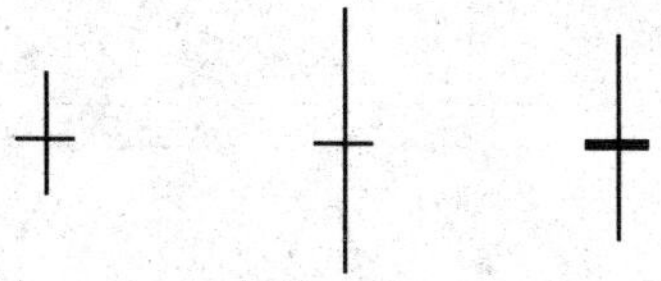

图2–33 十字线

十字线属于比较特殊的K线，它的出现是多空双方经过激烈争斗后进入势均力敌的形态，也可以看成是多空双方争斗暂时休止的符号。

1. 操作策略

十字线的交易含义如下。

第一，十字线可以出现在各种趋势中，有趋势即将发生变化的意味。

第二，十字线形态中，上影线和下影线越长，说明多空双方的争斗越激烈，股价未来走势的不确定性越大。

第三，股价经过一段时间下跌后出现十字线，此后股价开始上升，说明多方开始准备反击，未来股价有拐头向上的可能，如启明星形态在此期间经常出现。

第四，股价经过一段时间的上升后出现十字线，此后股价开始回落，说明空方开始准备反击，未来股价有拐头向下的可能，如黄昏星形态在此期间经常出现。

第五，在上升途中出现十字线后，股价很快突破十字线顶端，则可认定股价将会继续走高，十字线只是上涨途中一次短暂的“休息”。

第六，在下跌途中出现十字线后，股价很快跌破十字线底端，则可认定股价将会继续走低，十字线只是下跌途中一次短暂的“休息”。

2. 实战参考

下面来看一下云南白药的案例，如图2–34所示。

云南白药的股价自2020年3月中旬出现振荡走高行情，到了7月初，连续几根大阳线和中阳线将该股股价带到了一个比较高的水平。在此之后，2020年7月15日，该股股价收出一根十字线形态，说明多空双方的争夺十分激烈。由于此时该股股价已经进入高位，未来走势充满不确定性，投资者宜减仓或清仓。

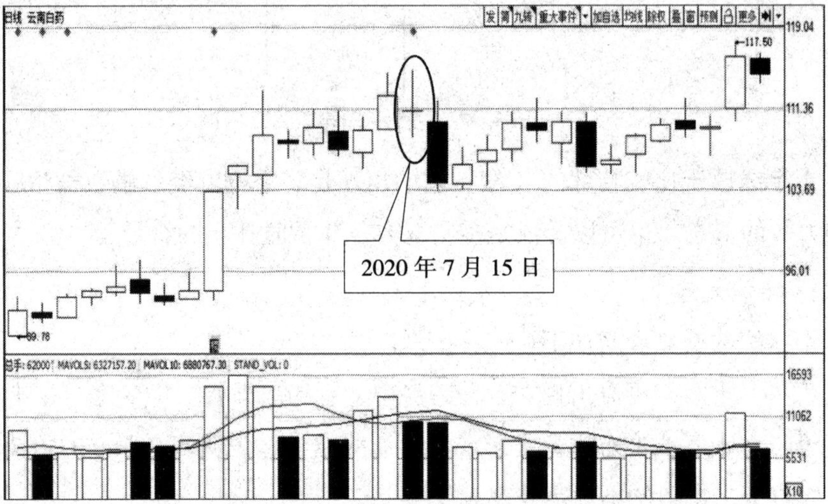

图2-34　云南白药（000538）日K线走势图

二、螺旋桨

螺旋桨，又称陀螺，是一种略带实体的十字线。螺旋桨的顶点与低点相差极大，如图2-35所示。

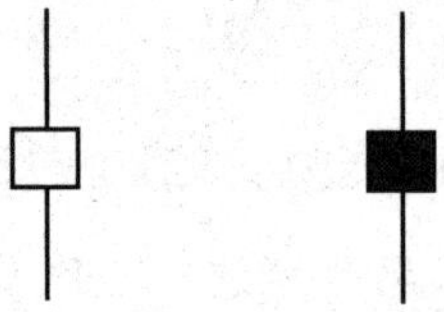

图2-35　螺旋桨

螺旋桨形态本质上可以看作是一种略带小实体的十字线。由于上下影线都比较长，且实体较小，因而，实体颜色对于判断股价走势已经没有多大的意义了。

螺旋桨的出现反映了多空双方在争斗过程中都曾经短暂领先，但这种领先都没有取得绝对的优势，最后双方暂时取得了平衡。同时，螺旋桨形态的最高价和最低价常常可以作为股价波动的参照线。

1. 操作策略

螺旋桨形态的操作要点如下。

第一，螺旋桨形态与十字线形态相似，但转势信号要比十字线更强。

第二，螺旋桨形态中，上影线和下影线越长，说明多空双方的争斗越激烈，股价未来走势的不确定性越大。

第三，股价经过一段时间的下跌后出现螺旋桨，此后股价开始上升，说明多方开始准备反击，未来股价有拐头向上的可能。股价向上突破螺旋桨上影线顶端时，就是介入该股的最佳时机。阳线螺旋桨要比阴线螺旋桨的看涨意味更浓。

第四，股价经过一段时间的上升后出现螺旋桨，此后股价开始回落，说明空方开始准备反击，未来股价有拐头向下的可能。股价向下跌破螺旋桨下影线底端时，就是卖出该股的时机。

2. 实战参考

下面来看一下威胜信息的案例，如图 2-36 所示。

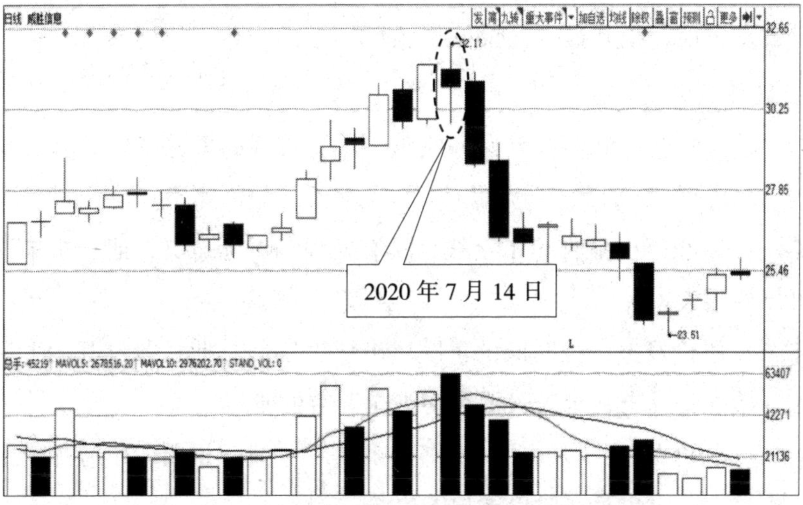

图 2-36　威胜信息（688100）日 K 线走势图

如图 2–36 所示，威胜信息从 2020 年 7 月初进入快速连续上涨期，到 2020 年 7 月中旬，股价到达了一个较高价位。

2020 年 7 月 14 日，该股收出螺旋桨，且这两天的成交量几乎放大到极点，这充分表明多方力量衰竭，空方逐步占据优势。之后的几个交易日，股价直接跌破了螺旋桨的下影线部位，更加确立了股价见顶信号的可靠性，投资者应及时卖出，以免被套。

三、T 字线

T 字线，又称多胜线、蜻蜓十字线，是十字线的一种变形，相当于是一种没有上影线的十字线。T 字线的开盘价、最高价和收盘价这三个价格相等。一般来说，开盘价与最高价相等，表明股价走势不强；而收盘价与最高价相等，则说明股价呈强势。此种形态就是一个矛盾结合体，多以涨停板形式出现。如图 2–37 所示。

图 2–37　T 字线

T 字线的出现多是股价开盘后空方大力向下打压股价，此后多方发力向上拉升收复失地，以开盘价的价位收盘。

1. 操作策略

T 字线经常是以涨停板开盘和收盘，具有较强的看涨意味，其交易含义如下。

第一，以涨停板报收的 T 字线，具有较强的看涨意义，股价未来继续走高的可能性很大。

第二，股价经过一段时间的下跌后出现 T 字线，此后股价开始上升，说明多方开始准备反击，未来股价有拐头向上的可能。

第三，股价经过一段时间的上涨后出现 T 字线，说明股价有加速上涨的迹象，不过，此时也存在股价触顶的风险。

第四，投资者若按照T字线形态买入股票，可将T字线下影线的末端设置为止损位，一旦股价跌破此位置，则应坚决卖出止损。

2. 实战参考

下面来看一下今世缘的案例，如图2–38所示。

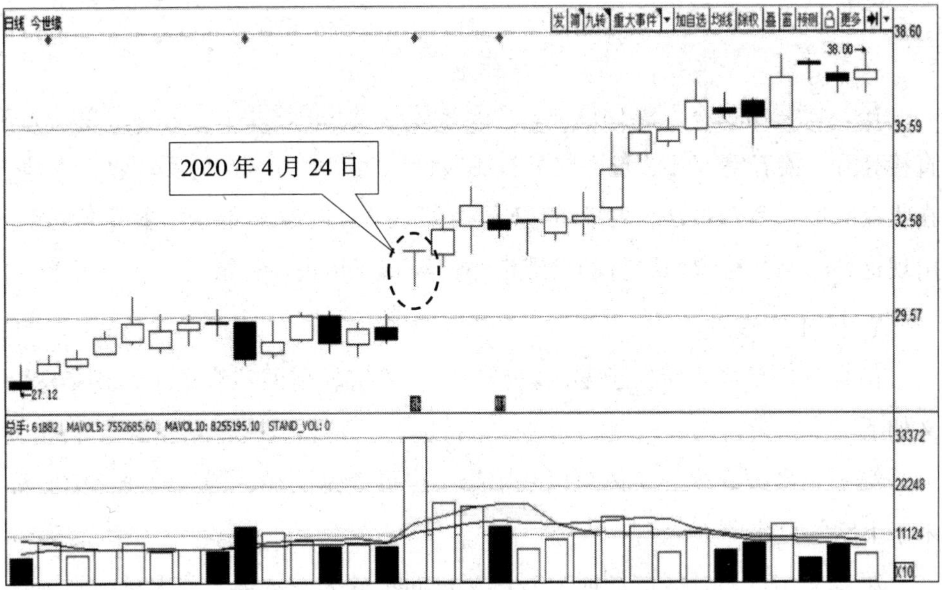

图2–38 今世缘（603369）日K线走势图

如图2–38所示，2020年4月，处于振荡上升行情中的今世缘股价出现了横向振荡态势。2020年4月24日，该股受推出股权激励计划的影响，直接以涨停价开盘，之后卖压剧增，股价下跌，但在收盘时仍被拉回到开盘的价位上，表明空方虽有意打压股价，但力量不足。鉴于此时该股股价已经在底部盘整了一段时间，未来股价继续走高的概率很大。

此后，该股出现了一波上涨走势。

四、吊颈线

吊颈线其实就是一个位于顶部区域的略带小实体的T字线。它的实体有阴阳之分，下影线通常很长（至少是实体长度的两倍），一般出现在阶段行情的顶部区域，因其像一个吊在半空中的人而得名。如图2–39所示。

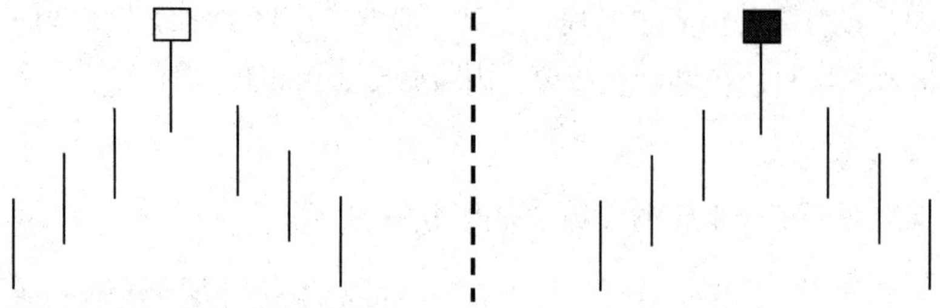

图 2-39 吊颈线

吊颈线多出现在上涨行情中，股价开盘后，多方延续了之前的上攻动力，直接高开，接着空方开始发力向下打压股价，此后多方又奋力反攻收复失地。在收盘时段，多空双方的力量消耗殆尽，无法大幅推动股价继续上升或下跌。出现这种形态往往说明股价的上涨走势已经到了尽头，行情将反转向下。

1. 操作策略

吊颈线经常成为阶段顶部的典型形态，具有较强的转势意味，其交易含义如下。

第一，吊颈线中的实体可以是阳线，也可以是阴线，若为阴线，则股价未来下跌的概率更大。

第二，出现吊颈线的同时，若成交量同步放大，甚至出现天量，则更可印证股价已经见顶，投资者宜离场；反之，若成交量并未放大，而是出现了萎缩，则需其他技术信号进一步确认卖点。

第三，出现吊颈线后，股价随之回调，且跌破吊颈线下影线的末端，则说明股价下行趋势已经确立，投资者宜执行卖出操作。

第四，股价在上升趋势中出现阳线吊颈线，且以涨停价报收，则可按照光头阳线的操作方法持股不动。

第五，出现吊颈线后，若股价不跌反涨，且股价能够向上突破吊颈线的最高价，则说明此时的吊颈线只是上涨途中的洗盘，投资者可继续持股。

2. 实战参考

下面来看一下晶晨股份的案例，如图 2-40 所示。

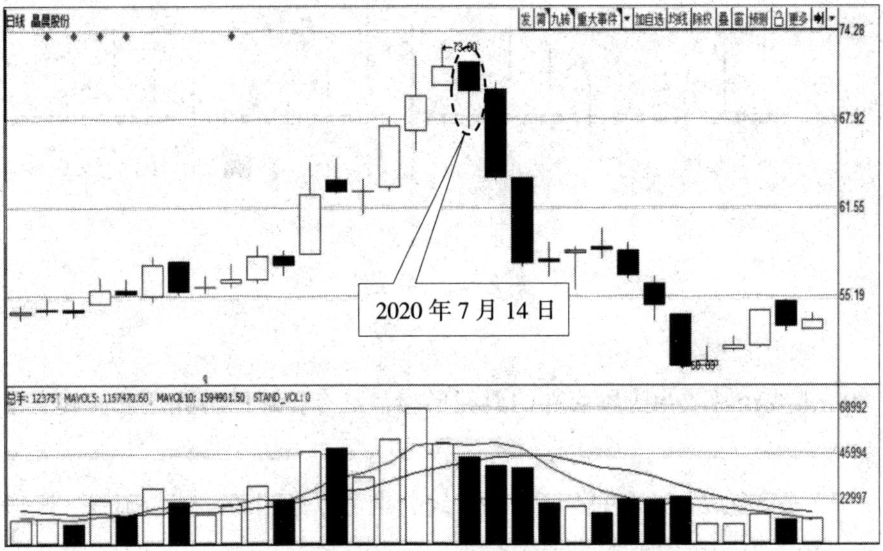

图 2-40　晶晨股份（688099）日 K 线走势图

如图 2-40 所示，从 2020 年 6 月底开始，晶晨股份的股价走出了一波加速上涨行情。

2020 年 7 月 13 日，该股股价创出阶段高点后回调。7 月 14 日，该股股价又收出一根吊颈线，这极有可能是转势信号，但当日成交量萎缩，还不能完全肯定走势将向下。

下一交易日（7 月 15 日），该股收出一根低开低走的大阴线，下降趋势基本确立，这时投资者应进行减仓操作，以规避风险。之后，股价进入到下跌行情。

五、锤头线

锤头线，又称锤子线，其实就是一个位于底部区域的略带小实体的 T 字线，因其像锤头而得名，如图 2-41 所示。

锤头线多出现在下跌行情中，股价开盘后，空方延续了之前的攻击力，连续向下打压股价，接着多方开始发力向上拉升股价。在收盘时段，多空双方的力量消耗殆尽，无法大幅推动股价继续上升或下跌。出现这种形态，往往说明股价的下跌走势已经到了尽头，行情将反转向上。

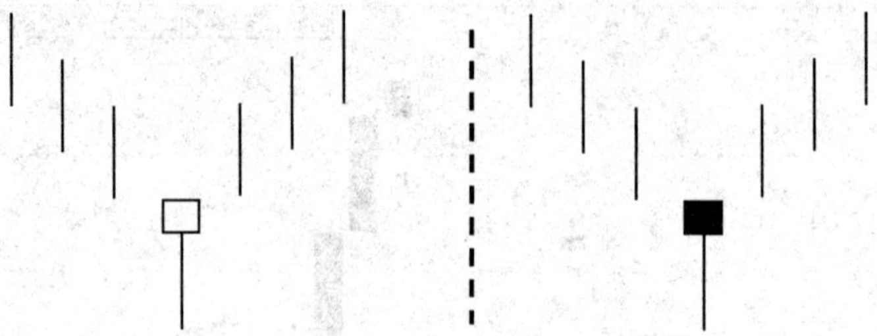

图 2-41　锤头线

1. 操作策略

锤头线经常成为阶段底部的典型形态，具有较强的转势意味，其交易含义如下。

第一，锤头线中的实体可以是阳线，也可以是阴线。若为阳线，则股价未来止跌企稳的概率更大。

第二，出现锤头线的同时，若成交量同步萎缩，甚至出现地量，则更可印证股价已经见底，投资者可保持观望，一旦股价反弹即可入场。当然，在锤头线出现的次日出现地量，也不影响看涨信号的成立。

第三，出现锤头线后，股价随后反弹，且向上突破了锤头线的顶部，则可说明股价上涨趋势已经确立，投资者宜执行买入操作。

第四，锤头线的下影线越长，则股价反转的概率越大，未来止跌反弹的可能性也越高。

第五，股价在下跌趋势中出现阳锤头线，且以涨停价报收，则说明股价可能迎来强势上升，投资者可考虑入场交易。

2. 实战参考

下面来看一下水星家纺的案例。

如图 2-42 所示，从 2020 年 4 月中旬开始，处于振荡盘整阶段的水星家纺走出了一段下降行情。

2020 年 4 月 22 日，该股收出一根锤头线，表明下档接盘能力较强，后市有转向的可能，不过，该锤头线的下影线不够长，其推动行情转向的指示含义相对较弱。

此后，该股股价经过短暂反弹后重新下跌。4 月 28 日，该股股价重新收出一根锤头线，且下影线非常长，这说明该股股价很可能已经完成了触底操作。

此后，该股股价出现了振荡上行走势，当股价向上突破锤头线的最高价时，投资者可考虑入场建仓。

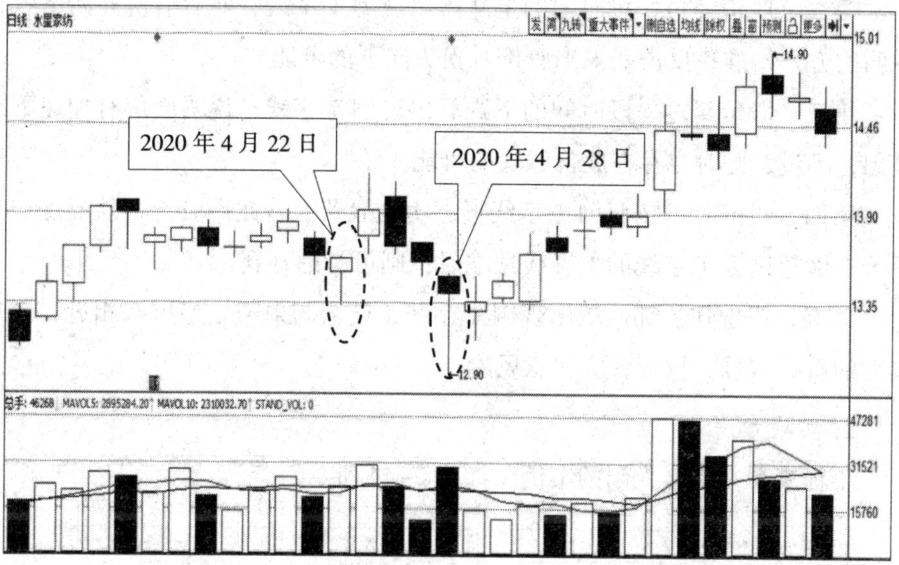

图 2-42　水星家纺（603365）日 K 线走势图

六、倒 T 字线

倒 T 字线，又称空胜线、墓碑十字，是十字线的一种变形，相当于是一种没有下影线的十字线。倒 T 字线的开盘价、最低价和收盘价这三个价格相等，由于最高价距离收盘价较远，因而可以将该形态看成是一种弱势行情形态，如图 2-43 所示。

图 2-43　倒 T 字线

出现倒 T 字线，多是股价开盘后多方大力向上拉升股价，此后空方发力向下打压股价以收复失地，以开盘价的价位收盘。

1. 操作策略

倒 T 字线经常是以跌停板收盘，具有较强的看跌意味，其交易含义如下。

第一，以跌停板报收的倒 T 字线，具有较强的看跌意义，股价未来继续走低的可能性很大。

第二，股价经过一段时间的上涨后出现倒 T 字线，此后股价开始下跌，说明空方开始准备反击，未来股价有拐头向下的可能。

第三，股价经过一段时间的下跌后出现倒 T 字线，说明股价有加速下跌迹象，不过，此时也存在股价触底的可能。

第四，投资者若按照倒 T 字线形态卖出股票，若此后股价不跌反涨，当股价上涨超过倒 T 字线的上影线顶端时，则可考虑补仓。

第五，股价在顶部区域出现倒 T 字线，就会与射击之星形态相近，属于典型的看跌信号，投资者应注意风险。

2. 实战参考

下面来看一下金太阳的案例，如图 2-44 所示。

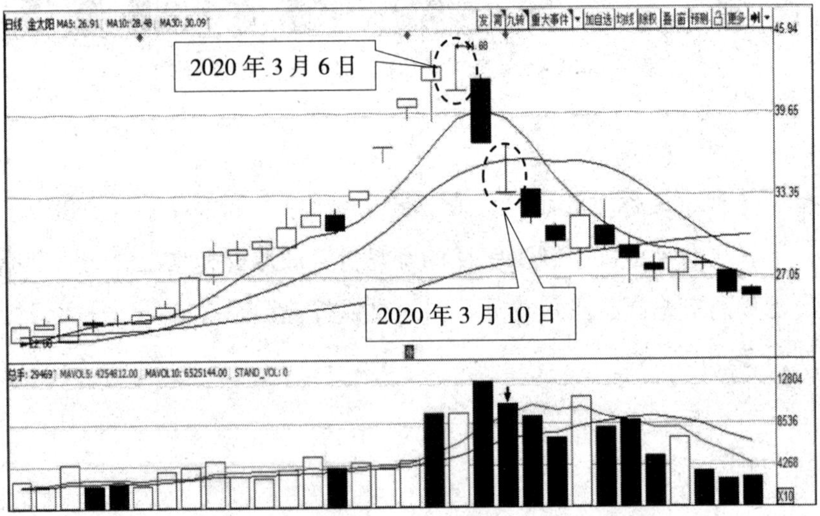

图 2-44　金太阳（300606）日 K 线走势图

如图 2-44 所示，金太阳的股价在 2020 年年初走出了一波振荡上升走势。2020 年 3 月 6 日，处于上升途中的该股收出了一根近似倒 T 字线（开盘价、收盘价与最低价之间稍有差异，但不影响对该形态的判断），当日下跌幅度为 4.18%，这表明多方经过一段时间的上攻后有些力有不逮了，投资者宜谨慎。

2020 年 3 月 10 日，该股股价在前一交易日跌停的基础上，再次拉出了一根倒 T 字线，这说明该股本次的波段上攻可能已经结束，宜执行清仓操作。

七、射击之星

射击之星与倒 T 字线有些相似，相当于一个位于顶部区域的略带小实体的倒 T 字线。它的实体有阴阳之分，上影线通常很长（至少是实体长度的两倍），一般出现在阶段行情的顶部区域，因其像一支射出的箭而得名。如图 2–45 所示。

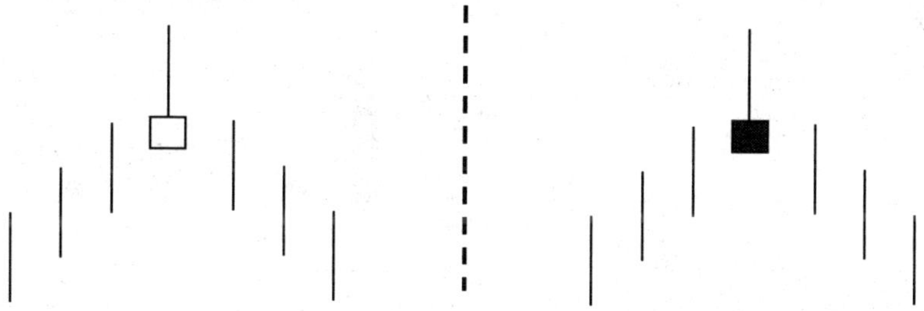

图 2–45　射击之星

射击之星多出现在上涨行情中，股价开盘后，多方延续了之前的上攻动力，直接高开高走，接着空方开始发力向下打压股价。在收盘时段，多空双方的力量消耗殆尽，无法大幅推动股价继续上升或下跌。出现这种形态，往往说明股价上涨走势已经到了尽头，行情将反转向下。

1. 操作策略

射击之星是阶段顶部的典型形态，具有较强的转势意味，其交易含义如下。

第一，射击之星中的实体可以是阳线，也可以是阴线，若为阴线，则股价未来下跌的概率更大。

第二，出现射击之星的同时，若成交量同步放大，甚至出现天量，则更可印证股价已经见顶，投资者宜离场；反之，若成交量并未放大，而是出现了萎缩，则需其他技术信号进一步确认卖点。

第三，出现射击之星后，股价随之回调，且跌破射击之星的最低价，则意味着股价下行趋势已经展开，投资者宜执行卖出操作。

第四，股价在上升趋势中出现阴线射击之星，且以跌停价报收，则可按照光脚阴线的操作方法持股不动。

第五，出现射击之星后，若股价不跌反涨，且股价能够突破射击之星的最高价，则说明此形态失效，投资者可考虑补仓操作。

2. 实战参考

下面来看一下新坐标的案例，如图 2-46 所示。

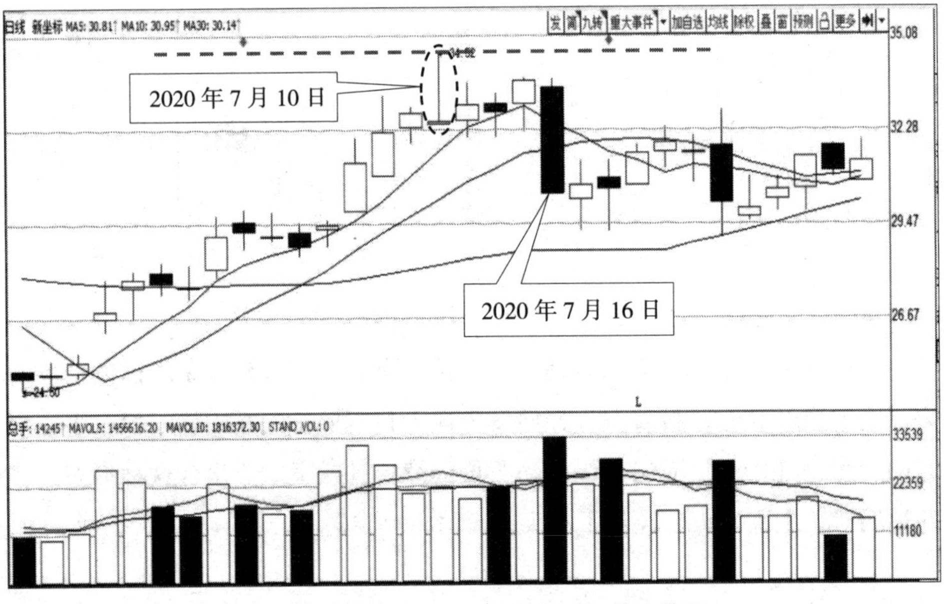

图 2-46　新坐标（603040）日 K 线走势图

如图 2-46 所示，新坐标从 2020 年 6 月上旬开始出现了一波上涨行情。2020 年 7 月 10 日，该股低开高走，收出一根射击之星。结合两天前出现的 K 线形态，投资者可以判断多空双方的力量对比发生了变化，行情极有可能变坏，投资者需要密切关注后面的 K 线走势。

此后的三个交易日，该股股价并未出现明显的下跌态势，不过，股价仍未突破射击之星的最高价，投资者仍需保持谨慎。

2020 年 7 月 16 日，新坐标的股价向下突破，并收出一根大阴线，且该阴线已经跌破了射击之星的最低价，这属于典型的看空信号，投资者宜在当天出清手中的仓位。

八、倒锤头线

倒锤头线与射击之星形态几乎相同，只是出现的位置有所不同，其形态就是一个位于底部区域的略带小实体的倒 T 字线。因其像倒立的锤头而得名，如图 2–47 所示。

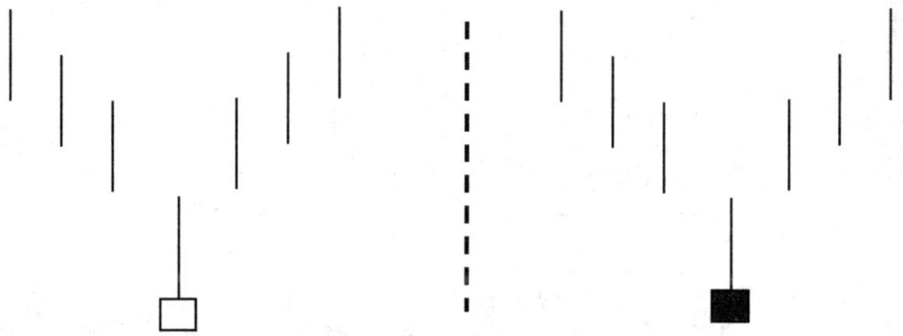

图 2–47　倒锤头线

倒锤头线多出现在下跌行情中，股价开盘后，多方突然发动反攻，大力向上拉升股价，其后空方开始发力向下打压股价。在收盘时段，多空双方的力量消耗殆尽，无法大幅推动股价继续上升或下跌。出现这种形态，往往说明股价的下跌走势已经到了尽头，行情将反转向上。

1. 操作策略

倒锤头线是阶段底部的一种典型形态，具有较强的转势意味，其交易含义如下。

第一，倒锤头线中的实体可以是阳线，也可以是阴线，若为阳线，则股价未来止跌企稳的概率更大。

第二，出现倒锤头线的同时，若成交量同步萎缩，甚至出现地量，则更可印证股价已经见底，投资者可保持观望，一旦股价反弹即可入场。

第三，出现倒锤头线后，股价随之反弹，且向上突破了倒锤头线上影线的顶部，则可说明股价上涨趋势已经确立，投资者宜执行买入操作。

第四，在下跌趋势中股价出现阴线倒锤头线，且以跌停价报收，说明股价可能迎来强势下跌，投资者应远离该股。

第五，倒锤头线的最低价就是投资者入场的止损位。投资者按照倒锤头线形态买入股票后，若股价不涨反跌，且股价跌破了倒锤头线的最低价，则说明此形态失败，投资者可考虑止损卖出。

2. 实战参考

下面看一下金盾股份的案例，如图 2-48 所示。

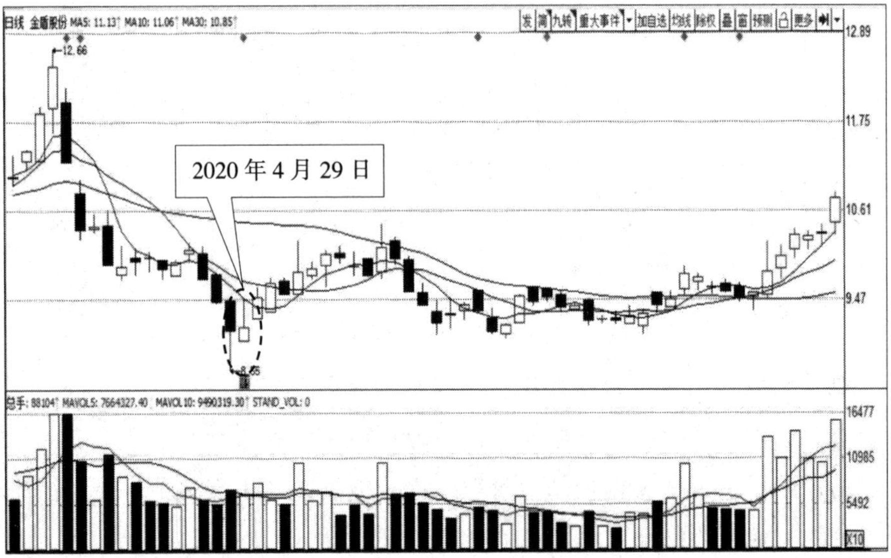

图 2-48　金盾股份（300411）日 K 线走势图

如图 2-48 所示，金盾股份的股价从 2020 年 4 月上旬开始出现了一波大幅下跌行情。2020 年 4 月 28 日，该股收出一根带长下影线的阴线，给人一种探底回升的感觉。此时，投资者需要密切关注股价的变化，该股随时可能触底反弹。

次日，即 4 月 29 日，该股又收出一根倒锤头线，这表明该股有止跌企稳的可能，投资者宜密切关注后市的动向。一旦股价向上突破倒锤头线的最高点，即可入场买入该股。

其后，该股出现了一波上攻走势。尽管其后该股股价再次回调，但仍未跌破倒锤头线的最低价，由此可见，该股的下跌趋势已经终结。

九、一字线

一字线是一种非常特殊的 K 线，它的开盘价、收盘价、最高价和最低价都是同一个。该形态本质上可以看作是一种没有上影线和下影线的十字线。如图 2-49 所示。

图 2-49　一字线

出现一字线，说明多方或空方已经取得了绝对优势，另一方根本没有任何反击的能力。在股市中，一字线多是伴随着涨停板或跌停板出现的。

1. 操作策略

该形态的交易含义包括以下几点。

第一，在股价启动初期，若出现一字线形式的涨停板，则意味着股价将会启动一波大幅上涨。不过，普通投资者很难在一字线涨停板出现时买入股票。在一字线涨停板的次日，若股价并未出现一字线涨停，可考虑少量追涨买入该股；若股价连续多日拉出一字线涨停，则不宜追高买入。

第二，股价经过一段时间的上涨进入高位区域后，若出现一字线涨停，则可能属于多方的最后一波攻击，一旦攻击停止，股价有筑顶回落的风险，投资者不宜再追涨买入这些股票。

第三，在股价下跌初期，若出现一字线跌停，则意味着股价将会启动一波大幅下跌走势，投资者宜在跌停板打开时快速出货，以免遭受更大的损失。

第四，股价在下跌途中连续出现多根一字线跌停，则未来有超跌反弹的可能，投资者宜保持关注。

2. 实战参考

下面来看一下光启技术的案例，如图 2-50 所示。

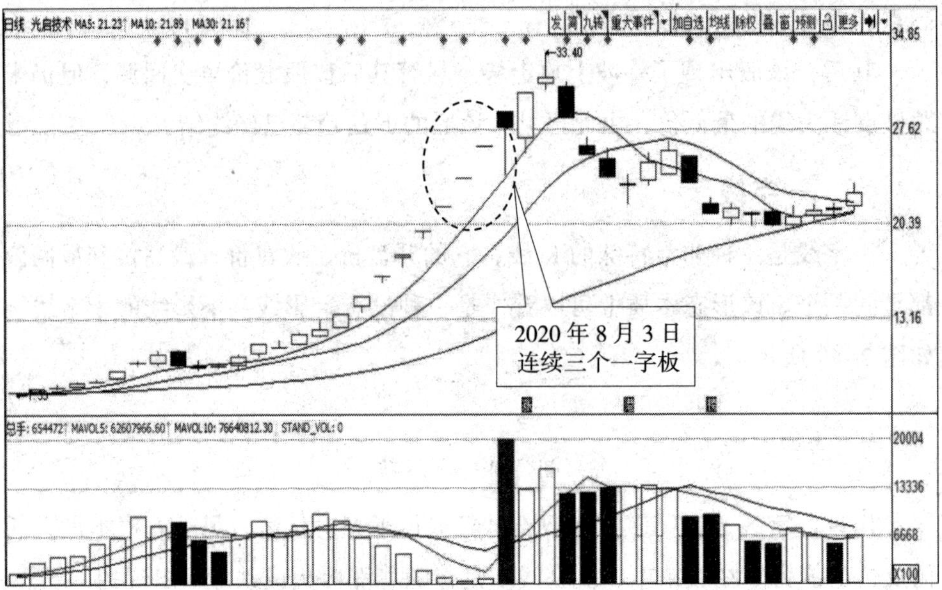

图 2-50 光启技术（002625）日 K 线走势图

如图 2-50 所示，光启技术的股价在 2020 年 7 月初启动了一波快速上升走势。到了 7 月底 8 月初时段，该股股价加速上攻，期间连续拉出多个涨停板。特别是从 8 月 3 日开始，连续拉出了三个一字板，可见多方实力之强。

不过，随着一字板的打开，也宣告多方的进攻即将停止。其后，该股经过三个交易日的调整后，股价进入了下跌通道。

第三章

K 线反转形态解析

在诸多K线形态中，反转形态是最为重要的一类形态，也是投资者最需要关注的一种形态。当然，这并不意味着反转信号一出现，股价的运行趋势就会反转，而是说，当这些信号出现时，股价可能会出现反向运动或者反转。

第一节　经典反转形态

本节介绍的经典反转形态，多是经过实战检验、反转成功率较高的形态。当然，前面章节所提及的锤子线、倒锤子线、上吊线、射击之星等，也都属于强势反转形态。

一、吞没形态

吞没形态，又称包线形态、怀抱线、穿头破脚、吞噬形态，是由一小一大两根颜色相反的K线组合而成，前一根K线的最高价和最低价全部隐藏在后一根K线的最高价和最低价波动范围之内。常见的吞没形态包括看涨吞没形态和看跌吞没形态两类。

1. 看跌吞没

看跌吞没形态，也称阴包阳、看跌包线，由一阴一阳两根K线组成，且前一根为阳线，后一根为阴线。该形态一般出现在上升趋势中，表示在多方占据主导的行情中，空方开始发动反攻。如图3-1所示。

图3-1　看跌吞没

出现看跌吞没形态，表示股价上涨趋势即将结束，未来有触顶回落的可能。

（1）操作策略。

看跌吞没形态的具体交易含义如下。

第一，看跌吞没形态，本身就是多方实力有所不济，空方开始反攻的一个信号。若此后股价不跌反涨，并向上突破阴线的最高价，则可宣布阴包阳形态失败，投资者可考虑补仓。

第二，在看跌吞没形态中，后一根阴线具有非常重要的交易指示含义，阴线的收盘价越低，未来股价走低的可能性越大。

第三，在看跌吞没形态中，若第一根阳线的实体很小，甚至收出十字线，则更可增强股价运行趋势反转的可能。

第四，在看跌吞没形态形成后，投资者还要观察阴线出现前几个交易日内的阳线形态，若此根阴线与之前的几根阳线构成三线打击形态，投资者可继续持股。

（2）实战参考。

下面来看一下电工合金的案例，如图 3-2 所示。

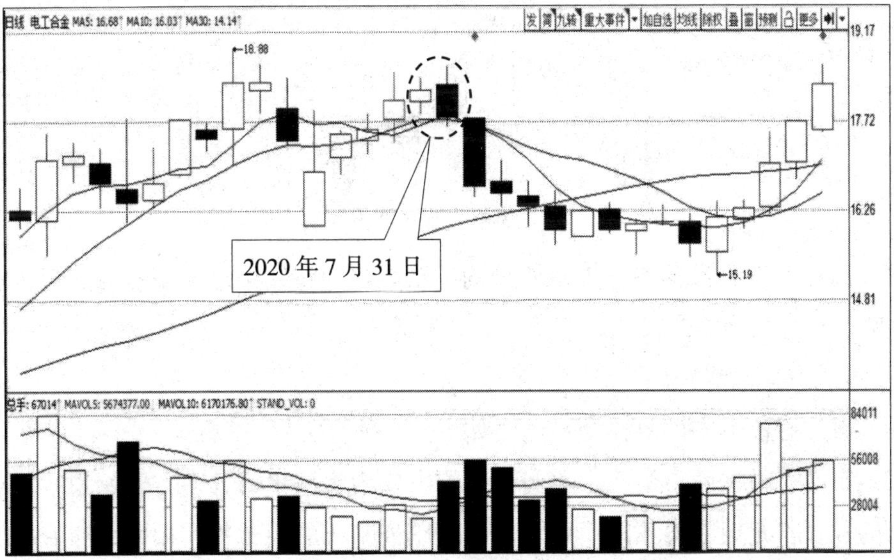

图 3-2　电工合金（300697）日 K 线走势图

如图3-2所示，电工合金的股价经历了一波上涨行情后，于2020年7月31日、8月3日出现看跌吞没形态。

7月31日，电工合金收出一根带影线的小阳线。观察这根阳线的位置可以发现，该股股价来到了前期高点附近，这意味着股价继续上行可能会面临较为沉重的压力。8月3日（8月1日、2日周末休市），该股收出一根阴线，这根阴线的开盘价高于前一日的收盘价，而收盘价低于前一日的开盘价，它和前一日的小阳线共同形成了看跌吞没形态。

出现这种形态，表明原有的上涨趋势减弱，行情可能发生反转。因此，投资者应该在8月3日当天及时采取减仓行动，不需要等待收盘价或其他信号确认。如投资者没有及时离场，则应在次日择高卖出。

2. 看涨吞没

看涨吞没形态，也称阳包阴，由一阳一阴两根K线组成，且前一根K线为阴线，后一根K线为阳线。该形态一般出现在下跌趋势中，表示在空方占据主导的行情中，多方开始发动反攻。如图3-3所示。

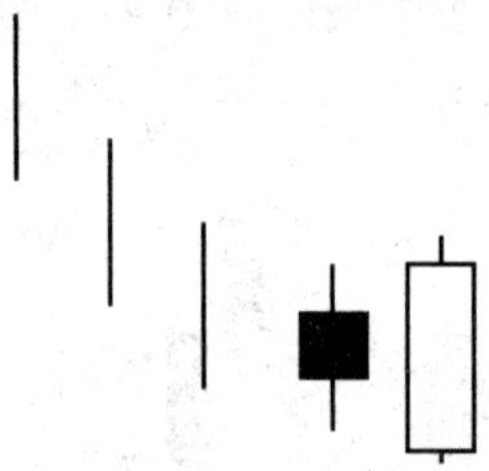

图3-3　看涨吞没

出现看涨吞没形态，表示股价的下跌趋势即将结束，未来有触底反弹的可能。

（1）操作策略。

看涨吞没形态的具体交易含义如下。

第一，看涨吞没形态，本身就是空方实力有所不济，多方开始反攻的一个信号。若此后股价不涨反跌，并向下跌破阳线的最低价，则可宣布看涨吞没形态失败，投资者可止损清仓。

第二，在看涨吞没形态中，后一根阳线具有非常重要的交易指示意义，阴线的收盘价越高，未来股价走高的可能性越大。

第三，在看涨吞没形态中，若第一根阴线的实体很小，甚至收出十字线，则更可增加股价运行趋势反转的可能。

第四，在看涨吞没形态中，若阳线出现的同时，成交量同步放大，则可增强买入信号的有效性。

（2）实战参考。

下面来看一下华自科技的案例，如图 3-4 所示。

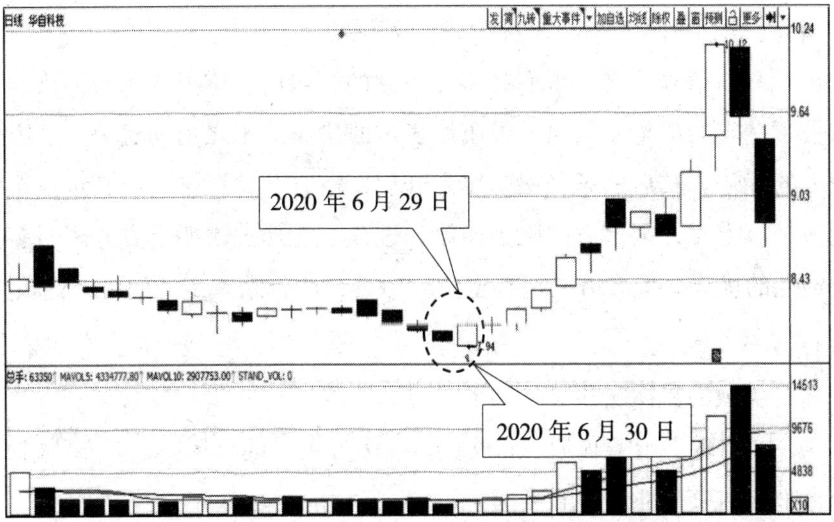

图 3-4　华自科技（300490）日 K 线走势图

如图 3-4 所示，华自科技在经历了一波下跌行情之后，于 2020 年 6 月 29 日和 30 日这两天出现了看涨吞没形态。

2020 年 6 月 29 日，华自科技收出一根光头小阴线。6 月 30 日，该股出现一根光脚中阳线，这根中阳线的开盘价要低于前一日的收盘价，而收盘价比前一日的开盘价要高很多，它与前一日的光头小阴线共同形成了看涨吞没形态，表示行情可能触底回升。激进的投资者可以选择次日逢低吸纳，稳健的投资者还可以再观察几天。

其后，该股出现了一波振荡上扬走势。

二、乌云盖顶

乌云盖顶，也称乌云线形态，由一阳一阴两根K线组成，不过，后一根阴线会深入到阳线实体一半以上，多出现在上涨行情中，如图3-5所示。

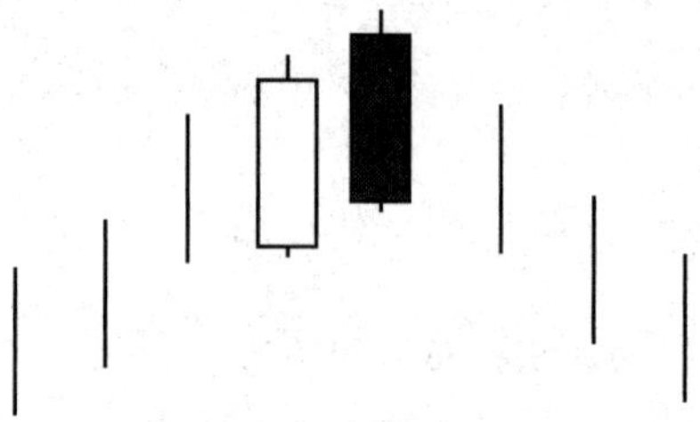

图3-5　乌云盖顶

出现乌云盖顶形态，说明在多方主导的行情中，空方开始奋力反击，并且取得了一定的成果。其第一根阳线表示股价延续了之前的趋势，多方仍占据较大的优势。其后的第二根阴线高开后，空方开始反击，当其进攻至多方阵地一半以上时，因多方的阻力而停止进攻。此形态说明空方并未对多方取得决定性的优势，但多方的优势也消耗殆尽，股价未来走低的可能性较大。

1. 操作策略

乌云盖顶的具体交易含义如下。

第一，出现乌云盖顶形态，反映出在多方主导的行情中，空方开始反击，股价未来有结束上涨趋势的可能。

第二，在乌云盖顶形态中，第二根阴线的实体越长，深入阳线的幅度越大，未来股价下跌的可能性越大。

第三，出现乌云盖顶形态的次日，若股价向下跌破第一根阳线的最低价，可考虑离场卖出该股。

第四，乌云盖顶形态中，阴线的最高价将会成为一个重要的参照位。投资者按照乌云盖顶形态卖出股票后，若股价反向上涨，突破阴线的最高价，则宜执行补仓操作。

第五，乌云盖顶形态中，出现阴线的当日，若成交量同时放大，则说明有大量的追涨盘被套于高位，未来走低的概率更大。

2. 实战参考

下面来看一下三友化工的案例，如图 3-6 所示。

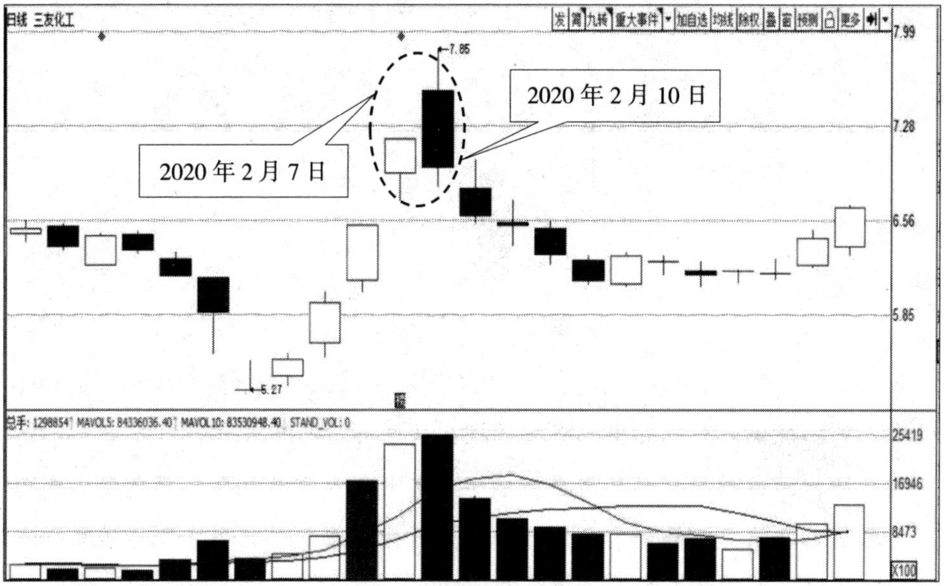

图 3-6　三友化工（600409）日 K 线走势图

如图 3-6 所示，2020 年 2 月 7 日、10 日，三友化工的日 K 线图上出现了乌云盖顶形态。

2020 年 2 月 7 日，三友化工的股价经过一段时间的大幅上升后，收出一根光头大阳线。2 月 10 日，该股跳空高开高走，但在上档遇到空方强有力的抛盘，股价开始回落，不仅成功弥补了开盘时的跳空缺口，还在收盘时将股价打压到了前一日的开盘价附近，形成了一根大阴线。这根阴线深入到前一根阳线实体的中部以下位置，两根 K 线共同组成了乌云盖顶形态。出现这种形态，预示着股价已经到达阶段性顶部，投资者看到后应该保持警觉。观察 2 月 10 日的成交量可知，当日该股的成交量已经达到了阶段新高，更可增强股价运行趋势反转的可能性。

此后该股跳空低开，空方优势更加明显，投资者应在盘中择高卖出所有股票，出局观望。

三、刺透形态

刺透形态，也称曙光初现，是由一阴一阳两根 K 线组成，且后一根阳线会深入到阴线实体一半以上，其多出现在下跌行情中。如图 3–7 所示。

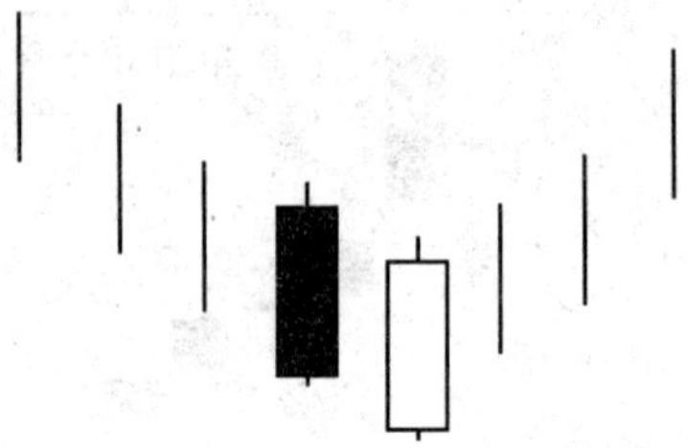

图 3–7　刺透形态

出现刺透形态，说明在空方主导的行情中，多方开始奋力反击，并且取得了一定的成果。其第一根阴线表示股价延续了之前的趋势，空方仍占据较大的优势。其后的第二根阳线低开后，多方开始反击，当其进攻至空方阵地一半以上时，因空方的阻力而停止进攻。此形态说明多方并未对空方取得决定性的优势，不过空方的优势也已经不在，股价未来走高的可能性较大。

1. 操作策略

刺透形态的具体交易含义如下。

第一，出现刺透形态，反映在空方主导的行情中，多方开始反击，股价未来有结束下行趋势的可能。

第二，在刺透形态中，第二根阳线的实体越长，深入阴线的幅度越大，未来股价上攻的可能性越大。

第三，出现刺透形态的次日，若股价向上突破第一根阴线的最高价，则可考虑入场买入该股。

第四，刺透形态中，阳线的最低价将会成为一个重要的止损位。投资者按照刺透形态买入股票后，若股价反向下行，跌破阳线的最低价，则宜执行止损操作。

第五，刺透形态中，后一根阳线出现时，若成交量同步放大，则可增强股价未来上升的可能性。

2. 实战参考

下面来看一下应流股份的案例，如图 3-8 所示。

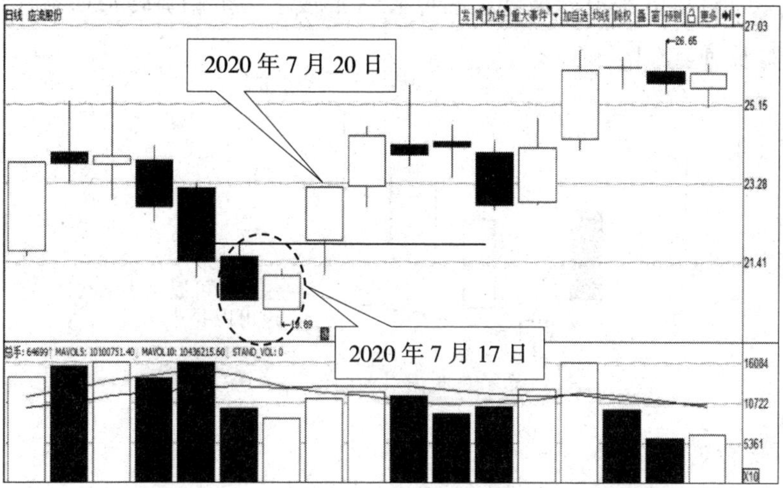

图 3-8 应流股份（603308）日 K 线走势图

如图 3-8 所示，2020 年 7 月 16 日、17 日，应流股份的日 K 线图上出现了刺透形态。

2020 年 7 月 16 日，应流股份收出一根中阴线。7 月 17 日，该股跳空低开不久便探底，随后便一路上扬，不仅成功弥补了开盘时的跳空，还将收盘价定格在了前一交易日阴线的中部以上位置。这根阳线与前一交易日的阴线共同组成了刺透形态，预示股价已经出现阶段性沉底。

2020 年 7 月 20 日，该股跳空低开高走，突破了刺透形态中阴线的最高价，多方优势更加明显，投资者应该在盘中逢低买进，积极吸纳。

四、启明星

启明星，又称晨星、早晨之星、希望之星，通常由三根 K 线组成，第一根大阴线将股价打压至较低位置，第二根 K 线拉出向下跳空的十字星线，第三根大阳线重新将股价拉升至较高位置。如图 3-9 所示。

启明星形态中的第一根大阴线，表明空方仍占据绝对优势，多方无任何还手之力。次日，空方再度发力，股价跳空低开，但多方开始发动反攻，双方经过激烈的交锋，最终形成了一个相对平衡的局面，在 K 线图上留下了一根小星线。第三个交易日，多方在前一交易日反攻的基础上再度发力，趁机巩固成果，将空方击退。至此，三根 K 线形成了一个趋势转折形态，预示股价将企稳反弹。

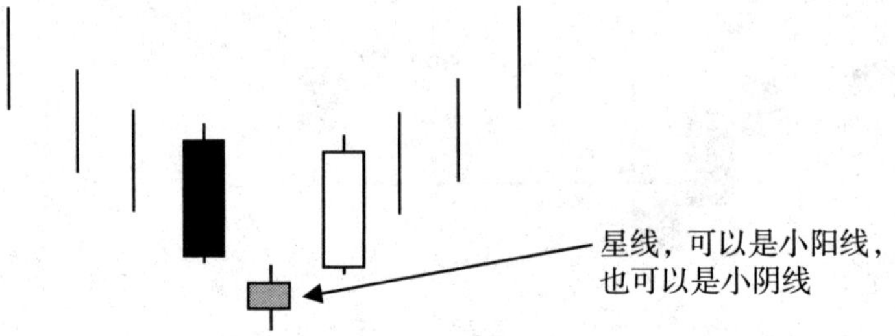

图 3-9　启明星

1. 操作策略

启明星形态的交易含义如下。

第一，启明星形态是典型的多空转换形态，它的出现说明股价已经由空方主导转为多方主导，未来股价上升的可能性较大。

第二，启明星形态中，中间的十字星（星线也可以是锤头线、倒锤头线、十字线、T 字线、倒 T 字线等）实体越小，与阴线之间的跳空距离越大，则未来股价反弹向上的概率越大。如果该十字线与前后两根 K 线之间均出现缺口，就构成了弃婴（舍字线）形态，反转信号更强烈。如图 3-10 所示。

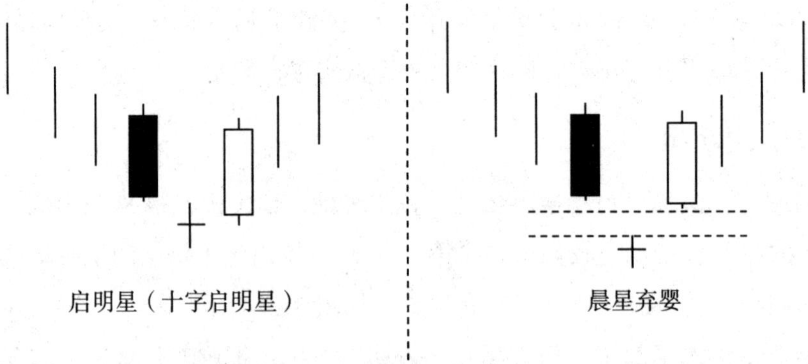

图 3-10　启明星和晨星弃婴形态

第三，投资者按照启明星形态买入股票，可将中间十字星线的最低价设为止损位，一旦股价跌破此位置，即可执行卖出操作。

第四，启明星形态中，第三根阳线出现时，若成交量同步放大，则可增加股价进一步上升的概率。

2. 实战参考

下面来看一下泛海控股的案例，如图 3-11 所示。

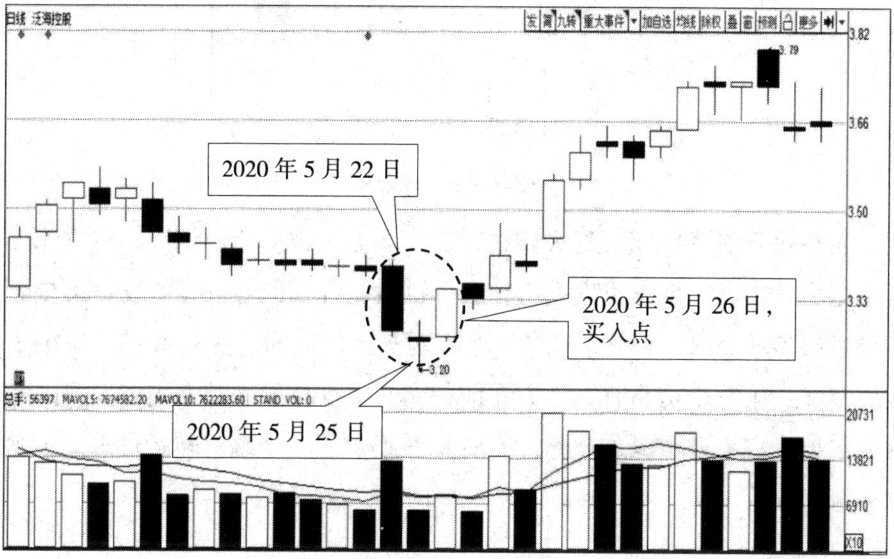

图 3-11　泛海控股（000046）日 K 线走势图

如图 3-11 所示，泛海控股在回调行情末期的 2020 年 5 月 22 日、25 日和 26 日这三个连续的交易日里，形成了启明星形态。

2020 年 5 月 22 日，泛海控股收出一根大阴线。

2020 年 5 月 25 日，该股跳空低开，收出一根十字星线。这表明多空双方你争我夺，行情具有不确定性。

2020 年 5 月 26 日，该股高开高走，收出一根光头阳线，说明市场已经进入了多头状态。

这三根 K 线共同组成了启明星形态，投资者应在 5 月 26 日这一天适量买入，并把十字星线的最低价设为止损位。

五、黄昏星

与启明星相对的是黄昏星。黄昏星，又称暮星、迟暮之星，通常由三根K线组成，第一根大阳线将股价拉升至较高位置，第二根拉出向上跳空十字星线，第三根大阴线重新将股价打压至较低位置。如图3–12所示。

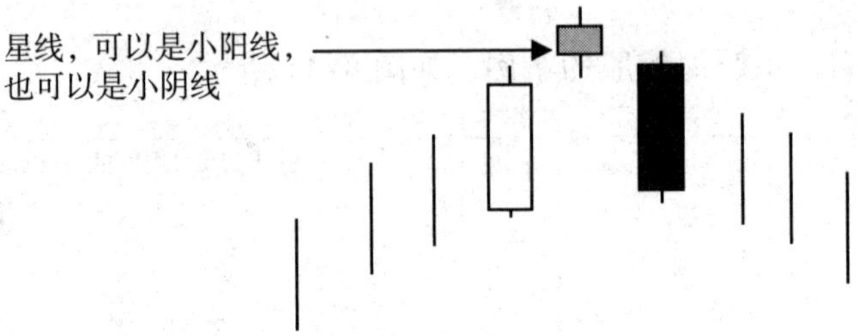

图3–12　黄昏星

黄昏星形态中的第一根大阳线，表明多方仍占据绝对优势，空方无任何还手之力；次日，多方再度发力，股价跳空高开，但空方开始发动反攻，双方经过激烈的交锋，最终形成了一个相对平衡的局面，在K线图上留下了一根小星线；第三个交易日，空方在前一交易日反攻的基础上再度发力，趁机巩固成果，将多方击退。至此，三根K线形成了一个趋势转折形态，预示股价将触顶回落。

1. 操作策略

黄昏星的交易含义如下。

第一，黄昏星形态是典型的多空转换形态，它的出现说明股价已经由多方主导转为空方主导，未来股价下跌的可能性较大。

第二，黄昏星形态中，中间的十字星（星线也可以是锤头线、倒锤头线、十字线、T字线、倒T字线等）实体越小，与阳线之间的跳空距离越大，则未来股价反转向下的概率越大。如果该十字线与前后两根K线之间均出现缺口，就构成了弃婴（舍字线）形态，反转信号更强烈。如图3–13所示。

第三，投资者按照黄昏星形态卖出股票后，若股价不跌反涨，投资者可在股价重新向上突破中间十字星线的最高价时，执行补仓操作。

第四，黄昏星形态中，第三根阴线出现时，若成交量同步放大，则可增强股价进一步下跌的概率。

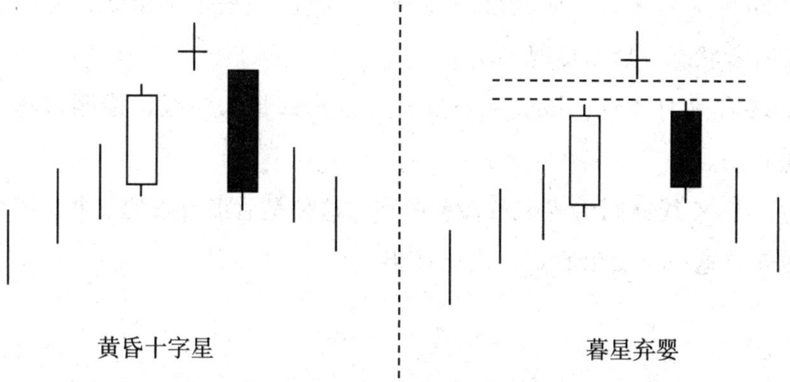

图 3–13　黄昏星和暮星弃婴形态

2. 实战参考

下面来看一下海王生物的案例，如图 3–14 所示。

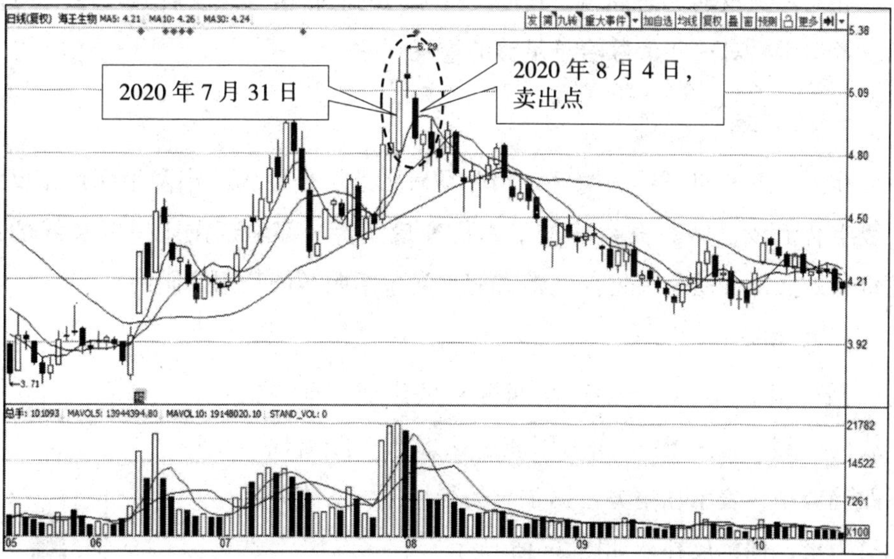

图 3–14　海王生物（000078）日 K 线走势图

如图 3–14 所示，海王生物在上涨行情末期的 2020 年 7 月 31 日、8 月 3 日和 4 日这三个连续的交易日里形成了黄昏星形态。

2020 年 7 月 31 日，海王生物收出一根带影线的中阳线，表明上档存在较大的抛压。

2020 年 8 月 3 日，该股跳空高开，并收出一根十字星线，表明多空双方处于胶着状态，后市情况不明。

2020 年 8 月 4 日，该股跳空低开，收出一根大阴线，说明市场已经进入空头状态。

这三根 K 线共同组成了黄昏星形态，这都是后市看跌的征兆。投资者应在 8 月 4 日这一天卖出股票，出局观望。

第二节　其他反转形态

相对经典反转形态而言，其他反转形态的反转信号强度要弱一些。不过，投资者仍需要对这些信号给予足够的重视。

一、孕线

孕线，又称母子线、身怀六甲、孕育形态，由一大一小两根颜色相反的 K 线组合而成，后一根 K 线的最高价和最低价全部隐藏在前一根 K 线的最高价和最低价波动范围之内。常见的孕线包括阴孕阳和阳孕阴两种。

1. 阴孕阳

阴孕阳形态，由一阴一阳两根 K 线组成，前一根 K 线为阴线，后一根 K 线为阳线。该形态一般出现在下跌趋势中，表示在空方占据主导的行情中，多方开始积聚力量，伺机反扑。如图 3-15 所示。

出现阴孕阳形态，表示股价的下跌趋势即将结束，未来有止跌企稳的可能。

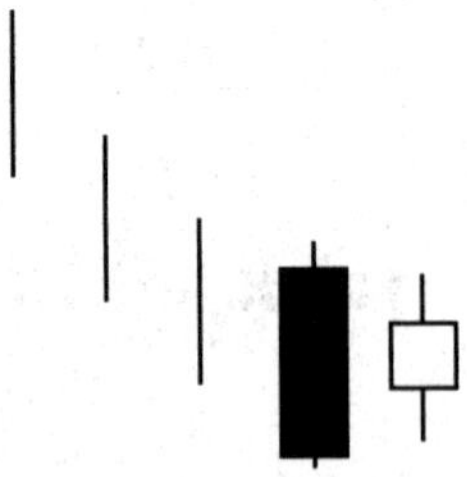

图 3-15　阴孕阳

（1）操作策略。

阴孕阳形态的具体交易含义如下。

第一，阴孕阳形态，本身就是空方实力有所不济，多方开始反攻的一个信号。若此后股价出现反弹，当股价 K 线向上突破阴线的最高价时，可执行第一次建仓操作。

第二，在阴孕阳形态中，后一根阳线具有非常重要的交易指示意义，阳线的收盘价越高，未来股价走高的可能性越大。

第三，在阴孕阳形态中，若后一根阳线出现时，成交量同步放大，则可增强反转信号的有效性。

第四，在阴孕阳形态形成后，投资者还要注意下一个交易日的 K 线形态，若出现高开低走阴线，就可能构成空方炮形态。此时，投资者需要进一步保持观望。

（2）实战参考。

下面来看一下光力科技的案例，如图 3–16 所示。

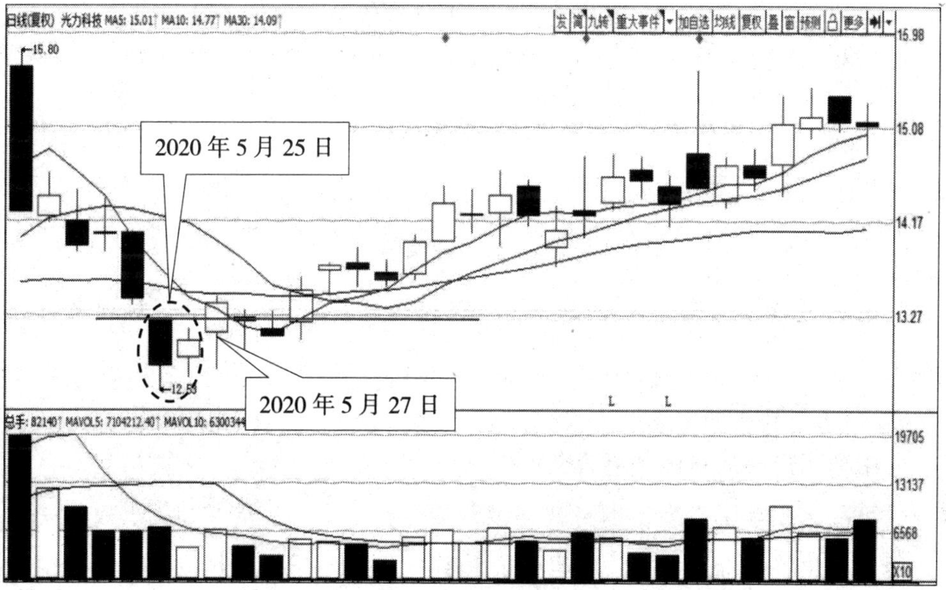

图 3–16　光力科技（300480）日 K 线走势图

如图 3–16 所示，光力科技经历了一波下跌行情之后，于 2020 年 5 月 25 日和 26 日这两天出现孕线形态。

2020 年 5 月 25 日，光力科技收出一根带下影线的大阴线，从 K 线形态来说，这是一种下方遇到支撑的形态，未来存在走稳的可能。5 月 26 日，该股收出一根小阳线，这根小阳线的开盘价高于前一日的收盘价，而收盘价低于前一日的开盘价，和前一日的大阴线共同形成阴孕阳形态，预示行情可能即将发生反转。

5 月 27 日，该股收出一根中阳线，且这根中阳线突破了孕线中第一根阴线的最高价，说明多方已经具有一定的优势，投资者可考虑逐渐建仓该股。

2. 阳孕阴

阳孕阴形态，由一阳一阴两根 K 线组成，且前一根 K 线为阳线，后一根 K 线为阴线。该形态一般出现在上升趋势中，表示在多方占据主导的行情中，空方开始积聚力量，伺机反扑。如图 3–17 所示。

图 3–17 阳孕阴

出现阳孕阴形态，表示股价的上涨趋势即将结束，未来有触顶回落的可能。

（1）操作策略。

阳孕阴形态的具体交易含义如下。

第一，阳孕阴形态，本身就是多方实力有所不济，空方开始反攻的一个信号。若此后股价出现下跌，当股价 K 线向下跌破阳线的最低价时，可执行第一次卖出操作。

第二，在阳孕阴形态中，后一根阴线具有非常重要的交易指示意义，阴线的收盘价越低，未来股价走低的可能性越大。

第三，在阳孕阴形态形成后，投资者还要注意下一个交易日的 K 线形态，若出现低开高走阳线，就可能构成多方炮形态。此时，投资者不宜执行卖出操作。

（2）实战参考。

再来看一下诺德股份的案例，如图 3-18 所示。

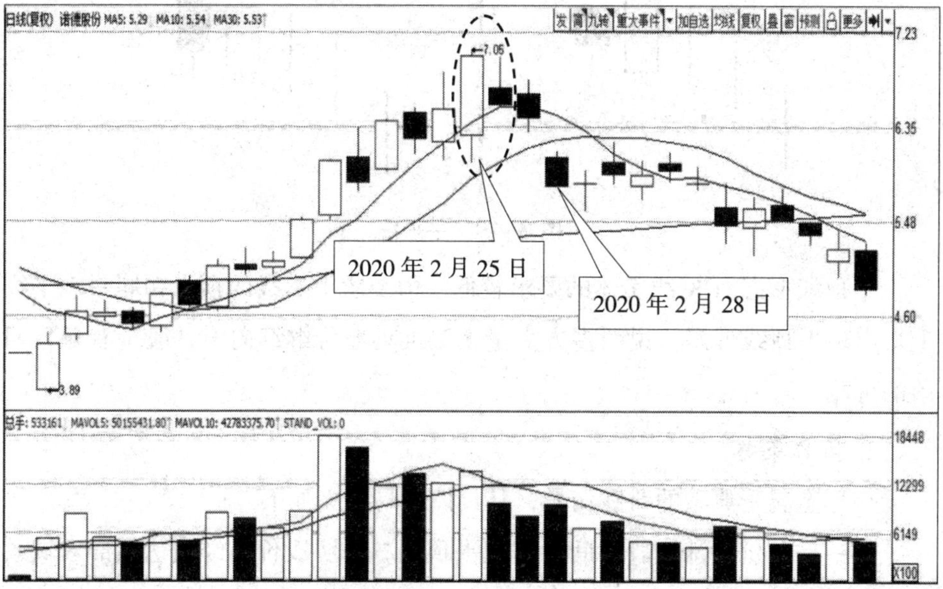

图 3-18　诺德股份（600110）日 K 线走势图

如图 3-18 所示，诺德股份的股价经历了一波上涨行情之后，于 2020 年 2 月 25 日和 26 日这两天出现孕线形态。

2020 年 2 月 25 日，诺德股份收出一根大阳线。2 月 26 日，该股收出一根小阴线，这根小阴线的开盘价低于前一日的收盘价，而收盘价高于前一日的开盘价，它和前一日的大阳线共同形成了阳孕阴形态，表明行情有出现反转的可能，投资者应卖出部分股票，轻仓观望。

此后，该股股价连续拉出多根阴线，其中 2 月 28 日的阴线已经跌破了

2月25日阳线的最低价，表明空方已经占据主动，这时投资者应果断地将剩余的股票出手。

二、平顶线

平顶线，又称平头顶、钳子顶、镊顶，由两根或两根以上的K线组成，且这些K线的最高价相同或非常接近。如图3-19所示。

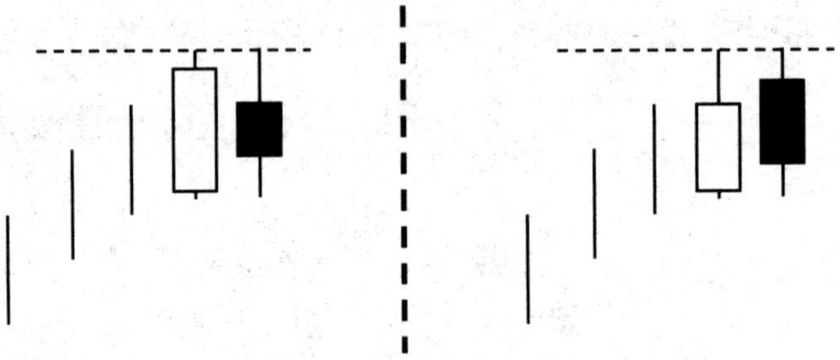

图3-19 平顶线

平顶线形态对K线实体的要求较低，但要求上影线的顶点在同一水平线上。出现平顶线形态，说明多方力量无法推动股价继续向上，股价有触顶回落的可能。

1. 操作策略

该形态属于典型的滞涨信号，其具体交易含义如下。

第一，股价上涨一段时间后出现平顶线，说明股价已经到达顶部区域或阶段顶部，投资者需要做好清仓出货的准备。

第二，股价在底部区域或上涨初期出现平顶线，则不能按照顶部滞涨信号处理，需要继续观望股价走势。

第三，平顶线中的第二根K线若为阴线、十字线、射击之星或吊颈线，则可增强股价触顶回落的风险。

第四，形成平顶线形态后，股价开始出现下跌走势，且跌破了构成平顶线的K线最低价时，可执行卖出操作。

第五，出现平顶线形态后，股价不跌反涨，且向上突破了平顶线的平顶位置，可补仓买入该股。

第六，出现平顶线形态后，股价在顶部区域停留的时间越长，未来股价下跌的幅度越大。该平顶位置在以后的时间里也可能成为股价上涨的阻力位。

2. 实战参考

下面来看一下首旅酒店的案例，如图 3-20 所示。

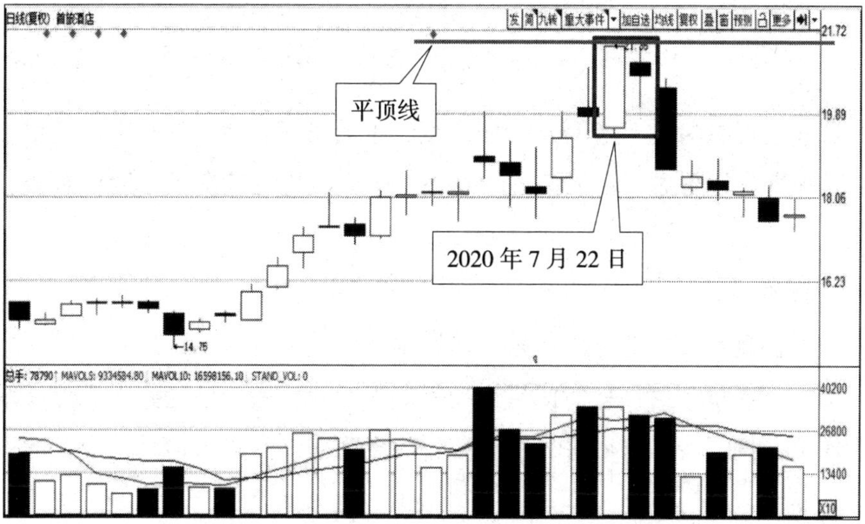

图 3-20 首旅酒店（600258）日 K 线走势图

如图 3-20 所示，经过一段时间的上涨之后，首旅酒店的股价到达了相对高位。

2020 年 7 月 22 日，该股低开高走，在 K 线图上留下了一根光头大阳线。次日，该股低开高走，并一度到达前一交易日创下的高点，但随后遭到空方打压，随即出现下跌走势。最终，当日收出一根带长上下影线的小阴线，且两个交易日的最高价均为 21. 35 元，形成了平顶线形态。该形态出现在高价位区域具有看空意义，因此，投资者应该在第二根 K 线形成的当天（7 月 23 日）卖出部分股票，轻仓观望。后来该股进入快速下跌阶段，投资者宜迅速清仓。

三、平底线

平底线，又称平头底、钳子底、镊底，由两根或两根以上 K 线组成，且这些 K 线的最低价相同或非常接近。如图 3-21 所示。

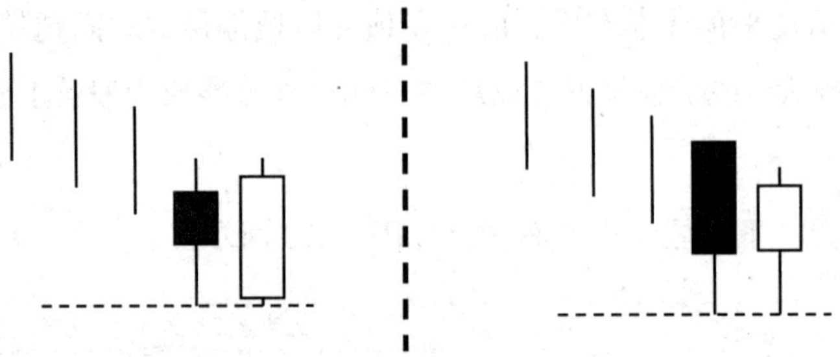

图 3-21 平底线

平底线形态对 K 线实体的要求较低，但要求下影线的低点在同一水平线上。出现平底线形态，说明空方力量无法推动股价继续向下，股价有触底的可能。

1. 操作策略

该形态属于典型的止跌信号，其具体交易含义如下。

第一，股价下跌一段时间后出现平底线，说明股价已经到达底部区域或阶段底部，投资者可以做好入场准备，待更为明确的买入信号出现，即可执行建仓操作。

第二，股价在顶部区域或下跌初期出现平底线，则不能按照顶部止跌信号处理，需要继续观望股价走势。

第三，平底线中的第二根 K 线若为阳线、十字线、锤头线或倒锤头线，则可增加股价触底反弹的可能性。

第四，出现平底线形态后，股价开始走出上涨走势，且向上突破了构成平底线的 K 线最高价时，可执行买入操作。

第五，出现平底线形态后，股价不涨反跌，且向下跌破了平底线的平底位置时，说明跌势未止，未来股价还将继续下跌，投资者需紧急清仓。

第六，出现平底线形态后，股价在底部区域停留的时间越长，未来股价上涨的幅度越大。而且该平底位置在以后的时间里也可能成为股价下跌的重要支撑位。

2. 实战参考

下面来看一下天房发展的案例，如图 3-22 所示。

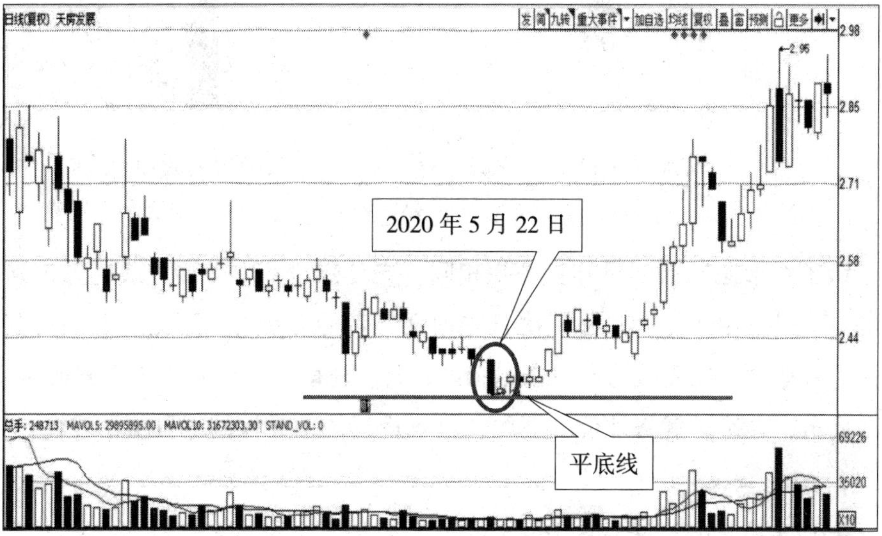

图 3-22 天房发展（600322）日 K 线走势图

如图 3-22 所示，在天房发展的日 K 线图中，2020 年 5 月 22 日和 25 日这两个连续的交易日里形成了平底形态。

2020 年 5 月 22 日，天房发展的股价低开低走，收出一根最低价为 2. 34 元的大阴线。

2020 年 5 月 25 日（23 日、24 日休市），该股收出一根近似倒锤头线的小阳线，这天的最低价同样也为 2. 34 元。

这两个交易日形成的 K 线组合便是平底形态。从历史走势来看，这两根 K 线所处的位置正是该股上涨过程中的回调区域，这是较为可靠的看涨信号，投资者可以考虑次日逢低买进该股。

四、镊子线

镊子线与启明星、黄昏星形态相近，只是星线被夹在了两根实体 K 线内部（因其形状似镊子而得名），其信号强度要弱于启明星和黄昏星。如图 3-23 所示。

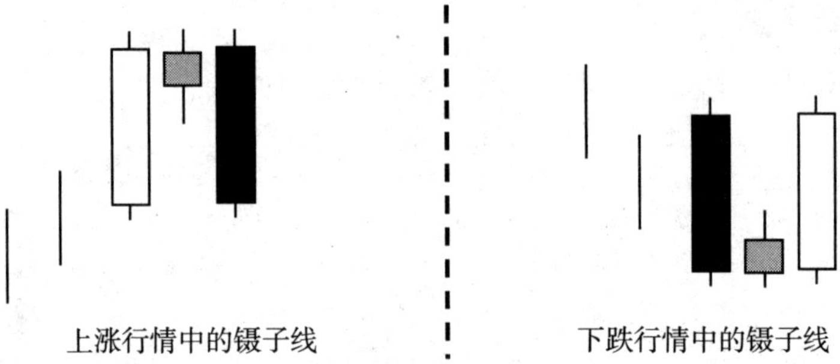

图 3-23　镊子线

镊子线形态与启明星和黄昏星相同，先是强势一方（多方或空方）强势出击，不过，由于用力过猛，次日先前强势者的力量有所不足，并没有获得任何优势地位，反而被另一方击退；第三日，先前弱势的一方（空方或多方）发动反击，并确立优势地位。至此，市场运行的主导权彻底发生了转变。

1. 操作策略

镊子线形态的具体交易含义如下。

第一，股价经过一段时间的上涨后出现镊子线形态，表明多方遭遇了强有力的打压，市场已经由多方主导转为空方主导，股价有触顶回落的可能。

第二，股价经过一段时间的下跌后出现镊子线形态，表明空方遭遇了强有力的打压，市场已经由空方主导转为多方主导，股价有触底反弹的可能。

第三，镊子线形态中，中间星线的实体越小，最后一根 K 线的实体越长，未来反转的可能性越大。

2. 实战参考

下面先来看一下北京君正的案例。

如图 3-24 所示，北京君正在振荡上升过程中出现了一波下跌。2020 年 4 月 24 日到 28 日，该股出现了镊子线形态。

2020 年 4 月 24 日，北京君正的股价低开低走，收出一根大阴线，投资者要加以关注。

2020 年 4 月 27 日（25 日、26 日休市），该股在前日收盘价附近开盘，收出一根实体非常小的小阳线。在前一交易日大幅下跌的基础上出现单根小阳线，并不足以构成进场买入信号，投资者需要继续保持关注。

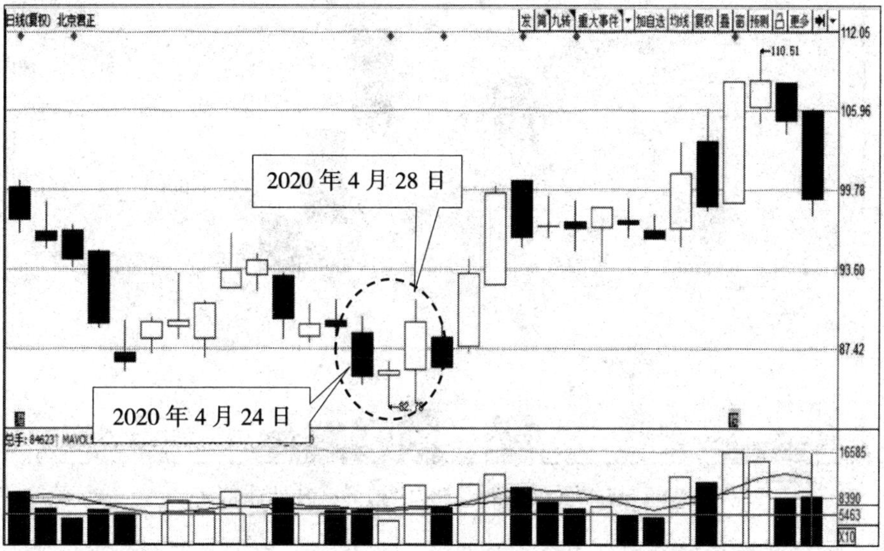

图 3-24　北京君正（300223）日 K 线走势图

2020 年 4 月 28 日，该股平开，收出一根大阳线。

这三日的 K 线组合便是镊子线形态。激进的投资者可以在次日适量购入该股，稳健的投资者可以再观察几日，待股价向上突破镊子线最高价后再执行买入操作。

下面再来看一下永利股份的案例。

如图 3-25 所示，永利股份从 2020 年 6 月底开始了一波上升行情，到 2020 年 7 月中旬，这一趋势有所加强。其后的 2020 年 7 月 13 日到 15 日，该股出现了镊子线形态。

2020 年 7 月 13 日，永利股份高开高走，收出一根大阳线。这说明多方仍占据绝对优势地位，持股的投资者可继续持有该股。

2020 年 7 月 14 日，该股以低于前一交易日收盘价的价位开盘，收出一根实体非常小的小阴线。这说明股价上升动能有所不足，投资者需要密切关注该股其后的走势。

2020 年 7 月 15 日，该股平开后，收出一根大阴线。

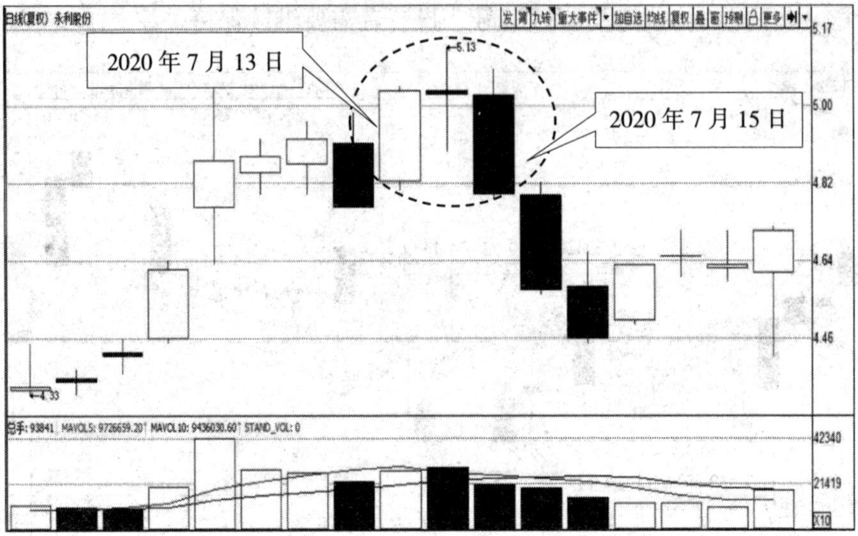

图 3-25 永利股份（300230）日 K 线走势图

这三日的 K 线组合便是镊子线形态，投资者可在该形态成立当日或次日执行卖出操作。

五、尽头线

尽头线由一大一小两根 K 线组成，多在股价上涨或下跌一段时间后的顶部或底部区域出现，具有较强的滞涨或止跌意义。尽头线分为上涨尽头线和下跌尽头线两种。

1. 上涨尽头线

上涨尽头线由一根带上影线的中阳线或大阳线和一根小实体 K 线（可以是小阳线、小阴线或十字线）组成，且这根小实体 K 线完全被第一根阳线的上影线所覆盖。如图 3-26 所示。

上涨尽头线形态中，出现第一根中阳线或大阳线，说明多方仍占据较大的优势，不过，长长的上影线说明空方已经开始猛烈反击，投资者需要关注股价下一步的动向。接着出现的第二根小实体 K 线，说明多方无力突破空方的防线再将股价向上拉升，第一根阳线上影线的最高点就是空方的防线，股价未来触顶回落的概率很高。

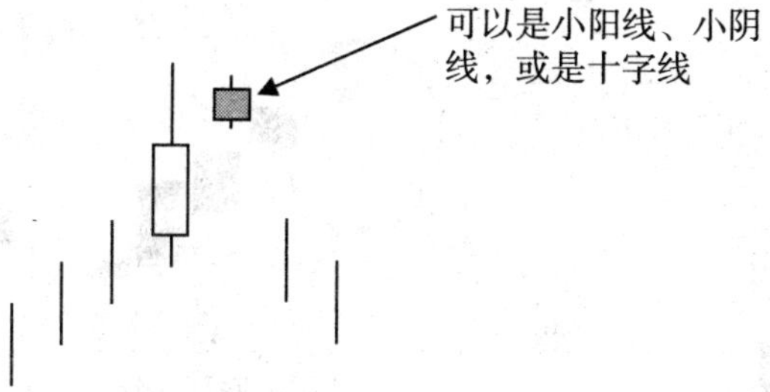

图 3-26 上涨尽头线

（1）操作策略。

上涨尽头线的具体交易含义如下。

第一，股价经过一段时间的上涨后出现上涨尽头线，说明多方力量有所不足，股价存在触顶回落的可能。

第二，出现上涨尽头线形态后，若股价不跌反涨，且向上突破上涨尽头线最高点，说明此形态失败，投资者可考虑补仓。

第三，出现上涨尽头线后，若股价向下跌破阳线的最低价，说明该形态已经成立，投资者可立即执行卖出操作。

第四，由于上涨尽头线的交易信号含金量并不足，出于投资安全考虑，投资者最好能借助其他技术指标发出的信号对该形态进行确认。

（2）实战参考。

来看一下卫宁健康的案例。

如图 3-27 所示，2020 年 7 月 10 日、13 日，卫宁健康的股价走势形成了一个标准的上涨尽头线形态。

2020 年 7 月 10 日，卫宁健康收出一根有较长上影线的中阳线。下一交易日（7 月 13 日），该股收出上下影线都很短的小阳星，这根小阳星的实体全部被前一根阳线的上影线所覆盖，两者共同组成了上涨尽头线。这是后市看跌信号，投资者应保持警惕，稳健的投资者应选择轻仓观望。

2020 年 7 月 14 日，该股低开低走收出一根带上下影线的阴线，再一次表明多空双方的力量对比可能出现变化，手中仍有股票的投资者，应该在下一日果断卖出。

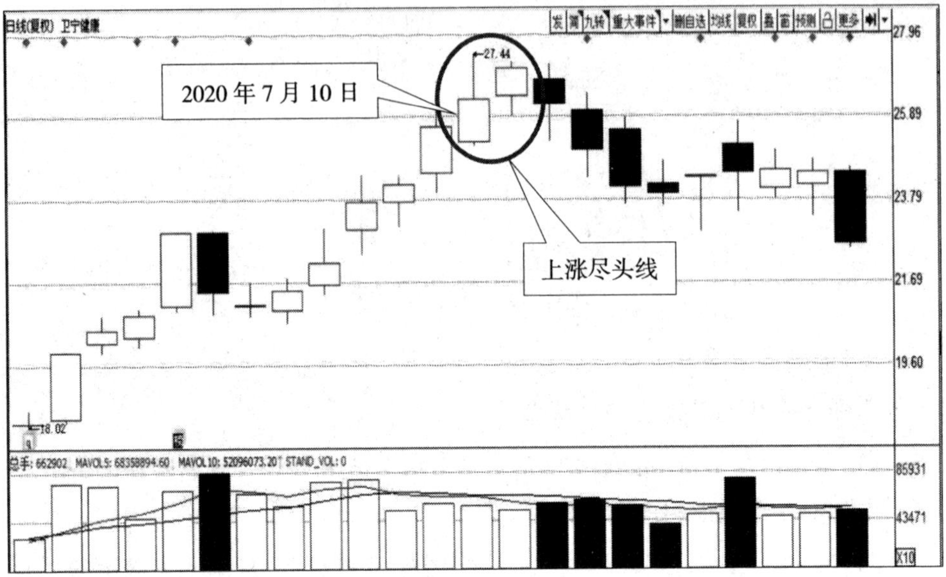

图 3–27　卫宁健康（300253）日 K 线走势图

2. 下跌尽头线

下跌尽头线由一根带下影线的中阴线或大阴线和一根小实体 K 线（可以是小阳线、小阴线或十字线）组成，且这根小实体 K 线完全被第一根阴线的下影线所覆盖。如图 3–28 所示。

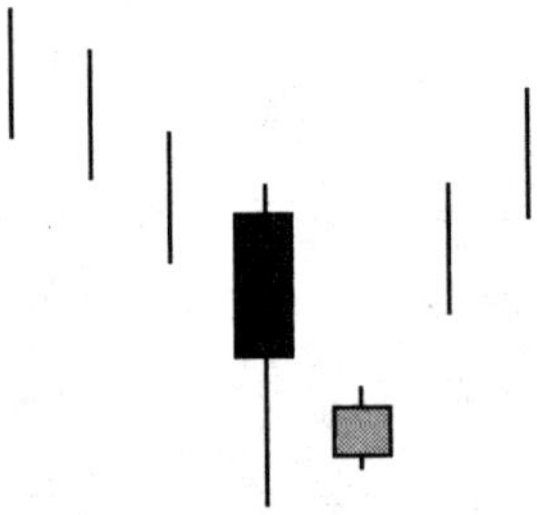

图 3–28　下跌尽头线

下跌尽头线形态中，出现的第一根中阴线或大阴线，说明空方仍占据较大的优势，不过，长长的下影线说明多方已经开始猛烈反击，投资者需要关注股价下一步的动向。接着出现的第二根小实体 K 线，说明空方无力突破多方的防线再将股价向下打压，第一根阴线下影线的最低点就是多方的防线，股价未来触底反弹的概率很高。

（1）操作策略。

下跌尽头线的具体交易含义如下。

第一，股价经过一段时间的下跌后出现下跌尽头线，说明空方力量有所不足，股价存在触底反弹的可能。

第二，出现下跌尽头线形态后，若股价不涨反跌，且向下跌破下跌尽头线最低点，说明此形态失败，投资者可考虑止损。

第三，出现下跌尽头线后，若股价向上突破阴线的最高价，说明该形态已经成立，投资者可立即执行买入操作。出现下跌尽头线后，若紧接着出现一根大阳线，则该下跌尽头线就会变成启明星形态的前半部分。

第四，由于下跌尽头线的交易信号含金量并不足，出于投资安全考虑，投资者最好能借助其他技术指标发出的信号对该形态进行确认。

（2）实战参考。

再来看一下星星科技的案例。

如图 3–29 所示，2020 年 5 月 28 日和 29 日，星星科技的 K 线图上出现了下跌尽头线形态。

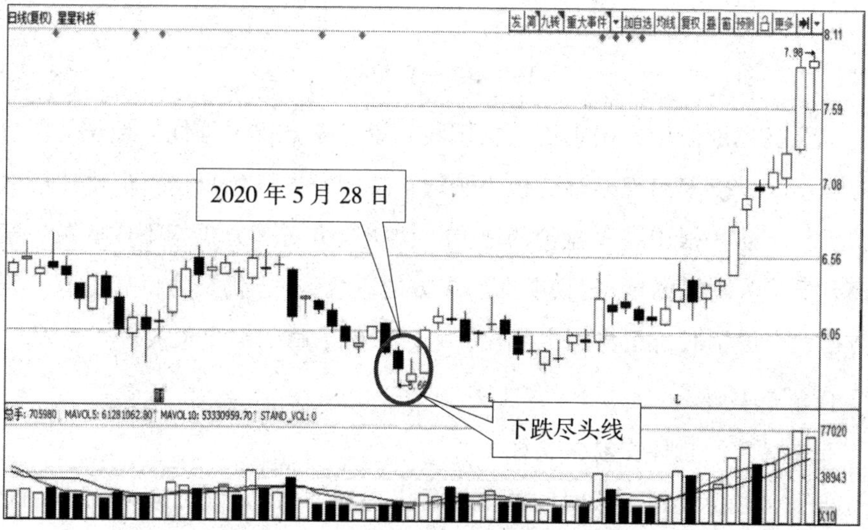

图 3–29　星星科技（300256）日 K 线走势图

2020年5月28日，处于下跌行情中的星星科技收出一根带有长下影线的中阴线。之后的一个交易日，也就是5月29日，该股低开高走收出一根小阳线，这根小阳线完全被前面那根中阴线的下影线覆盖，两根K线共同组成了下跌尽头线，表示下跌态势可能已走到尽头，行情有向好的可能。

2020年6月1日，该股高开高走以大阳线报收，由此可知，该股的反弹行情已经启动。

六、双飞乌鸦

双飞乌鸦，又称树上二鸦、向上跳空两只乌鸦，由一阳两阴三根K线组合而成，其中最后一根阴线要将中间的阴线包住（即第三根阴线的开盘价要高于第二根阴线，第三根阴线的收盘价要低于第二根阴线）。如图3–30所示。

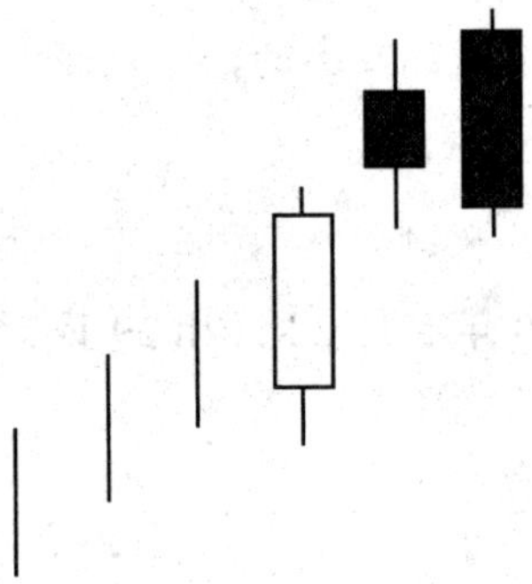

图3–30　双飞乌鸦

双飞乌鸦形态中，出现第一根阳线，说明多方仍占据优势地位，股价上涨趋势不变；接着出现的第二根小阴线，说明空方开始反击，但由于阴线收盘价仍位于前一根阳线收盘价的上方，说明空方对多方仍构不成威胁；第三根高开低走大阴线的出现，说明面对多方的进攻，空方仍全力将其击退。至此，空方已经夺取了股价走势的主导权，未来股价下跌的概率很大。

1. 操作策略

双飞乌鸦的具体交易含义如下。

第一，股价经过一段时间的上涨后出现双飞乌鸦形态，具有强烈的趋势反转意味，未来股价下跌的概率极高。

第二，双飞乌鸦形态出现的频率不高，而一旦出现，投资者就应该在第三根阴线出现当日执行卖出操作。

第三，双飞乌鸦形态中，第一根阳线的上影线越长，说明空方对多方的反击越有力度，未来下跌的概率越大。

第四，双飞乌鸦形态中，第三根阴线具有重要的行情指引作用，阴线实体越长，未来下跌的可能性和幅度都会越大。

2. 实战参考

下面来看一下广生堂的案例，如图 3–31 所示。

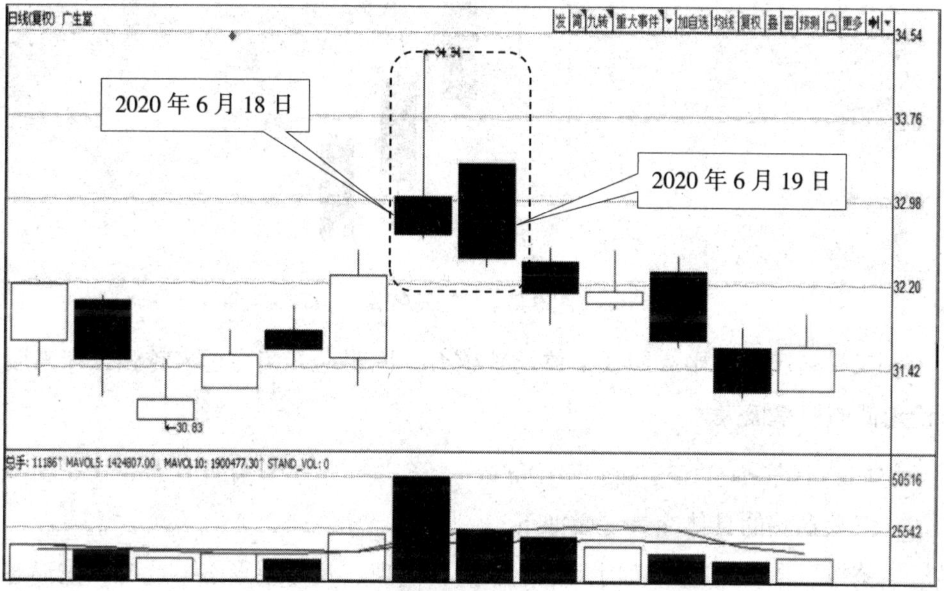

图 3–31 广生堂（300436）日 K 线走势图

如图 3–31 所示，2020 年 6 月中旬，广生堂经过一轮反弹之后，股价处于相对高位，随后出现了双飞乌鸦形态。

2020 年 6 月 17 日，广生堂收出一根中阳线。

2020 年 6 月 18 日，该股跳空高开，收出一根小阴线，这一天的收盘价高于前一日的收盘价。

2020 年 6 月 19 日，该股再一次高开低走收出阴线，且这根阴线的实体将前一根阴线的实体紧紧地包住。

这三日的K线组合就是双飞乌鸦形态。看到该形态后，持股的投资者应该在6月19日当天果断卖出该股。

七、三只乌鸦

三只乌鸦，又称暴跌三杰，由三根中阴线或大阴线构成。当该形态出现在一段上涨行情的末端，则称为“三只乌鸦站枝头”，具有极强的看跌意义。如图3-32所示。

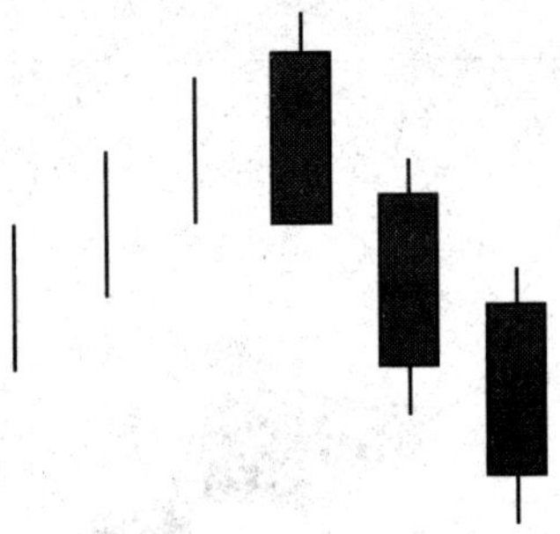

图3-32　三只乌鸦

三只乌鸦形态中，阴线实体越来越大，说明空方实力越来越强，未来股价走低的概率极大。

1. 操作策略

三只乌鸦的具体交易含义如下。

第一，股价经过一段时间的上涨后，出现三只乌鸦形态。此时，该形态属于典型的止涨回落信号，具有很强的看跌意义。持股投资者见此信号后，宜立即执行清仓操作。

第二，股价经过一段时间的下跌后出现三只乌鸦形态，说明股价还将继续走低，投资者不宜入场。不过，由于股价已经处于低位，此时大幅下跌存在主力打压建仓的可能，投资者可保持对该股的观望，一旦出现买入信号，则可入场交易。

第三，三只乌鸦形态中，若三根阴线的实体越来越大，下影线越来越短，未来下跌的力度可能会越强。

第四，三只乌鸦形态中，若三根阴线的实体较短，且带有影线，也可将其认定为黑三卒形态。

2. 实战参考

下面来看一下运达科技的案例，如图 3–33 所示。

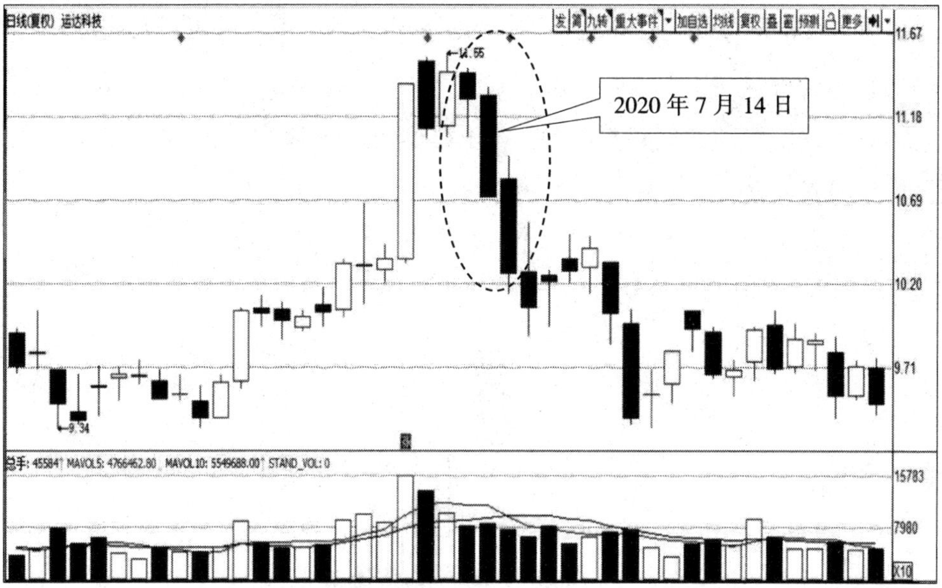

图 3–33 运达科技（300440）日 K 线走势图

如图 3–33 所示，运达科技的股价从 2020 年 7 月初开始一直处于振荡上涨行情中。

2020 年 7 月 14 日到 16 日，该股 K 线图上出现三个实体较大的阴线，这三根阴线组成了三只乌鸦形态。

2020 年 7 月 14 日，运达科技的股价低开低走，收出一根小阴线。

2020 年 7 月 15 日，该股低开低走，最后收出一根光脚大阴线。

2020 年 7 月 16 日，该股又以高于前一日收盘价的价格开盘，并一路向下，最后收出一根大阴线。

从三根阴线的形态可以看出阴线实体越来越长，说明空方逐渐增加了打压的力度，至此，三只乌鸦形态正式形成。看到这种情形后，投资者应该在7月16日阴线还未形成之前逢高卖出。如果当日没有选择卖出，则应该在下一个交易日果断杀跌。

八、反击线形态

反击线形态，也称约会线形态，由两根颜色相反且具有相同收盘价的K线组成。反击线形态包括两类，其一为看涨反击线，其二为看跌反击线。

1. 看涨反击线

看涨反击线，又称好友反攻，属于典型的反转形态，由一阴一阳两根收盘价相同或接近的K线组成。如图3-34所示。

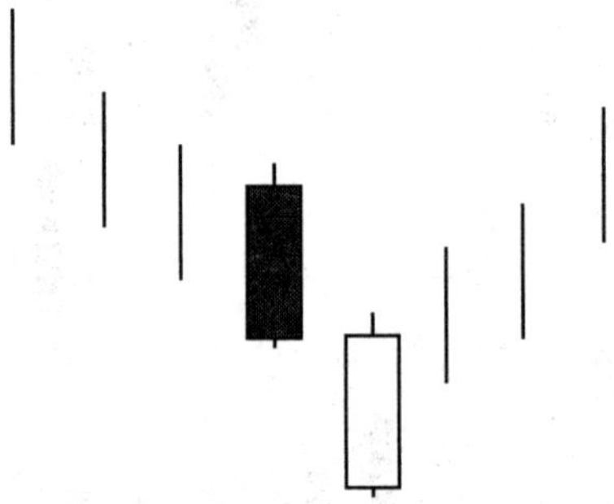

图3-34　看涨反击线

出现看涨反击线形态，说明在空方主导的行情中，多方开始奋力反击，不过，多方反击的力度相对较弱。其第一根阴线表示股价延续了之前的趋势，空方仍占据较大的优势。第二根阳线低开后，多方开始反击，但是当其反击至空方防守位置时，因受空方阻力而停止进攻。此形态说明多方并未对空方取得较为明显的优势，投资者需要关注其后的股价走势。

（1）操作策略。

看涨反击线的具体交易含义如下。

第一，出现看涨反击线，反映出在空方主导的行情中，多方开始反击，股价未来有结束下行趋势的可能。

第二，在看涨反击线形态中，因阳线并未深入阴线的“腹地”，也就未能真正攻破空方的阵地，想要执行买入操作的投资者，还需等待其他更为明确的买入信号出现。

第三，看涨反击线形态中，阴线与阳线相遇的位置，将会成为空方一个重要的防守阵地，只有股价站稳此位置，投资者才可以执行买入操作。

第四，看涨反击线形态中，后一根阳线出现的同时，若成交量同步放大，则可增加股价未来上升的可能性。

（2）实战参考。

下面来看一下正丹股份的案例，如图 3-35 所示。

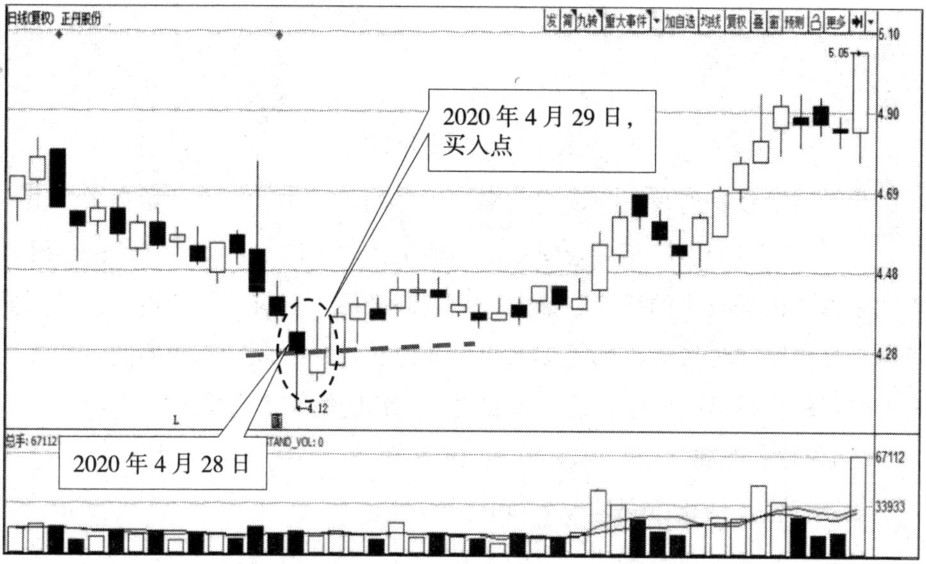

图 3-35　正丹股份（300641）日 K 线走势图

如图 3-35 所示，正丹股份经历了一波下跌行情之后，于 2020 年 4 月 28 日、29 日这两个连续交易日形成看涨反击线形态。

2020 年 4 月 28 日，正丹股份延续了之前的下跌走势，收出一根带有长上下影线的小阴线。4 月 29 日，该股股价大幅跳空低开，之后又成功弥补了开盘时的缺口，最终收出一根收盘价接近于前一日收盘价的小阳线。二者共同形成了看涨反击线形态，预示行情有反转的迹象。

次日，该股股价低开高走，此时投资者可以适量买入，并把止损位设在大阳线最低价位置。

2. 看跌反击线

看跌反击线，又称淡友反攻，属于典型的反转形态，由一阳一阴两根收盘价相同或接近的 K 线组成。如图 3-36 所示。

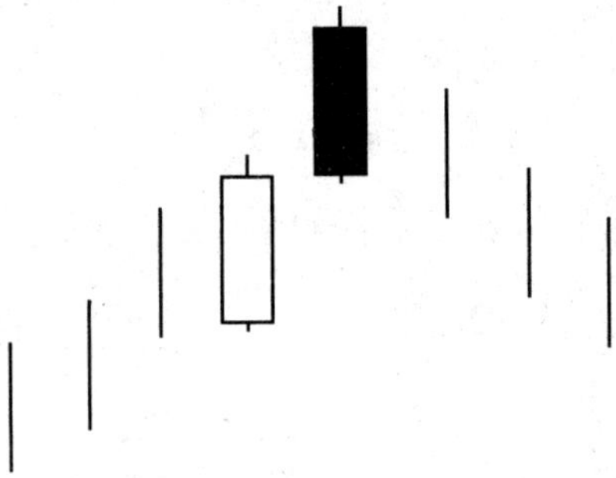

图 3-36 看跌反击线

出现看跌反击线形态，说明在多方主导的行情中，空方开始奋力反击，不过，空方反击的力度相对较弱。第一根阳线表示股价延续了之前的上涨趋势，多方仍占据较大的优势。第二根阴线高开后，空方开始反击，但是当其反击至多方防守位置时，因受多方阻力而停止进攻。此形态说明空方并未对多方取得较为明显的优势，投资者需要关注其后的股价走势。

（1）操作策略。

看跌反击线的具体交易含义如下。

第一，出现看跌反击线，反映出在多方主导的行情中，空方开始反击，股价未来有结束上升趋势的可能。

第二，在看跌反击线形态中，因阴线并未深入阳线的“腹地”，也就未能真正攻破多方的阵地，想要执行卖出操作的投资者，可以等待其他更为明确的卖出信号出现。

第三，看跌反击线形态中，阳线与阴线相遇的位置，将会成为多方一个重要的防守阵地，只要股价跌破此位置，投资者就应该执行清仓操作。

（2）实战参考。

下面来看一下沪宁股份的案例，如图 3-37 所示。

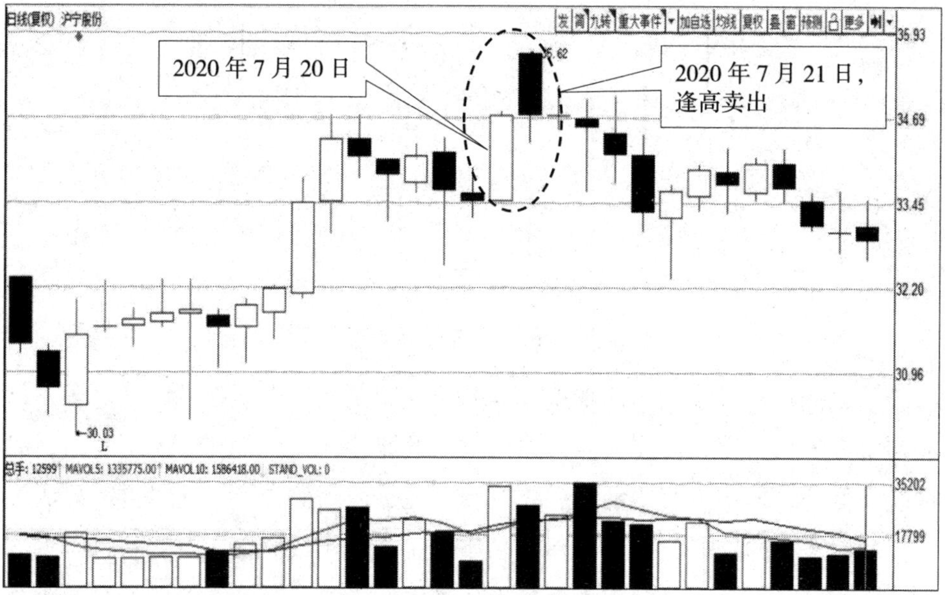

图 3-37　沪宁股份（300669）日 K 线走势图

如图 3-37 所示，沪宁股份经历了一波上涨行情之后，于 2020 年 7 月 20 日、21 日这两个连续的交易日形成看跌反击线形态。

2020 年 7 月 20 日，沪宁股份低开高走收出一根中阳线，收盘价为 34. 70 元。7 月 21 日，该股跳空高开，之后又回补了开盘时的缺口，最终在收盘时将价格同样定格在了 34. 70 元。后面这根阴线与前一日的阳线共同形成了看跌反击线形态，预示行情有反转的迹象。

次日该股平开之后，经过一番振荡，当天收出一根十字线，表明行情已经到达阶段性顶部，后市看跌。此时，投资者应该卖出部分股票，轻仓观望。

九、三星形态

三星形态是一种类似于启明星和黄昏星的星形反转形态，由三根十字星线共同组成。该形态包括三星底部形态和三星顶部形态两种。

1. 三星底部形态

三星底部形态，通常由三根十字星线组成。第二根十字星线明显低于其他两根十字星线，是该形态的显著特征。如图 3-38 所示。

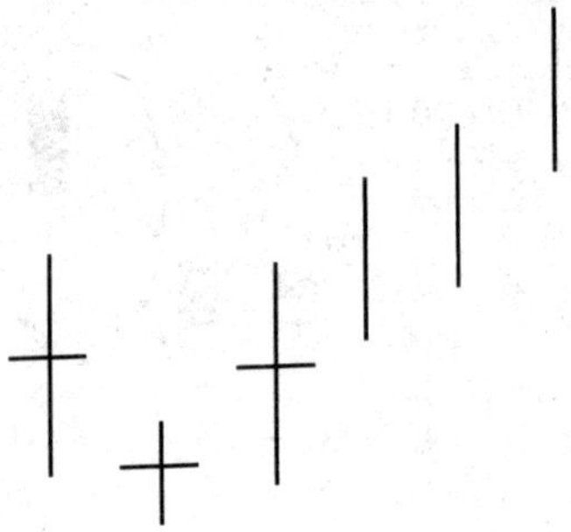

图 3-38　三星底部形态

三星底部形态中的第一根十字星线，表明空方仍占据绝对优势，多方仅能与空方进行一定的周旋，但无力向上拉升股价；次日，空方再度发力，股价跳空低开，但多方开始发动反攻，双方经过激烈的交锋，最终再度形成了一个相对平衡的局面，在K线图上留下了一根小星线；第三个交易日，多方在前一交易日反攻的基础上再度发力，直接向上跳空开盘，随后趁机巩固成果，将空方击退，不过，空方不愿意束手待毙，也进行了强力反击，但空方仅能将价位打压至开盘价，无力再向下一步。至此，三根十字星线形成了一个趋势转折形态，预示股价将企稳反弹。

（1）操作策略。

三星底部形态的具体交易含义如下。

第一，三星底部形态是典型的多空转换形态，它的出现说明股价已经由空方主导转为多方主导，未来股价上升的可能性较大。

第二，三星底部形态中，第二根十字星线与第一根、第三根十字星线的跳空距离越大，未来股价上攻的概率越大。

第三，在实战中，很少出现完美的三星底部形态。三根十字星线只要形成近似十字线即可，或存在很小的一点儿实体也可以。

第四，投资者按照三星底部形态买入股票，可将中间十字星线的最低价设为止损位，一旦股价跌破此位置即可执行卖出操作。

第五，三星底部形态中，出现第三根十字星线时，若成交量同步放大，则可增加股价进一步上升的概率。

（2）实战参考。

下面来看一下广誉远的案例，如图 3–39 所示。

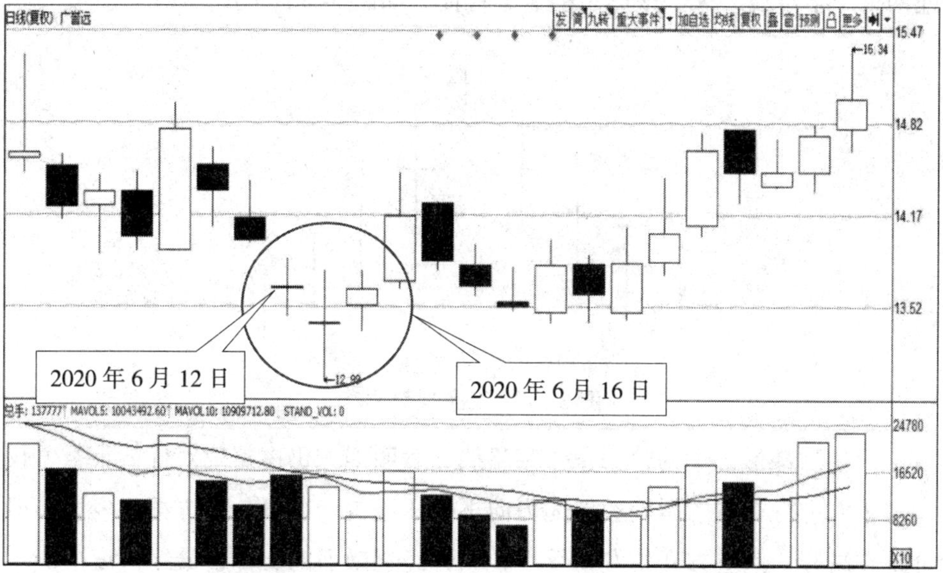

图 3–39　广誉远（600771）日 K 线走势图

如图 3–39 所示，广誉远在回调行情末期的 2020 年 6 月 12 日、15 日和 16 日这三个连续的交易日里，形成了三星底部形态。

2020 年 6 月 12 日，广誉远收出一根向下跳空的十字星线，说明空方实力非常强，但多方也开始进行一定的反击。投资者应该密切关注股价运行趋势可能的转变。

2020 年 6 月 15 日，该股跳空低开，并收出一根十字星，表明多空双方你争我夺，行情走势具有不确定性。

2020 年 6 月 16 日，该股高开高走，收出一根小阳实体的十字线，说明多方已经在这场争斗中取得了主动权。

这三根 K 线共同组成了三星底部形态。投资者应在 6 月 16 日这一天适量买入，并把第二根十字星线的最低价设为止损位。其后，该股股价上涨了几个交易日后出现回调，但回调至第二根十字线收盘价附近时，因受到支撑而重现上攻，此时就是投资者追涨买入的入场点。

2. 三星顶部形态

三星顶部形态，通常由三根十字星线组成。第二根十字星线明显高于其他两根十字星线，这是该形态的显著特征。如图 3-40 所示。

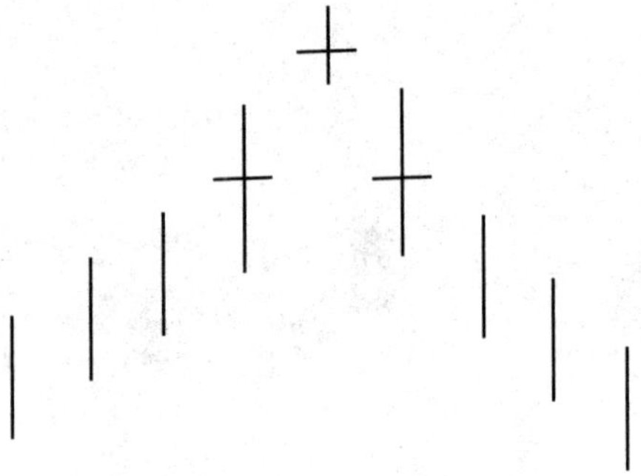

图 3-40　三星顶部形态

三星顶部形态中的第一根十字星线，表明多方仍占据绝对优势，空方仅能与多方进行一定的周旋，但无力向下打压股价；次日，多方再度发力，股价跳空高开，但空方开始发动反攻，双方经过激烈的交锋，最终再度形成了一个相对平衡的局面，在K线图上留下了一根小星线；第三个交易日，空方在前一交易日反攻的基础上再度发力，直接向下打压开盘，随后趁机巩固成果，将多方击退，不过，多方不愿意束手待毙，也进行了强力反击，但多方仅能将价位拉升至开盘价，无力再向上拉升。至此，三根十字星线形成了一个趋势转折形态，预示股价将触顶回落。

（1）操作策略。

三星顶部形态的具体交易含义如下。

第一，三星顶部形态是典型的多空转换形态，它的出现说明股价已经由多方主导转为空方主导，未来股价下跌的可能性较大。

第二，三星顶部形态中，第二根十字星线与第一根、第三根十字星线的跳空距离越大，未来股价下跌的概率越大。

第三，在实战中，很少出现完美的三星顶部形态。三根十字星线只要形成近似十字线即可，或存在很小的一点儿实体也可以。

第四，投资者按照三星顶部形态卖出股票，若其后股价不跌反涨，则应在股价向上突破第二根十字线最高价时重新入场。

（2）实战参考。

下面来看一下长信科技的案例，如图 3-41 所示。

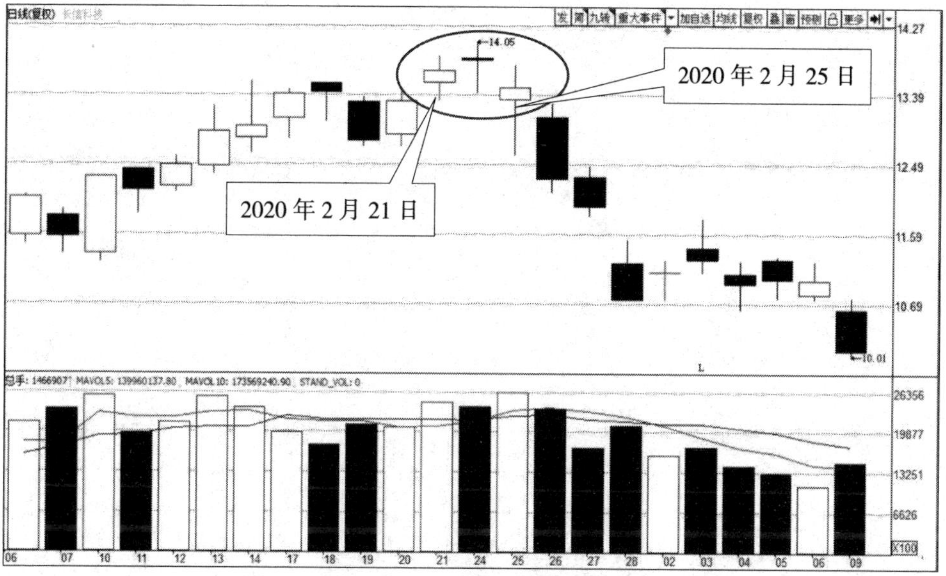

图 3-41　长信科技（300088）日 K 线走势图

如图 3-41 所示，长信科技在上涨行情末期的 2020 年 2 月 21 日、24 日和 25 日这三个连续的交易日里，形成了三星顶部形态。

2020 年 2 月 21 日，长信科技收出一根向上跳空的十字星线，说明多方实力非常强，但空方也开始进行了一定的反击，使得整个 K 线实体很小。

2020 年 2 月 24 日，该股跳空高开，并收出一根阴十字星，表明多空双方你争我夺，行情具有不确定性。

2020 年 2 月 25 日，该股低开低走，收出一根小阳实体的十字线，不过，这根阳线应该属于假阳线，说明空方已经在这场争斗中取得了主动权。

这三根 K 线共同组成了三星顶部形态，投资者应在 2 月 25 日这一天择机卖出。此后，该股出现了一波振荡下跌走势。

第四章

K 线持续形态解析

一些经典K线持续形态的出现，往往意味着股价当前的运行趋势还将持续。

第一节　基本的持续形态

基本的持续形态，是K线图上经常出现的持续形态。投资者通过识别这些形态，可以更加清晰、准确地确认股价未来的运行趋势。

一、前进三兵与上涨停顿、上涨受阻

前进三兵，又称红三兵，通常由三根屡创新高的小阳线组成，是一种典型的看涨形态。如图4-1所示。

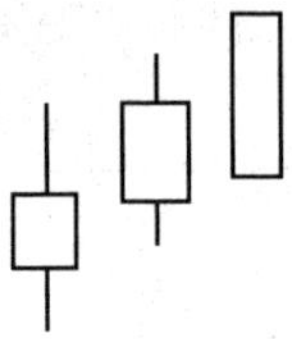

图4-1　前进三兵

前进三兵形态中屡创新高的小阳线，反映出多方实力不断增强，空方不断地后退。当前进三兵形态完成后，往往多方已经积累了足够的引领股价上涨的实力，股价未来走高的可能性非常大。

1. 操作策略

前进三兵形态的具体交易含义如下。

第一，股价经过一段时间的下跌后出现前进三兵形态，此时，该形态属于典型的止跌反弹信号，具有很强的看涨意义。持币投资者见此信号后，可积极入场做多。

第二，股价经过一段时间的上涨后出现前进三兵形态，说明股价还将继续走高，投资者可考虑加仓或追涨买入。

第三，股价已经到达顶部区域或出现前进三兵形态前股价连续拉出多根大阳线，此时前进三兵可能会成为滞涨形态，投资者不宜再加仓买入。

第四，投资者可在前进三兵形态完成后，即第三根小阳线出现后执行买入操作。若此后股价不涨反跌，投资者可在股价向下跌破前进三兵最低价时执行止损操作。

第五，通常情况下，标准的前进三兵形态要求三根阳线中后一根阳线的实体一定要大于前一根，表明多方实力越来越强。

第六，若三根阳线中后两根或一根阳线表现出势头减弱的迹象（实体相对短一些），说明多方攻击受阻，则该形态为上涨受阻形态或上涨停顿形态。长长的上影线是上涨受阻形态的典型特征，第三根阳线为小实体阳线（该小阳线有时正好位于第二根阳线的上方），则为上涨停顿形态的典型特征，如图 4-2、图 4-3 所示。

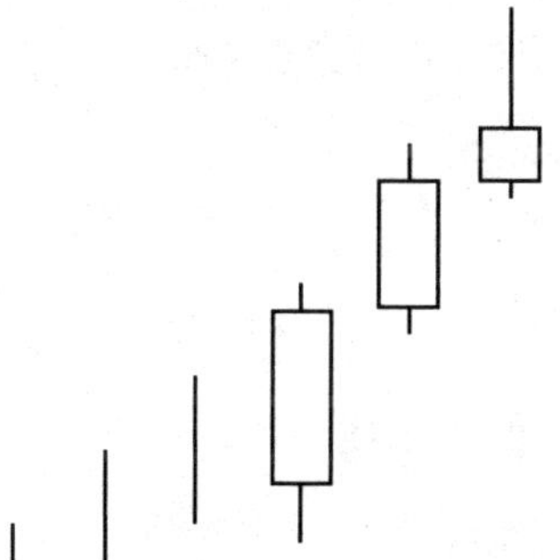

图 4-2　上涨受阻

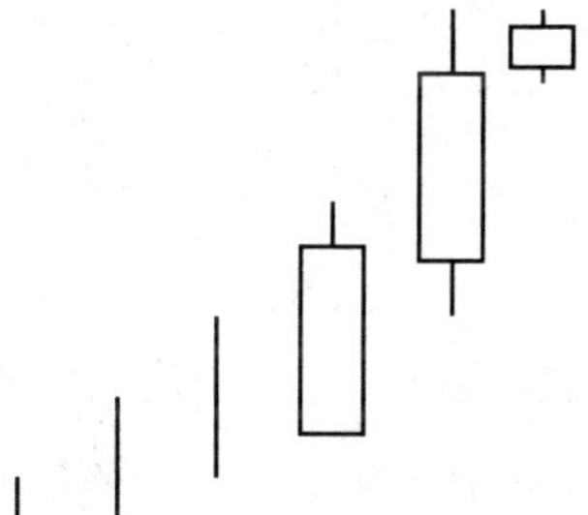

图 4-3　上涨停顿

第七，上涨停顿和上涨受阻形态尽管与前进三兵很像，但其表达的交易含义却是股价上行遇到了阻碍或不得不停顿，属于提醒投资者保持警惕的信号。上涨受阻和上涨停顿形态若出现在上涨趋势的末尾，则属于看空信号，此时投资者不仅不能再入场加仓，还应该考虑减仓，待有更加明显的看空信号出现时，就要清仓离场。

2. 实战参考

下面来看一下华瑞股份的案例，如图 4–4 所示。

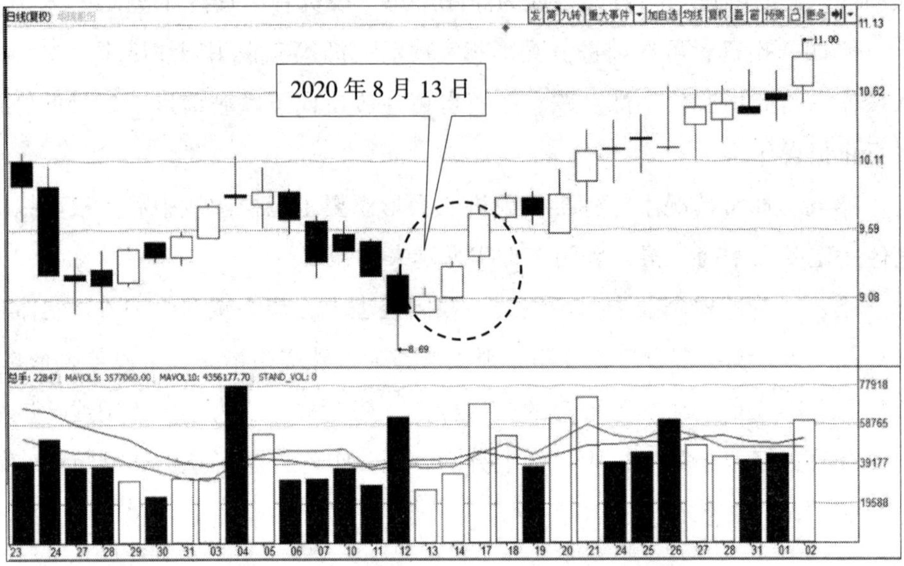

图 4–4　华瑞股份（300626）日 K 线走势图

如图 4–4 所示，经过一波调整后，华瑞股份的股价于 2020 年 8 月 13 日、14 日和 17 日（15 日、16 日周末休市）这三个连续的交易日里形成了前进三兵形态。

2020 年 8 月 13 日，华瑞股份收出一根小阳线。

2020 年 8 月 14 日，该股平开高走，又形成一根小阳线。

2020 年 8 月 17 日，该股高开高走，收出一根中阳线。

这三根阳线的实体一根比一根长，共同组成了前进三兵形态。由于该形态出现在低价位区域，属于股价继续上涨的信号，投资者可在股价回调至前进三兵最高价且不破该价位时买入该股。

再看一下神州泰岳的案例。

如图 4–5 所示，神州泰岳的股价在 2020 年 6 月底结束盘整，随后开始上升，但不久之后的 7 月 7 日到 9 日，K 线图上形成了上涨受阻形态。

2020 年 7 月 7 日，神州泰岳收出一根大阳线。

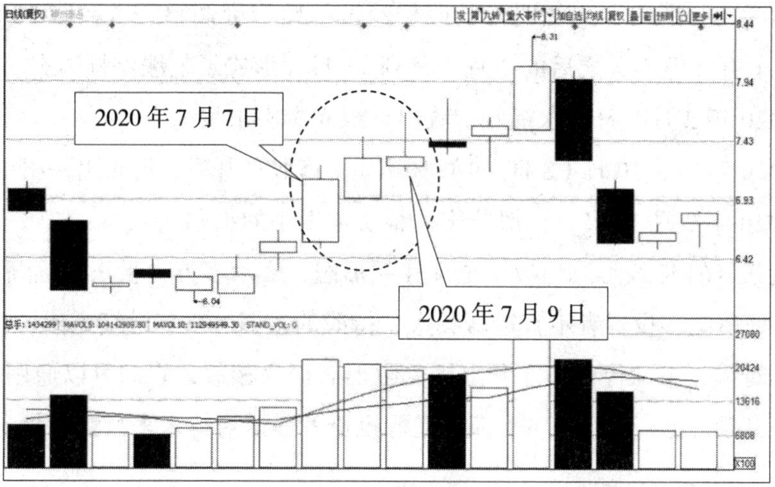

图 4-5　神州泰岳（300002）日 K 线走势图

2020 年 7 月 8 日，该股以低于前日收盘价的价格开盘，又收出一根带长上影线的中阳线。

2020 年 7 月 9 日，该股收出一根带长上影线的小阳线。

这三日的 K 线形态组成了上涨受阻形态，表示多方力量正在逐渐减弱。看到这种情况，投资者不宜追涨买入，持股的投资者则应继续观望。

下面再来看一下永福股份的案例，如图 4-6 所示。

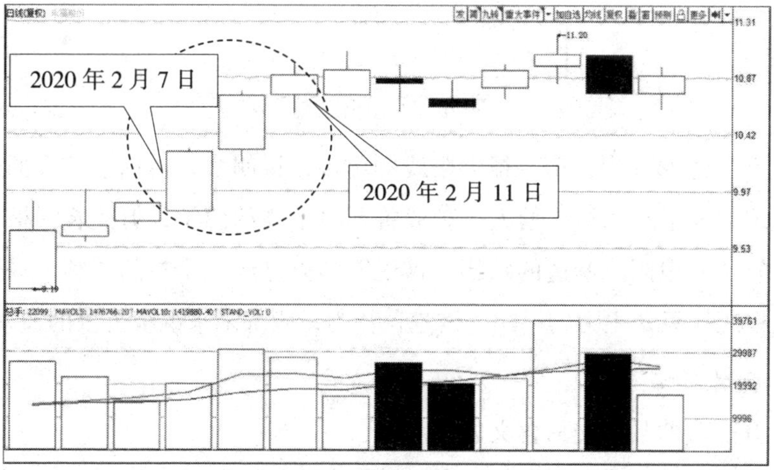

图 4-6　永福股份（300712）日 K 线走势图

如图 4–6 所示，永福股份的股价经过一轮深度调整后，在 2020 年 2 月初开始上升，但不久之后的 2 月 7 日到 11 日，形成了上涨停顿形态。

2020 年 2 月 7 日，永福股份收出一根光脚中阳线。

2020 年 2 月 10 日（8 日、9 日休市），该股平开后，又收出一根中阳线。

2020 年 2 月 11 日，该股收出一根实体很小的小阳线。

这三日的 K 线形态组成了上涨停顿形态，表示多方力量正在逐渐减弱。看到这种情况，投资者不宜追涨买入，持股的投资者则应继续观望。

有时候，上涨停顿形态和上涨受阻形态极为相似，它们可以通用。二者均反映出股价上行力度减弱，都有提醒投资者谨慎对待未来行情的指示意义。

二、上升三法

上升三法，又称升势三鸦、上升三步曲，由两根大阳线和三根小阴线共五根 K 线组成。该形态类似于上升途中的一次回调整理活动。如图 4–7 所示。

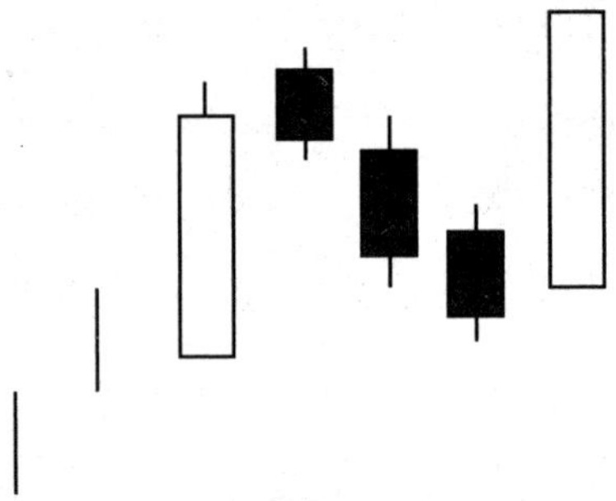

图 4–7　上升三法

上升三法形态中，第一根大阳线的出现，说明多方占据了较大的优势。随后出现的三根小阴线，给人一种股价即将下跌的感觉，但接着一根大阳线彻底收复了三根阴线制造的跌幅，这说明多方已经完全控制了整个局面，先前的三根阴线只是主力的一次“诱空”行为，股价未来继续上攻的概率极高。

1. 操作策略

上升三法的具体交易含义如下。

第一，出现上升三法形态，说明尽管股价在上涨途中出现了一点小波折，但大趋势仍然是向上运行的，属于典型的顺势上升信号。

第二，上升三法形态中的三根小阴线，是主力在拉升过程中的一次洗盘行为。最后一根大阳线越大，未来股价上升的可能性越大。

第三，上升三法形态中，若三根小阴线出现时，成交量同步出现萎缩，而最后一根大阳线出现时，成交量同步放大，则可增加股价继续上攻的概率。

第四，投资者按照上升三法买入股票，可将第一根阳线的最低价设置为止损位，一旦股价跌破此位置，要执行卖出止损操作。

2. 实战参考

下面来看一下华联控股的案例，如图 4-8 所示。

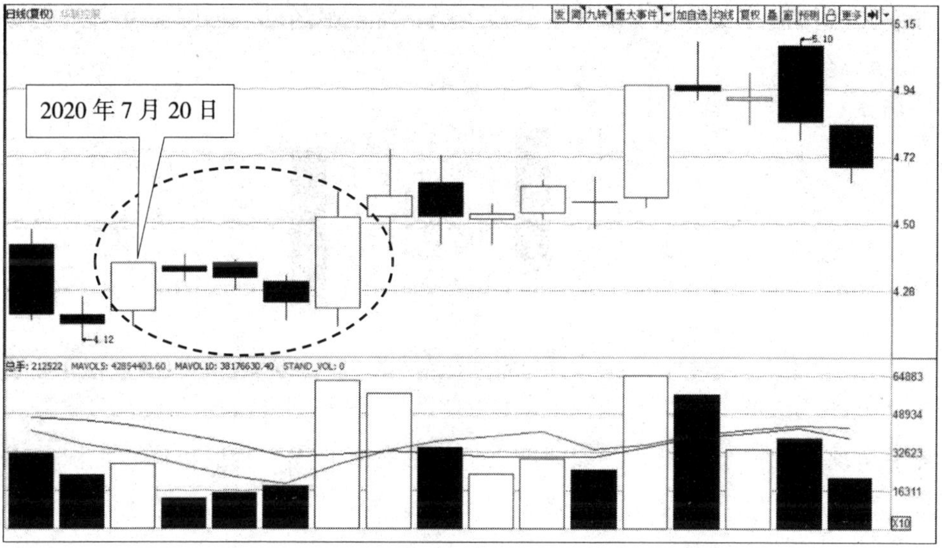

图 4-8　华联控股（000036）日 K 线走势图

如图 4-8 所示，华联控股的股价从 2020 年 6 月底开始走出稳步上升行情，其后出现了回调走势。2020 年 7 月 20 日到 24 日，处于振荡回调途中的该股形成了上升三法形态。

2020 年 7 月 20 日，华联控股的股价高开高走，最终在 K 线图上留下了一根中阳线。

2020 年 7 月 21 日到 23 日，该股连续三个交易日收出小阴线，而且这些小阴线的收盘价都要高于第一根阳线的开盘价。看到这种形态后，投资者不应盲目减仓。

2020 年 7 月 24 日，该股低开高走收出一根大阳线，完全弥补了前三日的跌幅。这充分证明中间收出三根小阴线是庄家洗盘造成的。庄家达到清洗浮筹的目的后，迅速将股价拉升，不再给投资者逢低补仓坐轿的机会。

这五个交易日形成的 K 线组合便是上升三法，表明股价将在短期内继续上涨。投资者看到此形态完成后，不但应继续持股，还可在次日逢低买入。

三、下降三法

下降三法，又称三阳做客、下跌三步曲，由两根大阴线和三根小阳线共五根 K 线组成。该形态类似于下跌途中的一次反弹活动。如图 4-9 所示。

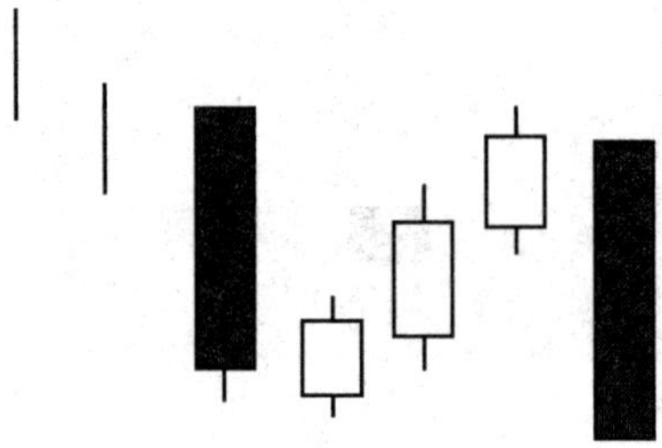

图 4-9　下降三法

下降三法形态中，第一根大阴线的出现，说明空方占据了较大的优势。随后出现的三根小阳线，就如同前进三兵形态，给人一种股价即将上涨的感觉。但接着一根大阴线彻底吞噬了三根阳线带来的涨幅，说明空方已经完全控制了整个局面。先前的三根阳线，只是主力的一次“诱多”行为，股价未来继续下跌的概率极高。

1. 操作策略

下降三法的具体交易含义如下。

第一，出现下降三法形态，说明尽管股价在下跌途中出现了一波小反弹，但大趋势仍然是向下运行的，属于典型的顺势下跌信号。

第二，下降三法形态中的三根小阳线，是主力在打压过程中的一次“诱多”行为。最后一根大阴线越长，未来股价下跌的可能性越大。

第三，下降三法形态中，若三根小阳线出现时成交量并未放大，甚至还出现了萎缩，则更可印证股价将进一步下跌。

第四，投资者按照下降三法卖出股票，可将第一根阴线的最高价设置为补仓位，一旦股价不跌反涨，向上突破补仓位，说明股价有结束下行趋势的可能，投资者可考虑买回该股。

2. 实战参考

下面来看一下冀东装备的案例，如图 4–10 所示。

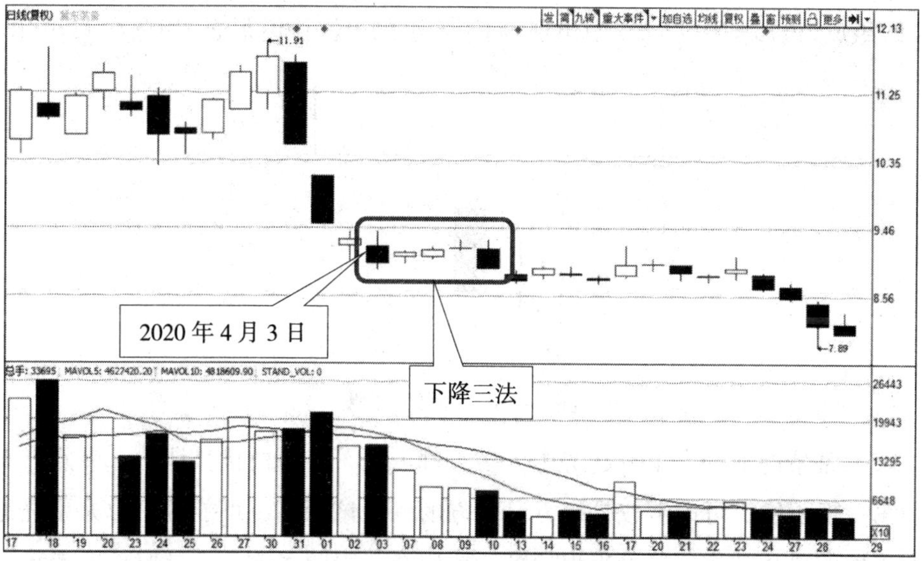

图 4–10　冀东装备（000856）日 K 线走势图

如图 4–10 所示，冀东装备从 2020 年 3 月底进入了下跌行情。2020 年 4 月 3 日到 10 日，该股出现下降三法形态。

2020 年 4 月 3 日，冀东装备收出一根中阴线。

2020 年 4 月 7 日、8 日、9 日（4 日、5 日、6 日清明休市），该股连续收出三根小阳线，它们的收盘价都要低于第一根阴线的开盘价。

2020 年 7 月 10 日，该股又出现一根中阴线，且其收盘价低于第一根阴线的收盘价。

这五个交易日形成的K线组合就是下降三法。该形态是明显的中继信号，表示股价将继续下跌。看到这种形态后，持币的投资者应该继续观望，持股的投资者应该果断斩仓。

四、分手线

分手线形态由两根颜色相反且具有相同开盘价的K线组成。分手线形态包括两种，其一为看涨分手线；其二为看跌分手线。

1. 看涨分手线

看涨分手线，又称上涨分离，由两根开盘价相同或接近的一阴一阳两根K线组成，该形态在上涨途中出现，属于典型的上涨中继形态。如图4–11所示。

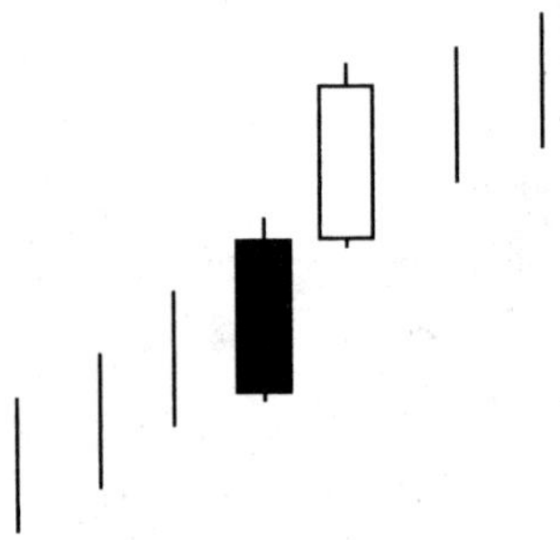

图4–11　看涨分手线

通常情况下，在上升趋势中，多方都占据了绝对的优势地位。突然出现的第一根阴线，可以看成是空方对多方的一次试探，也可能是主力为了洗盘而采取的恐吓动作。接着出现的第二根阳线，表明多方仍主导股价的走势，股价未来继续走高的可能性很大。

（1）操作策略。

看涨分手线的交易含义包括以下几点。

第一，股价上涨初期出现看涨分手线形态，仅可以看成是股价上涨途中的一个插曲，并不足以影响整个大局。

第二，看涨分手线形态中，出现第一根阴线时，若成交量同步萎缩，第二根阳线出现时，成交量同步放大，则更可印证之前的阴线只是主力的一次洗盘，股价未来继续走高的可能性非常大。

第三，出现看涨分手线形态后，投资者若按此建仓或加仓，此后股价不涨反跌，投资者可将第一根阴线的最低价设置为止损位，这一位置往往也是多方的最后一道防线。一旦股价跌破此位置，则可执行止损操作。

（2）实战参考。

下面来看一下康力电梯的案例，如图 4-12 所示。

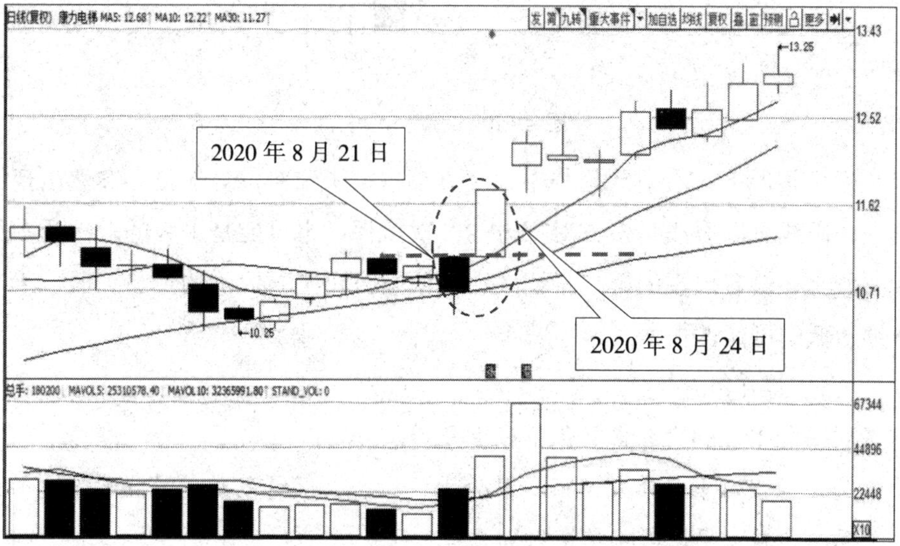

图 4-12　康力电梯（002367）日 K 线走势图

如图 4-12 所示，2020 年 8 月中旬，康力电梯经过一段时间的盘整后启动上涨。2020 年 8 月 21 日、24 日，该股日 K 线图上出现了看涨分手线形态。

2020 年 8 月 21 日，康力电梯经过几个交易日的振荡之后以中阴线报收。8 月 24 日（22 日、23 日休市），该股跳空高开高走并以涨停报收，在 K 线图上留下一根大阳线。二者共同形成了看涨分手线形态。

由于该位置是康力电梯调整后的启动位，所以预示着股价可能还将上涨，投资者需要继续观察，一旦股价突破阳线的收盘价位，就可以买入股票。

2. 看跌分手线

看跌分手线，又称下跌分离，由两根开盘价相同或接近的一阳一阴两根 K 线组成，该形态在下跌途中出现，属于典型的下跌中继形态。如图 4–13 所示。

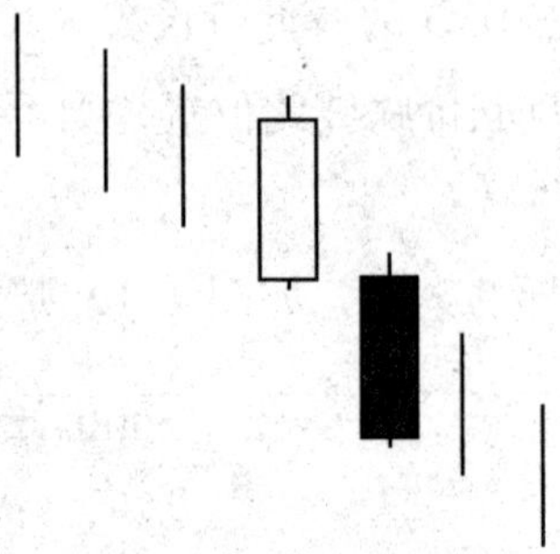

图 4–13　看跌分手线

通常情况下，在下跌趋势中，空方都占据了绝对优势地位。突然出现的第一根阳线可以看成是多方对空方的一次试探，也可能是主力的一次诱多行为。总之，接着出现的第二根阴线，表明空方仍主导股价的走势，股价未来继续走低的可能性很大。

（1）操作策略。

看跌分手线的交易含义包括以下几点。

第一，股价下跌初期出现看跌分手线形态，仅可以看成股价下跌途中的一个插曲，并不足以影响整个大局。

第二，看跌分手线形态中，出现第一根阳线时，若成交量并未明显放大，第二根阴线出现后，则可印证之前的阳线只是主力的一次诱多行为，股价未来继续走低的可能性非常大。

第三，出现看跌分手线形态后，投资者按此执行卖出操作，若此后股价不跌反涨，投资者可将第一根阳线的最高价设置为买入参照物。这一位置往往也是空方的最后一道防线，一旦股价向上突破此位置，则可执行买入操作。

（2）实战参考。

下面来看一下汉森制药的案例。

如图 4–14 所示，汉森制药从 2020 年 3 月下旬开始进入振荡反弹行情，并于 2020 年 4 月 15 日创下阶段高点后开始振荡下跌。

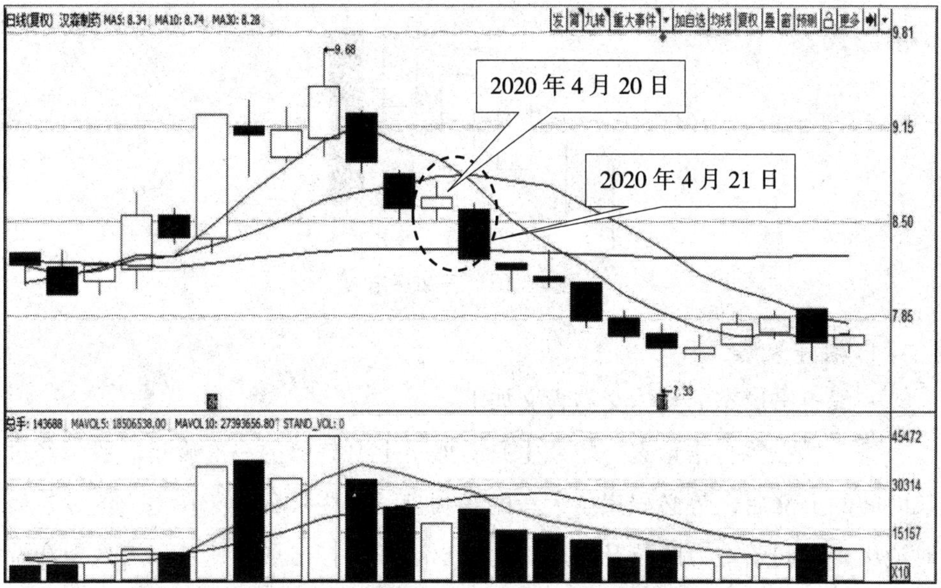

图 4-14　汉森制药（002412）日 K 线走势图

在下跌初期的 2020 年 4 月 20 日、21 日这两天，其日 K 线图上出现了看跌分手线形态。

2020 年 4 月 20 日，汉森制药收出一根带上影线的小阳线。4 月 21 日，该股以与前一日相同的价格开盘，结果收出一根中阴线，二者共同形成了看跌分手线形态。这种走势表明市场依然保持着弱势，下跌趋势将继续。这时，持币的投资者最好保持空仓观望，持股的投资者应该果断卖出。

五、三线打击

三线打击，又称笨拙三战士，由三根阳线和一根大阴线组成。该形态多出现在上升趋势中，具有较强的看涨意义，如图 4-15 所示。

三线打击形态中连续出现三根阳线，说明多方占据绝对优势地位，空方无力与多方一战；其后，空方突然发动反击，一举将之前三个交易日的涨幅吞没，将股价打压至较低的水平。空方的这种反击，往往会给市场带来较大的恐慌，很多意志不坚定者可能会匆忙选择出货，这恰恰中了主力的“圈套”。其后，多方会快速收复失地，引领股价再次上升。

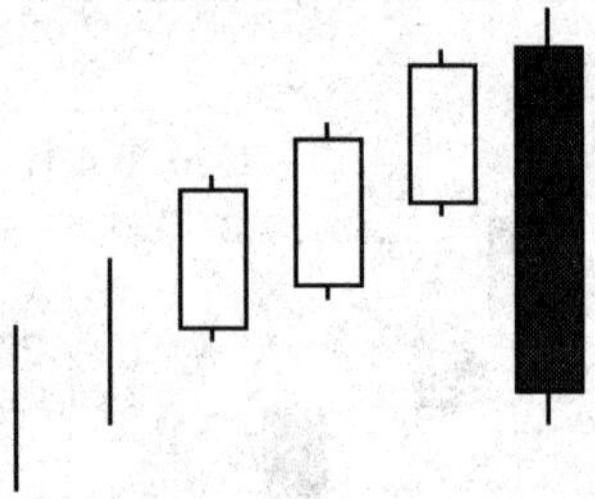

图 4-15　三线打击

1. 操作策略

三线打击形态的具体交易含义如下。

第一，三线打击形态，本质上是对股价上升趋势的一次修正。股价经过长时间的上涨后，势必积累了大量的获利盘，这些获利盘会在主力继续拉升时流出，不利于主力的拉升动作。此时出现三线打击形态，可以有效地清洗浮筹，有利于股价继续走高。

第二，出现三线打击形态后，投资者不宜过早地执行买入操作。只有股价重新上升并向上突破大阴线的最高价时，才是买入股票的最佳时机。

第三，在下跌行情中出现类似形态，很大程度上属于下跌途中的反弹失败形态，投资者不宜介入。

2. 实战参考

下面来看一下鸿路钢构的案例。

如图 4-16 所示，鸿路钢构从 2020 年 2 月底开始了一波上涨行情，2020 年 6 月 29 日到 7 月 2 日，该股的 K 线图上出现了三线打击形态。

2020 年 6 月 29 日到 7 月 1 日，鸿路钢构接连收出创新高的小阳线。

2020 年 7 月 2 日，该股以前一交易日的收盘价开盘，稍有拉升后便转而向下，最终收出一根大阴线，收盘价低于 6 月 29 日的开盘价。

这四个交易日形成的 K 线组合便是三线打击形态，而且最后一根阴线的实体足以吞噬之前三个交易日的涨幅，回调的力度很大，表明后期上涨的可能性也非常大，投资者应在次日（7 月 3 日）逢低买入。

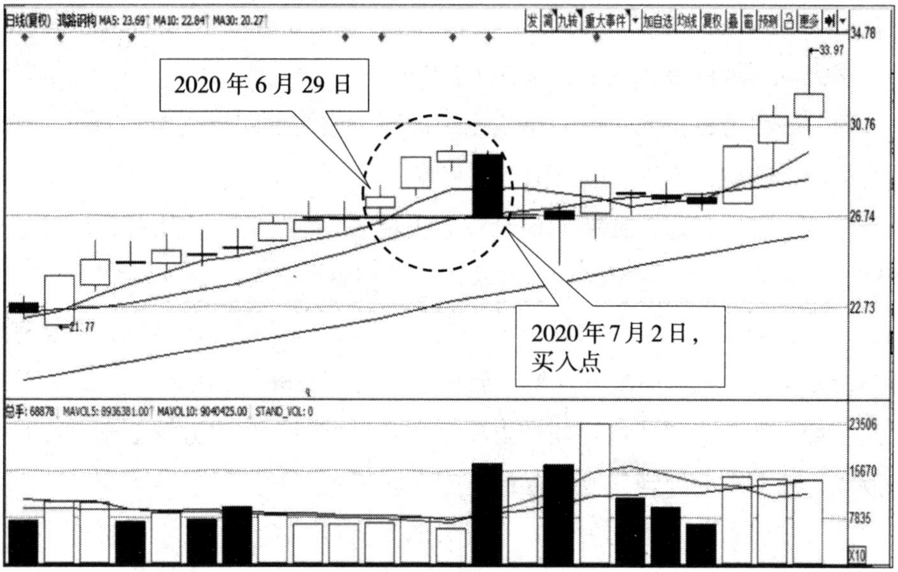

图 4-16　鸿路钢构（002541）日 K 线走势图

六、多方炮

多方炮，又称两阳夹一阴、两红夹一黑，由两根中阳线或大阳线和一根被夹在两根阳线之间的阴线组成，其中，阴线实体部分被两根阳线的实体完全覆盖。如图 4-17 所示。

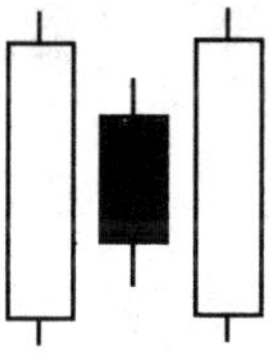

图 4-17　多方炮

多方炮形态中，第一根大阳线或中阳线的出现，说明多方占据了较大的优势；其后出现的低开阴线，表明空方有意向下打压股价，并且与前一根阳线形成了阳孕阴形态，股价未来走势充满了变数；最后一根低开高走的大阳线又与前一根阴线形成了阳包阴形态，说明多方重新占据了优势，未来股价继续走高的概率很大。

1. 操作策略

多方炮形态的具体交易含义如下。

第一，多方炮形态中，若阳线出现的同时成交量同步放大，阴线出现时成交量同步萎缩，将增加股价上行的概率。

第二，股价经过一段时间的盘整后出现多方炮形态，表明股价经过休息调整后，多方将向空方发起攻击，未来股价将继续上升。

第三，股价经过一段时间的下跌后出现多方炮形态，说明空方力量有所不济，多方已经开始向空方开炮，股价迎来反弹的概率很大。

第四，股价经过一段时间的上涨至顶部区域后出现多方炮形态，存在主力故意“诱多”的嫌疑，投资者宜避免入场交易。

第五，投资者按照多方炮形态买入股票，可将多方炮形态的最低价设为止损位，一旦股价跌破此位置，说明多方炮形态失败，宜反向止损卖出股票。

第六，有时出现多方炮形态后，股价并不会立即上攻，而是又收出一根低开小阴线和一根大阳线，从而形成一个“叠叠多方炮形态”（如图 4–18 所示）。该形态相比普通的多方炮形态具有更强的攻击性。

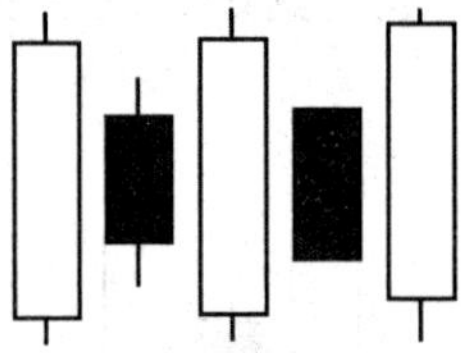

图 4–18　叠叠多方炮

2. 实战参考

下面来看一下德力股份的案例。

如图 4–19 所示，2020 年 8 月 3 日到 8 月 5 日，德力股份的 K 线图上出现了多方炮形态，预示股价未来将有一波上涨行情。

2020 年 8 月 3 日，德力股份的股价在前一交易日上涨的基础上再次收出中阳线。次日（即 8 月 4 日），该股低开低走，收出一根隐藏在中阳线内部的小阴线。该阴线与之前的中阳线构成了阳孕阴形态，给股价未来的走势带来了很大的不确定性。8月5日，德力股份低开高走，收出了一根大阳线，至此，多方炮形态正式确立。

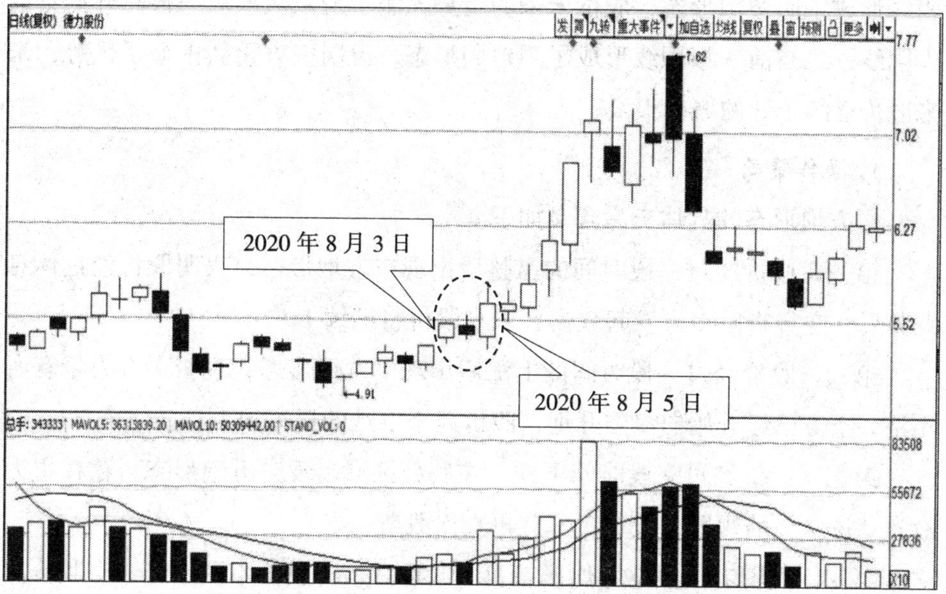

图 4-19 德力股份（002571）日 K 线走势图

庄家在这一区域设计了该形态，可谓寓意明显，就是为了洗盘然后拉升。持股的投资者只要多加警惕，还是能看清庄家的圈套的。此外，激进的投资者还可以选择次日买入股票做多。

七、空方炮

空方炮，又称两阴夹一阳、两黑夹一红，由两根中阴线或大阴线和一根被夹在两根阴线之间的阳线组成，其中，阳线实体部分被两根阴线的实体完全覆盖。如图 4-20 所示。

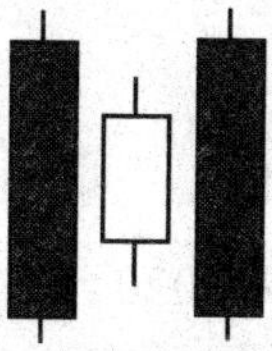

图 4-20 空方炮

空方炮形态中，出现第一根大阴线或中阴线，说明空方占据了较大的优势。其后出现低开低走的阳线，表明多方有意向上拉升股价，并且与前一根阴线形成了阴孕阳形态，股价未来的走势充满了变数。最后一根高开低走的大阴线，又与前一根阳线形成了阴包阳形态，说明空方重新占据了优势，未来股价继续走低的概率很大。

1. 操作策略

空方炮形态的具体交易含义如下。

第一，股价经过一段时间的盘整后出现空方炮形态，表明股价经过休息调整后，空方将向多方发起攻击，未来股价将继续下跌。

第二，股价经过一段时间的上涨后出现空方炮形态，说明多方力量有所不济，空方已经开始向多方开炮，股价迎来下跌的概率很大。

第三，股价经过一段时间下跌，在底部区域出现空方炮形态，存在主力故意“诱空”的嫌疑，投资者不宜再卖出股票。

第四，投资者按照空方炮形态卖出股票后，若股价不跌反涨，当股价向上突破空方炮形态的最高价时，可执行补仓或建仓操作。

第五，有时出现空方炮形态后，股价并不会立即下跌，而是又收出一根低开小阳线和一根大阴线，从而形成了一个“叠叠空方炮形态”（如图 4-21 所示）。该形态相比普通的空方炮形态具有更强的攻击性。

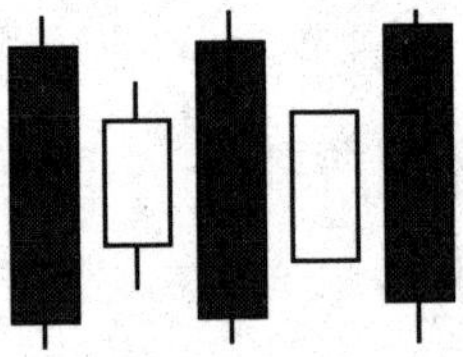

图 4-21　叠叠空方炮

2. 实战参考

下面来看一下富煌钢构的案例。

如图 4-22 所示，富煌钢构从 2020 年 3 月初开始了一波下跌行情，在下跌过程中的 4 月 24 日到 28 日，该股出现了空方炮形态。

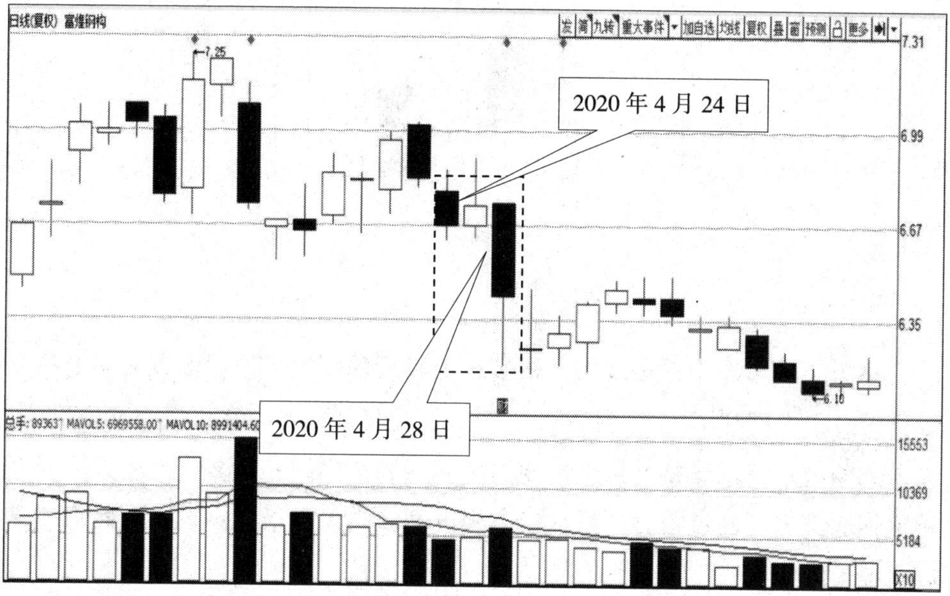

图 4-22　富煌钢构（002743）日 K 线走势图

2020 年 4 月 24 日，富煌钢构股价低开，经过一波上攻之后便一路走低，收出一根中阴线。

2020 年 4 月 27 日（25 日、26 日周末休市），该股在前日收盘价附近开盘，收出一根小阳线。

2020 年 4 月 28 日，该股以高于前日收盘价的价格开盘，然后一路向下，收出一根大阴线。

这三个交易日形成的“两阴夹一阳”形态便是空方炮。这种形态在下跌行情中出现，是中继信号，后市继续看跌。因此，空仓的投资者应以持币观望为宜，持股的投资者可在第三根阴线形成的当日进行止损，也可在次日逢高卖出。

八、多方尖兵

多方尖兵形态，由一根带长上影线的阳线、几根隐藏在阳线上影线之下的小阴线、小阳线以及一根大阳线构成。如图 4-23 所示。

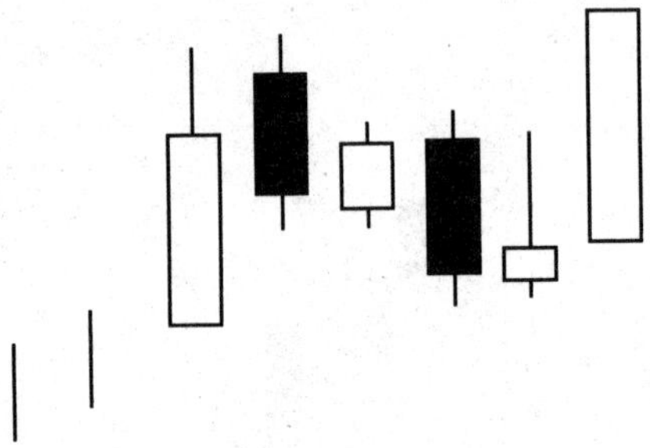

图 4-23 多方尖兵

多方尖兵形态中，出现第一根带长上影线的阳线，说明多方在向上拉升股价的过程中遭到了空方的抵抗，当然，这也可能是多方在试探空方的反应，为未来的进攻提供支持。接着出现的小阴线和小阳线，是多方与空方之间互相试探的结果。经过多日的试探后，多方往往会发动最后一攻，从而形成最后一根大阳线。

1. 操作策略

出现多方尖兵形态，并不能改变股价的上行趋势，属于顺势上升信号，其具体的交易含义如下。

第一，多方尖兵形态中，第一根阳线的上影线是多方用于试探的尖兵，只有最后一根大阳线的收盘价穿越了第一根阳线上影线的最高点，才能认为多方尖兵形态成立。

第二，多方尖兵形态是一种上涨中继信号，不过，最后一根大阳线未出现时，投资者不宜过早进场，以免被套其中。

第三，多方尖兵形态中，若中间的小阳线和小阴线出现时成交量同步萎缩，当最后一根大阳线出现时，成交量同步放大，更可印证多方尖兵形态有效。

第四，多方尖兵形态中，第一根大阳线为整个形态奠定了基调，若其后出现的 K 线跌破了该大阳线的开盘价，则可认定多方尖兵形态失败，投资者可考虑止损操作。

2. 实战参考

下面来看一下江阴银行的案例，如图 4-24 所示。

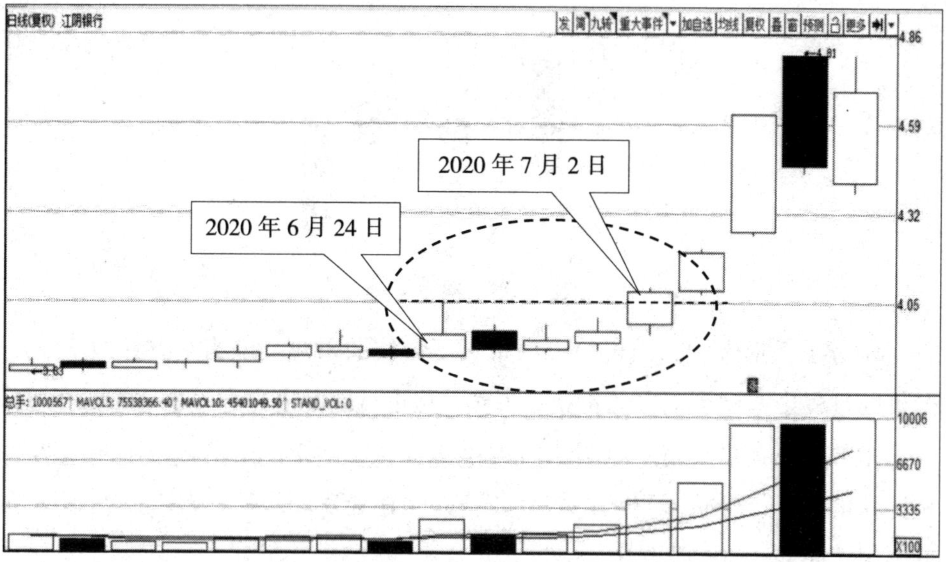

图 4-24　江阴银行（002807）日 K 线走势图

如图 4-24 所示，江阴银行经过一波底部盘整之后，于 2020 年 6 月初进入上升通道。2020 年 6 月 24 日到 7 月 2 日，该股走势中出现了多方尖兵形态。

2020 年 6 月 24 日，该股股价收出一根带有较长上影线的中阳线。此后的三个交易日，该股连续收出两根近似于十字线的小阴线和小阳线，表明多空双方争夺非常激烈。

2020 年 7 月 2 日，该股高开高走收出一根中阳线，这根阳线一举突破之前阳线的长上影线位，预示股价上涨行情正式启动，投资者宜于股价站稳阳线上影线位置时买入该股。

这五个交易日形成的 K 线组合就是多方尖兵形态。保守的投资者可在该形态出现后的次日逢低买入股票，并将止损点定为第一根阳线的收盘价。该股之后进入了横盘整理，由于股价没有下跌，投资者可放心持股。

九、空方尖兵

空方尖兵形态，由一根带长下影线的阴线、几根隐藏在阴线下影线之下的小阴线、小阳线以及一根大阴线构成。如图 4-25 所示。

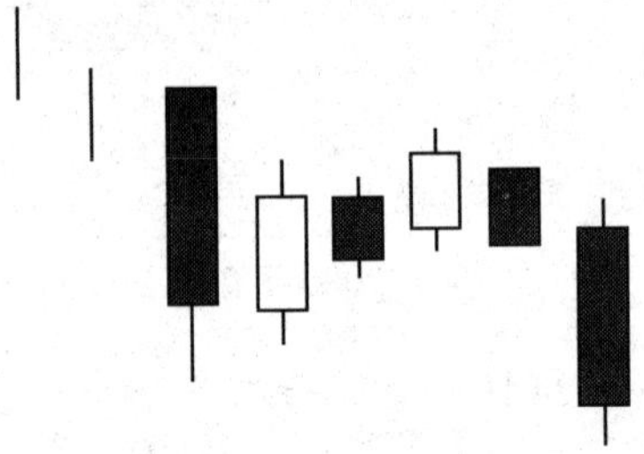

图 4-25　空方尖兵

空方尖兵形态中，出现第一根带长下影线的阴线，说明空方在向下打压股价的过程中遭到了多方的抵抗，当然，这也可能是空方在试探多方的反应，为未来的进攻提供支持。接着出现的小阴线和小阳线，是多方与空方之间互相试探的结果。经过多日的试探后，空方往往会发动最后一攻，从而形成最后一根大阴线。

1. 操作策略

出现空方尖兵形态，并不能改变股价下行趋势，属于顺势下跌信号，其具体的交易含义如下。

第一，空方尖兵形态中，第一根阴线的下影线就是空方用于试探的尖兵，只有最后一根大阴线的收盘价穿越了第一根阴线下影线的最低点，才能认为空方尖兵形态成立。

第二，空方尖兵形态是一种下跌中继信号，投资者宜远离该股。

第三，空方尖兵形态中，第一根大阴线为整个形态奠定了基调，若其后出现的 K 线不跌反涨，向上突破了大阴线的最高价，则可认定空方尖兵形态失败，未来股价有反转向上的可能，投资者不宜再卖出股票。

2. 实战参考

下面来看一下开润股份的案例。

如图 4-26 所示，2020 年 8 月 12 日到 20 日，开润股份的日 K 线图上出现了空方尖兵形态。

2020 年 8 月 12 日，开润股份的股价高开低走，以一根带有较长下影线的大阴线报收。

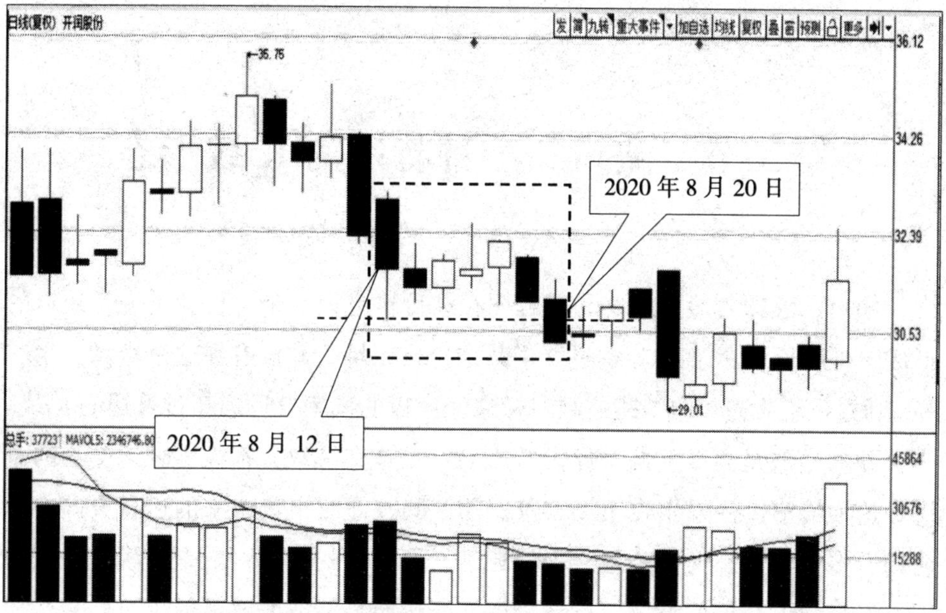

图 4-26　开润股份（300577）日 K 线走势图

此后，该股股价连续收出多根小阴线和小阳线，而且后面几根小阳线明显有持续走高的倾向，给人一种股价即将触底反弹的感觉。

2020 年 8 月 19 日，该股收出中阴线，且这根中阴线并没有跌破前一根阳线的最低价，说明这根阴线仍属于正常的调整，投资者需保持观望。8 月 20 日，该股以一根大阴线打破了之前的调整态势，且这天的收盘价低于 8 月 12 日的最低价，空方尖兵形态完成。

空方尖兵预示后市看空，投资者看到这种形态后，应该在 8 月 20 日突破完成时实施减仓操作。之后该股虽然向上有所反弹，但力度并不大，这很有可能是庄家在趁势出货，仍然持股的投资者应小心警惕，一旦发现股价有大幅下跌迹象，就要果断出局。

第二节　缺口：一种特殊的K线形态

缺口，意味着股票在交易过程中存在价格空白地带。也就是说，缺口的形成，是股价K线直接“跳过”了某个价格区域，并没有在这个区域产生交易。通过研究发现，向上跳空缺口带来涨停板的概率要远远超过普通的K线。

缺口一般是由以下两个原因造成的：一是交易双方都极度缺乏交易的意愿，这种情形往往发生在市场横盘振荡区间，此时市场未来的运行方向并不明朗，多空双方都处于观望之中，缺乏入场交易的意愿；二是市场交易中的一方极度缺乏交易的意愿，这样价格就会按照另一方的意愿前进，这一情形表明市场将按照缺口的方向发展。

由于A股市场上涨跌停制度的影响，缺口出现的频率与概率都要高于其他市场。在对K线图进行分析时，缺口也是不可或缺的一部分。

缺口主要分为两类：一是向上跳空缺口，这类缺口往往会对股价向下运行起到重要的支撑作用；二是向下跳空缺口，这类缺口往往会对股价向上运行起到重要的阻力作用。

一、缺口的支撑

当出现向上跳空缺口后，股价经常会再次回落到缺口位置附近，此时会出现两种可能的走势。

第一，缺口不回补，或者不完全回补。此时缺口就会对股价产生支撑作用，之后股价会继续原来的上涨行情。

第二，缺口被完全回补。股价出现向上跳空缺口之后，如果出现回补缺口的情形，此时，若股票抛盘消失，那么股价会重新开始上涨之路；若股票抛盘仍大量涌出，则股价就会有下跌的可能。

向上跳空缺口反映出在多空双方的力量对比中，多方占据了明显的优势，这就给很多投资者一定的心理暗示：股价还会继续上涨。于是，越来越多的买盘就会跟进买入股票，从而推动股价进一步上涨。当股价出现回调，并下跌到缺口附近时，多方会将此形态看成是股价的暂时回调，很多看好后市的投资者都会趁此机会买入股票，从而推动股价延续之前的上涨走势，这样，缺口的支撑作用就显现出来了。

下面来看一下华灿光电的案例，如图 4–27 所示。

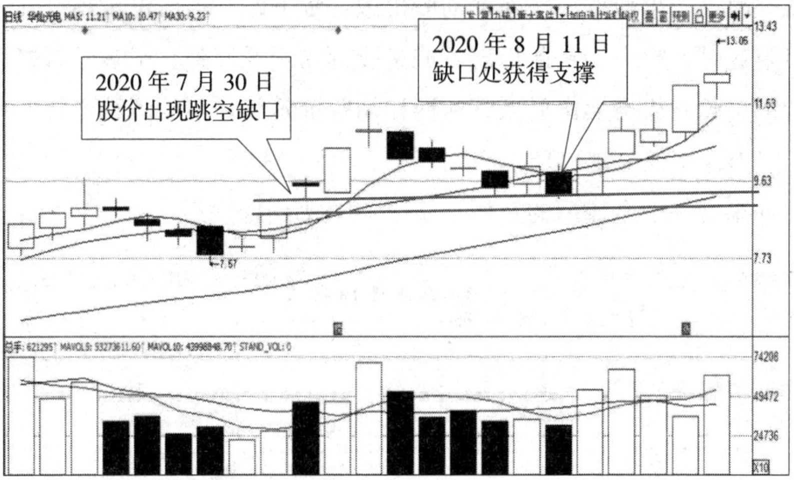

图 4–27　华灿光电（300323）日 K 线走势图

如图 4–27 所示，华灿光电的股价从 2020 年 7 月初开始了一波上升行情，2020 年 7 月 29 日，该股拉出一根大阳线，并封上了涨停板，预示股价还将继续上涨。7 月 30 日，该股跳空高开并继续上攻，在 K 线图上留下了一个向上跳空的缺口后继续上涨，随后股价出现回调走势。8 月 11 日，该股股价下跌到缺口位置时，由于受到缺口的支撑作用而重新上涨。投资者应该注意，当该股股价受到缺口的支撑重新上涨时，就是买入该股的时机。

二、缺口的阻力

当出现向下跳空缺口后，股价经常会再次上涨到缺口位置附近，此时会出现两种可能的走势。

第一，缺口不回补，或者不完全回补。此时缺口会对股价产生阻力作用，之后股价会继续原来的下跌行情。

第二，缺口被完全回补。股价出现向下跳空缺口之后，如果出现回补缺口的情形，此时若股票的买盘消失，那么股价会重新开始下跌之路；若股票买盘仍大量出现，则股价就会有上涨的可能。

向下跳空缺口反映出在多空双方的力量对比中，空方占据了明显的优势，这就给很多投资者一定的心理暗示：股价还会继续下跌。于是，越来越多的卖盘就会跟进卖出股票，从而推动股价进一步下跌。当股价出现反弹并上涨到缺口附近时，空方会将此形态看成是股价的短暂反弹，很多不看好后市的投资者都会趁此机会卖出股票，从而推动股价延续之前的下跌走势，这样，缺口的阻力作用就显现出来了。

下面来看一下金徽酒的案例，如图 4–28 所示。

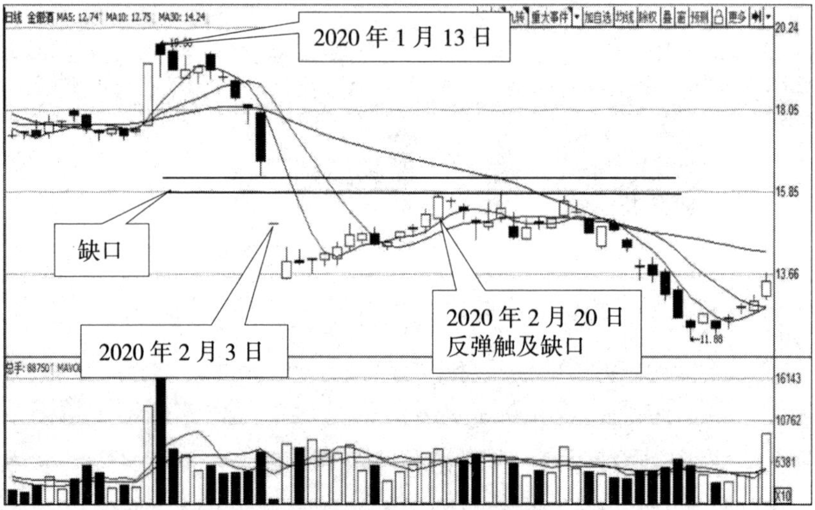

图 4–28　金徽酒（603919）日 K 线走势图

金徽酒的股价从 2020 年 1 月中旬开始一路下跌。2020 年 2 月 3 日，在大盘暴跌的影响下，金徽酒的股价更是直接收出了一字线跌停板，并在 K 线图上留下了一个大大的缺口。此后该股一路下跌，其间虽有反弹，但在反弹到缺口位置时，就又开始下跌了。由此可见，缺口对股价具有阻力作用。

缺口的支撑与阻力作用与缺口是否出现回补有很大的关系。也就是说，投资者只有先确认缺口没有可能被回补之后，才可以采取相应的买入或卖出行动。一旦缺口回补，那么，缺口的支撑与阻力作用也就不存在了，这一点投资者应该特别注意。

三、缺口的回补

这里的缺口回补，不是回补普通的跳空缺口，而是回补连续的跳空缺口。也就是说，当股价连续出现向上跳空之后，成交量也会随之攀升，其后，股价会出现回调走势。在股价回补缺口的过程中，如果成交量出现缩量的情况，往往意味着该股有继续上涨的可能，当股价完全回补整个缺口之后，该股就会重新开始一段上涨之路。

通常情况下，能出现两个以上连续向上跳空的缺口，都是有强大的主力活动其中，并且还会伴随着上市公司巨大的利好消息。当股价出现连续向上跳空之后，主力为了更好地拉升股价，往往会采取反手向下打压股价的方法，以达到洗盘的目的，这时的成交量低于拉升时，就是最明显的证据。

下面来看一下恒林股份的案例，如图 4–29 所示。

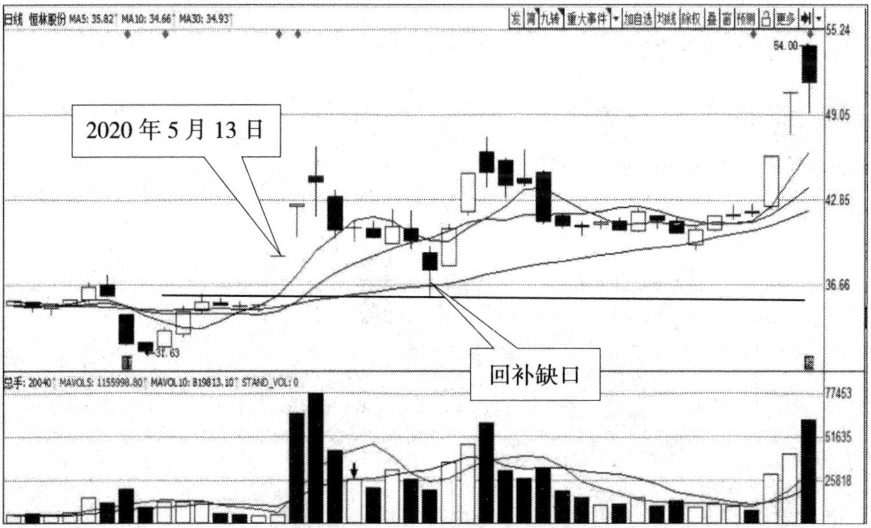

图 4–29　恒林股份（603661）日 K 线走势图

如图 4–29 所示，从 2020 年 5 月初开始，恒林股份的股价启动了一波振荡上涨行情。2020 年 5 月 13 日，恒林股份的股价以一字涨停板报收，在 K 线图上留下了一根一字线，这根一字线与前一交易日的 K 线之间形成了一个大大的缺口。其后，5 月 14 日，该股再次高开高走以涨停板报收，这根 K 线与前一根 K 线形成了一个缺口。此后，该股股价经过短暂的上涨后开始回调，股价一路走低，回补了之前跳空上涨形成的缺口。

通过对成交量的观察可知，在回补缺口的过程中，成交量一直呈缩小状态。缺口回补之后，股价又重新开始上涨，说明该股后市可期。

第三节　含缺口的 K 线持续形态

通过前面的介绍可以知道，缺口对于 K 线具有一定的支撑与阻力作用，因而，一些在缺口上方或下方出现的特殊 K 线形态，往往具有相对特殊的交易含义。

一、升势鹤鸦缺口

升势鹤鸦缺口，又称跳空上扬形，由上升缺口以及缺口上方一阳一阴两根 K 线组成。如图 4–30 所示。

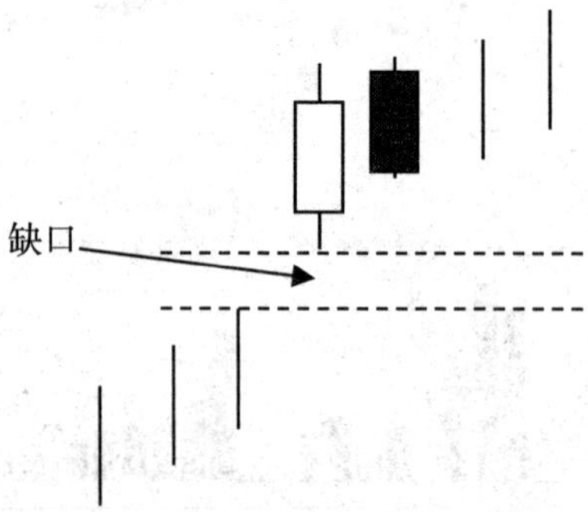

图 4–30　升势鹤鸦缺口

升势鹤鸦缺口形态中，出现向上跳空缺口，说明多方实力非常强大，接着出现第一根阳线，巩固了多方的强势地位，不过也可能存在多方用力过猛的情况；出现第二根阴线，说明空方开始发力进攻。由于阴线没有回补向上跳空的缺口，说明空方实力非常有限，无法对多方形成强有力的打击。

1. 操作策略

升势鹤鸦缺口的具体交易含义如下。

第一，升势鹤鸦缺口形态出现后，上升缺口就会成为股价上升的前进阵地，若股价出现调整，该缺口会对股价产生较强的支撑作用。若股价成功回补缺口，则意味着缺口对股价的支撑失败，股价有反转下跌的可能。

第二，出现升势鹤鸦缺口后，有时股价不会立即上攻，而是在缺口上方盘整一段时间。通常情况下，股价盘整时间越长，未来上升的幅度可能越大。

第三，投资者按照升势鹤鸦缺口形态买入股票后，可将止损位设在缺口下方 K 线的最高价上。若股价跌破该位置，说明缺口完全回补，投资者宜执行止损操作。

第四，升势鹤鸦缺口形态中的阳线和阴线与乌云盖顶形态很像，主力经常用此形态给散户制造恐慌，迫使其卖出手中的股票。

2. 实战参考

下面来看一下上柴股份的案例。

如图 4–31 所示，上柴股份的股价经过一波上涨之后，在 2020 年 7 月出现升势鹤鸦缺口形态，其后又展开了一波上涨走势。

2020 年 7 月 3 日，该股以小阳线报收，次日（7 月 6 日），该股股价跳空高开并收出一根中阳线，该阳线与前一交易日的阳线形成了一个较大的跳空缺口。

7 月 7 日，该股又一次跳空高开，但趋势却与前一根 K 线方向相反，最后收出一根中阴线。后一根阴线的最低价高于前一根阳线的最低价，缺口没有被补回，二者形成了升势鹤鸦缺口形态。

看到这种情形，持股的投资者不要急于斩仓割肉，持币的投资者也不要急于买入，而要根据后市走势再决定如何操作。

2020 年 7 月 8 日，上柴股份低开高走收出中阳线，表示多方处于绝对优势地位，投资者观察这根阳线就可以发现，这根阳线与之前的阳线与阴线构成了一个近似多方炮的形态，这属于典型的看涨形态。

基于升势鹤鸦的缺口没有回补，且又形成了多方炮形态，股价未来上涨的概率很大，投资者可跟进入场。

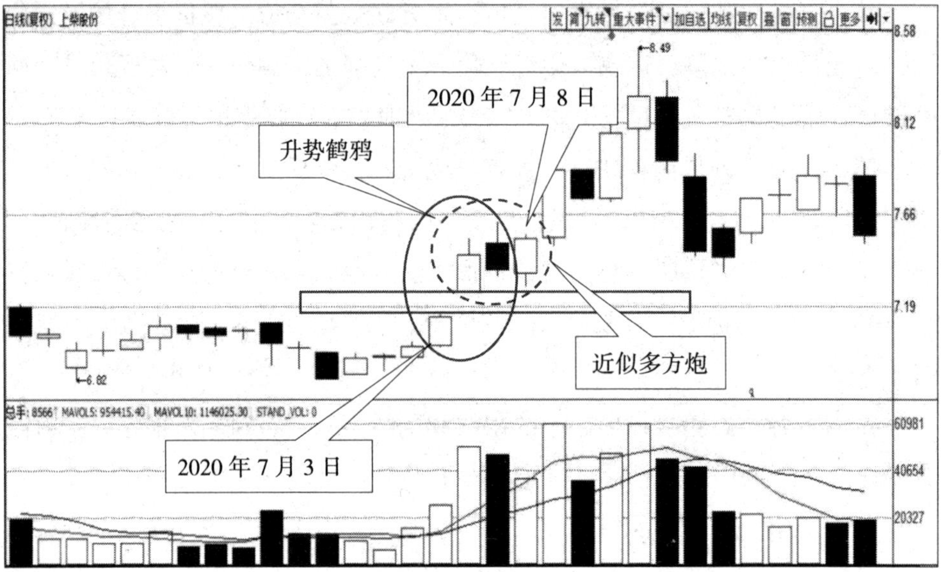

图 4-31　上柴股份（600841）日 K 线走势图

二、向上跳空并列阳线

向上跳空并列阳线与升势鹤鸦形态相似，由上升缺口以及缺口上方两根开盘价相近的阳线组成。如图 4-32 所示。

向上跳空并列阳线形态中，出现向上跳空缺口，说明多方实力非常强大。接着出现第一根跳空阳线，巩固了多方的强势地位，不过也可能存在多方力量用力过猛的情况。第二根阳线低开，说明空方有意向下打压股价，但仍没有回补向上跳空缺口，说明空方实力非常有限，无法对多方形成强有力的打击，此后股价再度以阳线报收，说明多方阵地已经非常稳固，未来有望起飞。

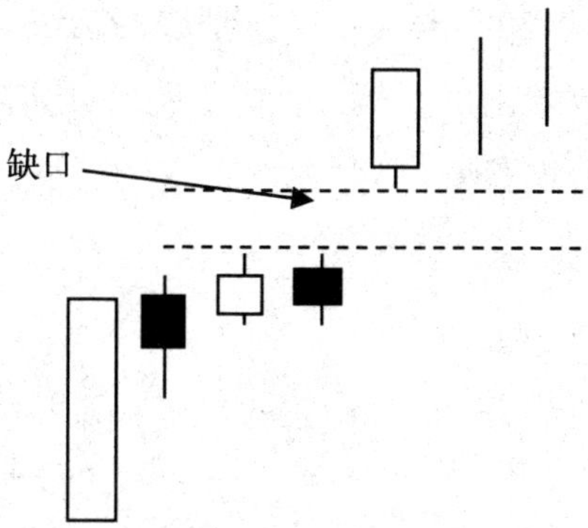

图4-32 向上跳空并列阳线

1. 操作策略

向上跳空并列阳线形态的具体交易含义如下。

第一，出现向上跳空并列阳线形态后，上升缺口就会成为股价上升的前进阵地，股价若出现调整，该缺口会对股价产生较强的支撑作用。若股价成功回补缺口，则意味着缺口对股价的支撑失败，股价有反转下跌的可能。

第二，出现向上跳空并列阳线后，有时股价不会立即上攻，而是在缺口上方盘整一段时间。通常情况下，股价盘整时间越长，未来上升的幅度可能越大。

第三，投资者按照向上跳空并列阳线形态买入股票后，可将止损位设置在缺口下方K线的最高价上。若股价跌破该位置，说明缺口完全回补，投资者宜执行止损操作。

第四，向上跳空并列阳线形态中，第二根阳线若换成阴线，则为升势鹤鸦形态，仍可看成是上涨中继形态。

2. 实战参考

下面来看一下百润股份的案例。

如图4-33所示，百润股份的股价经过一波上涨之后，出现了短暂的调整，2020年4月出现向上跳空并列阳线形态，其后又展开了一波上涨走势。

2020年4月23日，该股以小阴线报收，给人一种调整还将继续的感觉。次日（4月24日），该股股价跳空高开并以涨停报收，由此可见该股走势之强。

4 月 27 日（25 日、26 日休市），该股以与前一交易日开盘价相近的价格开盘，并再度拉出一根阳线。至此，向上跳空并列阳线形态确立，说明该股未来将会继续保持上攻态势。

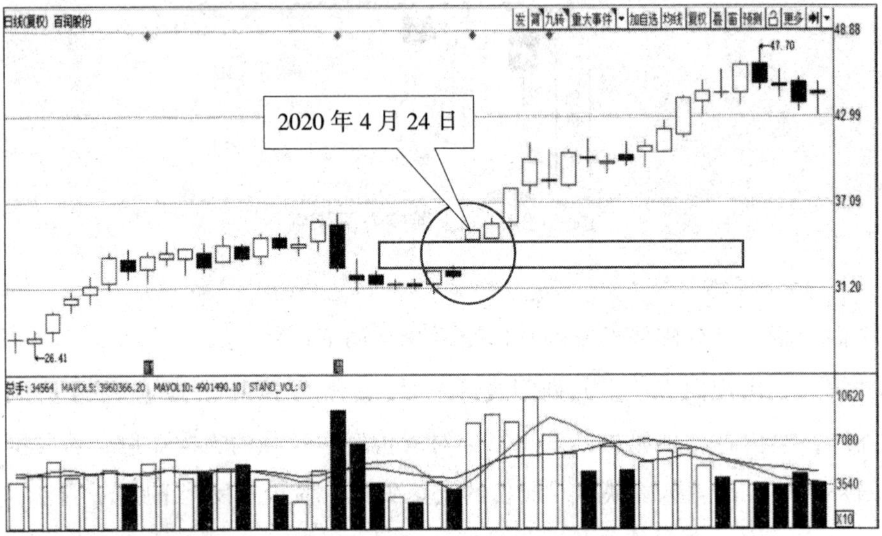

图 4-33　百润股份（002568）日 K 线走势图

三、高价位跳空形态

高价位跳空形态，是指股价强势上攻之后，经过几个交易日的调整，股价直接跳空高开高走的形态。如图 4-34 所示。

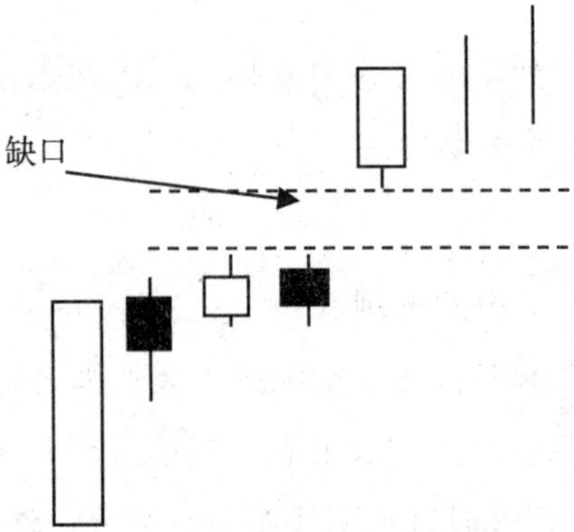

图 4-34　高价位跳空形态

高价位跳空形态中，出现第一根大阳线，说明多方处于强势上攻途中，空方没有还手之力。此后的几个交易日，空方试图夺回主动权，不过实力并不强劲，股价波动范围较小，空方也没能向下大幅打压股价。其后多方积蓄实力，经过几个交易日后再度发力上攻，说明多方已经完成进攻准备，股价未来仍然看涨。

1. 操作策略

高价位跳空形态的具体交易含义如下。

第一，出现高价位跳空形态后，上升缺口也会成为股价上升的前进阵地，股价若出现调整，该缺口就会对股价产生较强的支撑作用；若股价成功回补缺口，则意味着缺口对股价的支撑失败，股价有反转下跌的可能。

第二，出现高价位跳空形态后，有时股价不会立即上攻，而是在缺口上方盘整一段时间。通常情况下，股价盘整的时间越长，未来上升的幅度可能越大。

第三，投资者按照高价位跳空形态买入股票后，可将止损位设置在缺口下方 K 线的最高价上。若股价跌破该位置，说明缺口完全回补，投资者宜执行止损操作。

第四，当股价处于高位，股价高价位跳空形态也可能属于多方的最后一搏，其后多方可能会存在力有不逮的情况，此时投资者需要保持谨慎，不宜追高。

2. 实战参考

下面来看一下弘亚数控的案例。

如图 4–35 所示，弘亚数控的股价经过一波快速上涨之后，2020 年 7 月 8 日以接近涨停价的最高价收盘。由于股价连续上攻多日，此后出现了短暂的调整。

2020 年 7 月 17 日，该股以小阳线报收，给人一种调整还将继续的感觉；下一交易日，即 7 月 20 日（18 日、19 日休市），该股股价跳空高开高走，至此，高价位跳空形态正式确立，说明该股经过多日的调整，已经具备了继续上攻的动能，激进的投资者可考虑追涨买入该股。

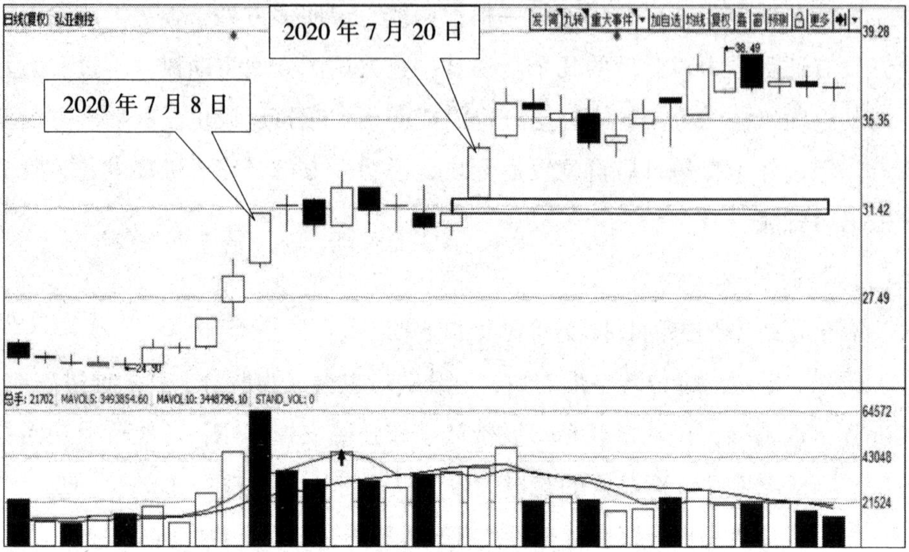

图 4–35　弘亚数控（002833）日 K 线走势图

四、低价位跳空形态

低价位跳空形态，是与高价位跳空相反的一种形态，是指股价强势下跌之后，经过几个交易日的调整，股价直接跳空低开低走。如图 4–36 所示。

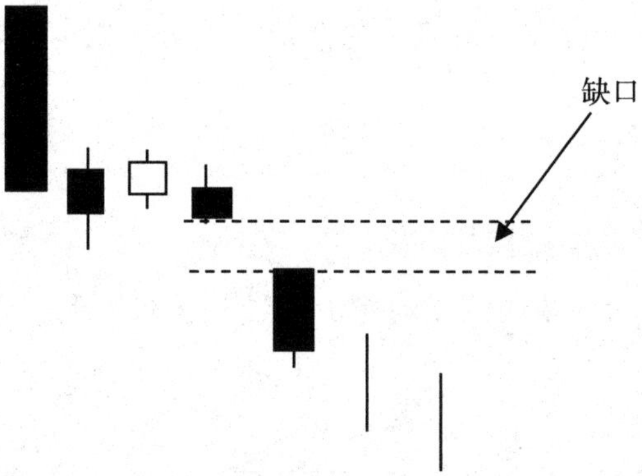

图 4–36　低价位跳空形态

低价位跳空形态中，出现第一根大阴线，说明空方处于强势打压股价的途中，多方没有还手之力。此后的几个交易日里，多方试图夺回主动权，不过实力并不强劲，股价波动范围较小，多方没能向上大幅拉升股价。其后空方积蓄实力，经过几个交易日后再度发力上攻，说明空方已经完成进攻准备，股价未来仍然看跌。

1. 操作策略

低价位跳空形态的具体交易含义如下。

第一，出现低价位跳空形态后，下降缺口会成为股价反弹的阻力位，股价若出现反弹，该缺口就会对股价产生较强的阻力作用；若股价成功回补缺口，则意味着缺口对股价的阻力失败，股价有反转上涨的可能。

第二，出现低价位跳空形态后，有时股价不会立即下跌，而是在缺口下方盘整一段时间。通常情况下，股价盘整的时间越长，未来下跌的幅度可能越大。

第三，投资者按照低价位跳空形态卖出股票后，股价不跌反涨，那么，当股价重新站到缺口上方时，可以考虑少量做多。

第四，当股价处于底部区域，股价低价位跳空形态也可能属于空方的最后一搏，其后空方可能会存在力有不逮的情况，此时投资者需要保持谨慎，不宜再执行卖出操作。

2. 实战参考

下面来看一下科达利的案例，如图 4–37 所示。

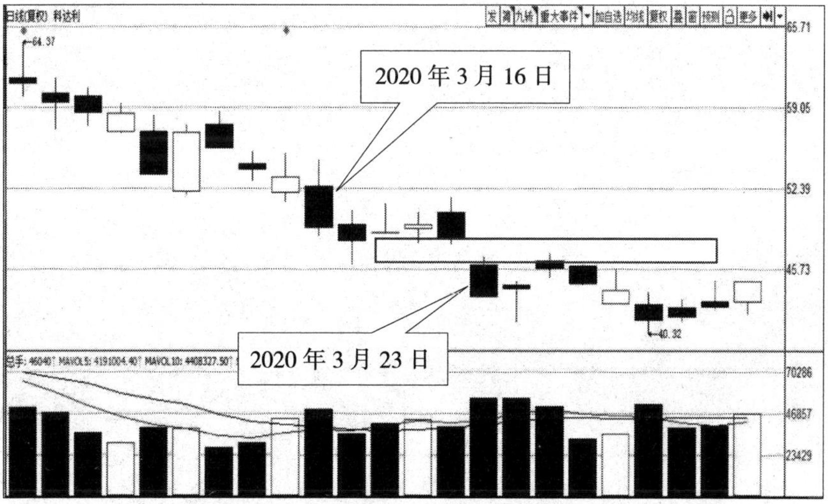

图 4–37 科达利（002850）日 K 线走势图

如图 4-37 所示，科达利的股价经过一波快速下跌之后，2020 年 3 月 16 日以 -8. 08% 的跌幅收盘。由于股价连续下跌多日，此后出现短暂的盘整，股价很难继续扩大跌幅。

2020 年 3 月 18 日和 3 月 19 日，该股出现一定的涨幅，给人一种盘整还将继续的感觉；到了 3 月 23 日，该股股价跳空低开低走。至此，低价位跳空形态正式确立，说明该股经过多日的调整，已经具备了继续下跌的动能，未来继续看跌，手中仍持有股票的投资者宜清空仓位。

第五章

K 线整理形态及突破方向

很多时候，股价的上行与下跌都不是一蹴而就的，而是经过一个漫长的过程完成的。在阶段顶部或底部区域时，经常会形成一些特殊的整理形态，如W底形态、头肩顶形态等。通常情况下，这些整理形态发出交易信号的准确性，要大大强于简单的K线组合。

第一节　K 线底部形态精析

股价的筑底过程大多不会一帆风顺。很多时候，主力也需要在底部区域将散户的意志耗尽，然后趁机收集廉价筹码。不过，当一些经典的底部形态出现时，投资者就可以放心地入场并等待股价上扬了。

一、V 形底及其买点

V 形底，又称尖底，是一种非常经典的底部形态。该形态是伴随着主力快速打压和快速拉升出现的，整个 K 线的走势近似一个 V 形。如图 5-1 所示。

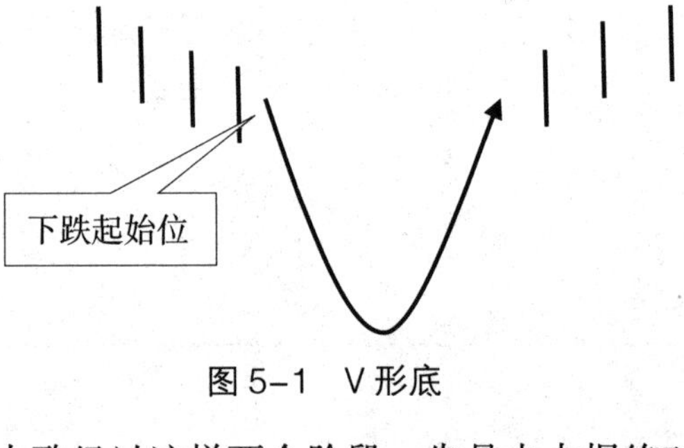

图 5-1　V 形底

V 形底的形成大致经过这样两个阶段：先是由占据绝对优势的空方率先发难，连续大幅向下打压股价，多方节节败退；不过，由于股价下跌速度过快，很多投资者还没有来得及卖出股票，因此多方突然发起反攻，快速向上拉升股价，成交量也会随之放大。当股价重新回到 V 形底下跌起始位时，就是多方重新占据主动的时候，股价未来继续走高的概率很大。

1. 操作策略

V形底的具体交易含义如下。

第一，在V形底形成过程中，股价下跌速度非常快，这也是下跌动能充分释放的一种表现，因此，当股价恢复上攻时，也就说明多方取得了主动，股价继续上攻无忧。

第二，股价自底部反向上涨至下跌起始位后，由于多方动能已经释放了一部分，空方也会获得一定的反攻机会，因而可能会遭到空方一定的打压，因此，在该位置附近可能会出现一定的争斗，股价也会出现一定的波动与盘整，从而形成V形底的扩展形态，如图5-2所示。

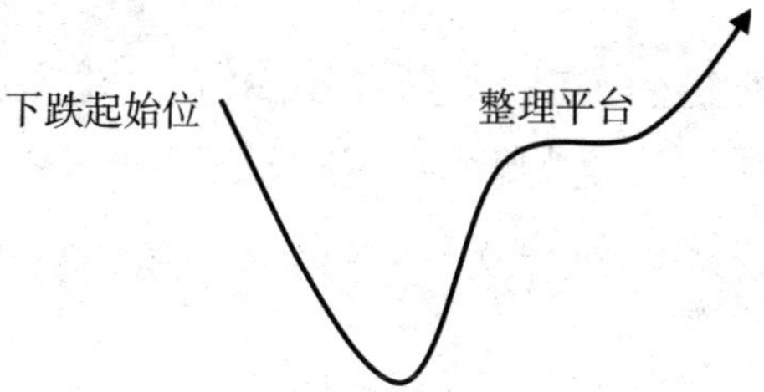

图5-2　V形底扩展形态

当然，股价经过一段时间的整理后，一旦恢复上攻，其攻势可能会更猛，投资者可积极追涨入场。

第三，通常情况下，V形底形态的最低价就是最佳的止损位。股价一旦跌破此位置，说明该形态失败，投资者应执行止损操作。

第四，V形底形成过程中，股价下跌时，成交量大多会呈现萎缩态势；当股价反向上攻时，成交量会同步放大。上攻时成交量越大，未来股价上攻的幅度和可能性也越大。当然，也不能出现天量，否则可能因为后续成交量无法持续放大，导致上升势头被打乱。

2. 实战参考

下面来看一下安妮股份的案例。

如图5-3所示，2020年5月到7月，安妮股份的日K线图上出现了V形底形态。

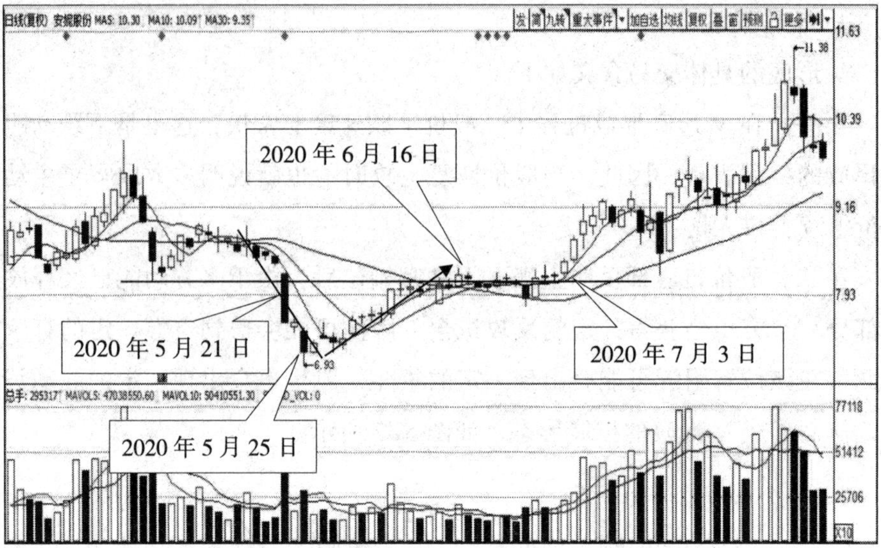

图 5-3　安妮股份（002235）日 K 线走势图

安妮股份的股价从 2020 年 2 月下旬开始下跌，2020 年 5 月中旬进入振荡筑底阶段。

2020 年 5 月 21 日，该股收出一根大阴线，多空双方的平衡被打破，股价开始快速下跌。

2020 年 5 月 25 日，该股收出一根下影线很长的阴线，说明下方有强大的买盘支撑，预示行情有可能反转。

此后，该股启动了一波上升行情。6 月 16 日，当股价上升至 V 形底下跌起始位附近时，股价重新开始横向振荡，形成了一个近似 V 形底扩展形态。到了 2020 年 7 月 3 日，该股收出一根中阳线，该阳线向上突破了多条均线，且成交量出现放大态势，预示着股价的振荡将要结束，股价已经完成了筑底走势，未来反弹向上的概率很大，投资者宜积极买入该股。

二、W 形底及其买点

W 形底，又称双底，由一系列在底部区域排列似 W 形的 K 线组成。股价在筑底过程中，出现了一次反复的动作，即股价杀跌触底反弹后又重新下跌，并再度被拉升，股价运行的路线就像是一个英文字母“W”的形态。投资者通过在底部反弹的高点画一条水平直线，就是W底的颈线，股价向上突破颈线，标志着W底成立。如图5-4所示。

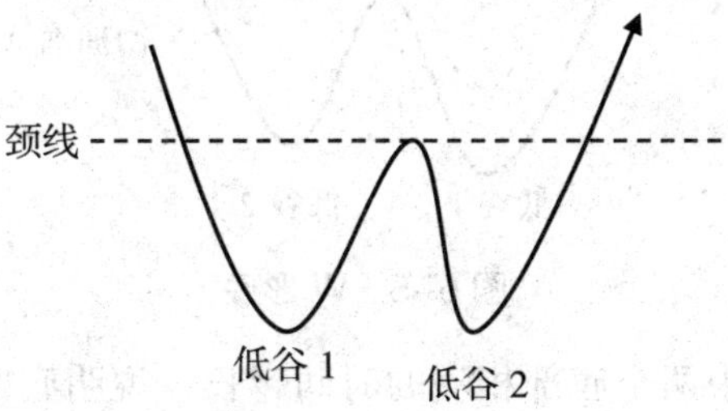

图5-4 W形底

W形底的形成过程一般都需要经历这样几个阶段：股价在第一波筑底过程中经历了短暂的振荡调整，做空动能获得了释放，此后多方反击并向上拉升股价；紧接着，空方经过短暂的休整后，再度发力向下打压股价。不过，此时空方已经无力将股价打压至更低的底部，多方则顺势再度向上拉升股价并彻底走出底部区域。此后，股价迎来一波新的上升行情。

1. 操作策略

W形底的具体交易含义如下。

第一，W形底形态是较为可靠的行情反转信号。出现该形态说明股价筑底完成，未来股价上涨的概率极大。股价向上突破颈线的时候，就是该股的最佳买入时机。

第二，在W底形态中，第二个底形成后，随着股价的上升，若成交量同步放大，投资者亦可提前买入股票，当然，同时还要控制好仓位，并随时做好止损撤出的准备。

第三，W底形态中，若股价向上突破颈线时成交量同步放大，则未来股价继续上升的概率很大。

第四，W底形态中，颈线位对股价具有一定的阻力作用，而当股价向上突破颈线后，颈线的阻力作用就会演变为支撑作用。其后，若股价上攻遇阻而出现回调，那么，股价回调至颈线位时，就会因受到颈线的支撑而再度上攻，如图5-5所示。

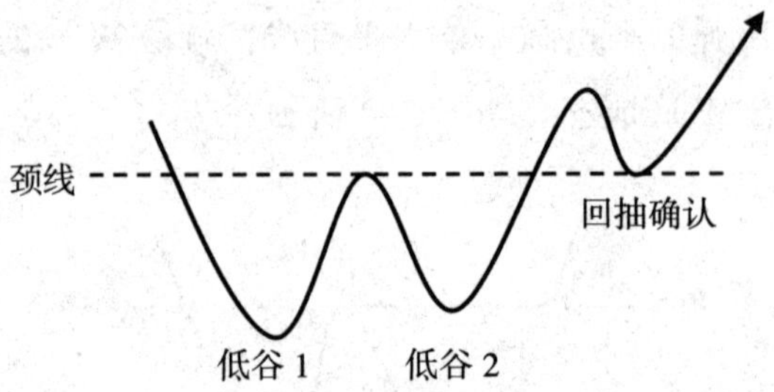

图 5–5　W 形底

第五，W 形底中两个底部相隔的时间越长，说明底部换手越充分，未来上行的概率越大。

第六，W 形底中，若第二个底的成交量小于第一个底，而第二个底部的位置高于第一个底，则看涨信号更为强烈。

第七，股价经过一段时间的上涨后进入高位区域，若此时出现 W 底形态，则不宜按照底部形态操作，而应该按照矩形整理形态操作。

2. 实战参考

下面来看一下幸福蓝海的案例，如图 5–6 所示。

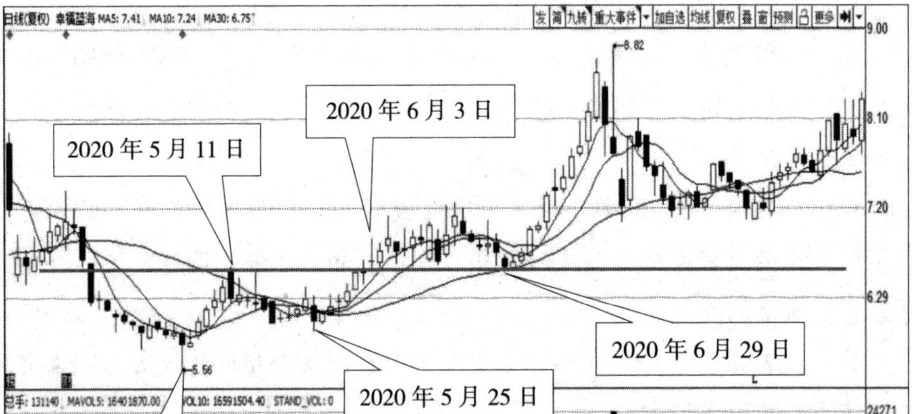

图 5–6　幸福蓝海（300528）日 K 线走势图

如图 5-6 所示，2020 年 4 月下旬到 2020 年 6 月下旬，幸福蓝海的日 K 线图上出现了 W 形底形态。

2020 年 4 月 28 日，处于下跌行情中的幸福蓝海收出一根下影线很长的阴线，并创出近期最低价 5. 56 元，然后股价开始回升，从而形成了第一个低谷。这一回升持续的时间并不长，2020 年 5 月 11 日，该股上升遇到阻力，重新开始下跌。

2020 年 5 月 25 日，该股收出一根带下影线的中阴线，然后再次开始回升，从而形成了第二个低谷。这个低谷的低点要高于前一个低谷的低点，即二次探底不破低价。观察第二个底部的成交量可知，第二个底部的成交量比第一个底部萎缩还要严重。当股价触底反弹后，成交量同步放大，激进的投资者可考虑先少量入场。

2020 年 6 月 3 日，该股股价突破了颈线位置，W 形底构筑完成。这是一个明确的买入信号，稳健的投资者可以在当天放心买入。其后该股出现了回调，但在 6 月 29 日股价回调至颈线位置时，因受到支撑而再度上涨，此时投资者可加仓买入。

三、三重底及其买点

三重底形态由一系列在底部区域排列的有三个低点的 K 线组成。从一般意义上来说，三重底是比 W 形底更加坚实的底部形态。股价进入底部区域后，经过连续三次打压、两次反弹和三次拉升，才将空方实力耗尽。投资者通过在底部反弹的两个高点画一条直线，就是三重底的颈线。股价向上突破颈线，标志着三重底成立。如图 5-7 所示。

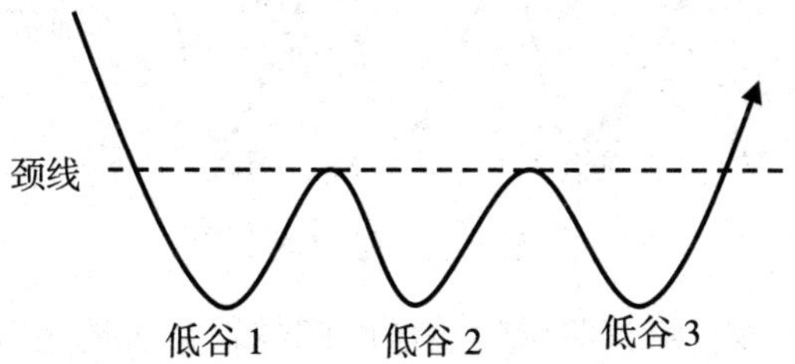

图 5-7　三重底

从本质上来说，三重底形态就是 W 形底形态的一种扩展形态，不过，三重底形态比 W 形底形态更加坚实，未来股价上攻的可能性也更大。

三重底形态的形成大致经过了这样的过程：先是空方已经掌控了全局并开始向下打压股价，多方节节败退；此后，多方积蓄力量连续进行了两次反扑，但均因不敌空方而败退。直至第三次，多方才开始掌握主动，并成功向上突破了三重底的颈线位。此后，股价迎来一波上升行情。

1. 操作策略

三重底形态的具体交易含义如下。

第一，三重底形态是较为可靠的行情反转信号。出现该形态说明股价筑底完成，未来股价上涨的概率极大，股价向上突破颈线的时候，就是该股的最佳买入时机。

第二，三重底形态中，第三个底形成后，随着股价的上升，成交量同步放大，投资者亦可提前少量买入股票，并做好止损的准备。

第三，三重底形态中，若股价向上突破颈线时成交量同步放大，则未来股价继续上升的概率很大。

第四，三重底形态中，颈线位对股价具有一定的阻力作用，而当股价向上突破颈线后，颈线的阻力作用就会演变为支撑作用。其后，若股价上攻遇阻出现回调，那么，股价回调至颈线位时，可能会受到颈线的支撑而再度上攻。如图 5–8 所示。

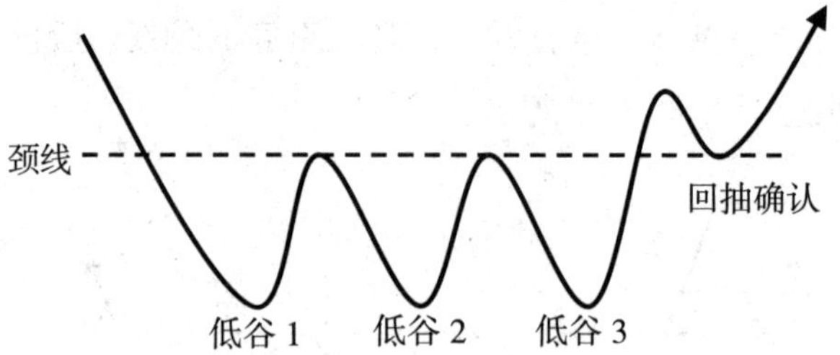

图 5–8　三重底

第五，三重底形态中，股价筑底的时间越长，说明底部换手越充分，未来上行的概率越大。

第六，三重底形态中，若第三个底的成交量小于前几个底，而第三个底部的位置高于前几个底，则看涨的信号更为强烈。

2. 实战参考

下面来看一下扬杰科技的案例，如图 5-9 所示。

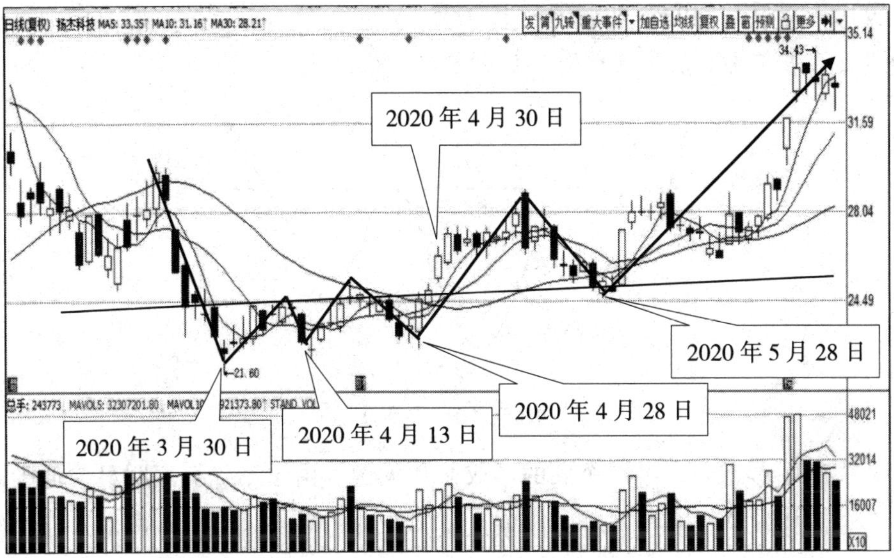

图 5-9　扬杰科技（300373）日 K 线走势图

如图 5-9 所示，2020 年 3 月到 5 月，扬杰科技的日 K 线图上出现了三重底形态。

扬杰科技的股价在 2020 年 3 月下旬明显出现了加速下跌迹象。之后，该股分别于 3 月 30 日、4 月 13 日、4 月 28 日三次探底反弹。第三次反弹时，成交量出现了明显放大，激进型投资者可考虑少量跟进。与此同时，投资者可将股价两度反弹的高点连接在一起画出一条颈线。

2020 年 4 月 30 日，该股股价经过一段时间的盘整后放量向上突破了颈线位置。至此，三重底形态正式成立，投资者可考虑跟进。

完成突破后，扬杰科技的股价出现了小幅回抽。2020 年 5 月 28 日，该股获得支撑重新开始向上运行，这充分证明了突破的有效性。此时，投资者如果仍有资金，可加仓买入。

四、头肩底及其买点

从某种意义上来说，头肩底就是三重底的一种特殊表现形式。与三重底相比，头肩底三个底中，中间的底要明显低于其他两个，这样中间的低谷就形成了头肩底形态的“头部”，其他两个底部分别为“左肩”和“右肩”。通过在底部反弹的两个高点画一条直线，就是头肩底的颈线，股价向上突破颈线，标志着头肩底形态成立。如图 5-10 所示。

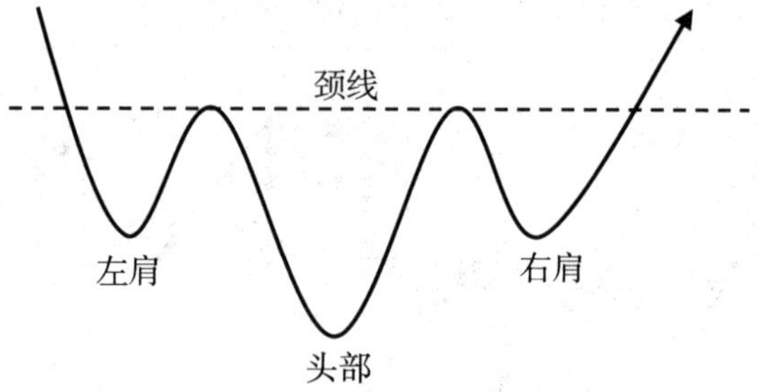

图 5-10　头肩底

头肩底形态中，第二个底的形成非常关键。由于第二个底明显要低于第一个底，这就给很多投资者以假象，认为股价已经进入了下跌趋势，因而纷纷抛出手中的筹码，主力想要的恰恰就是这个结果。随后股价又经历了一波反弹与回调，这又极大地消耗了持仓者的信心，很多人会在黎明前选择放弃持股，此后股价却迎来一波新的上升行情。

1. 操作策略

头肩底形态的具体交易含义如下。

第一，头肩底形态是较为可靠的行情反转信号。出现该形态说明股价筑底完成，未来股价上涨的概率极大。股价向上突破颈线的时候，就是该股的最佳买入时机。

第二，头肩底形态中，第三个底形成后，随着股价的上升，成交量同步放大，投资者亦可提前买入股票。

第三，头肩底形态中，若股价向上突破颈线时成交量同步放大，则未来股价继续上升的概率很大。

第四，头肩底形态中，颈线位对股价具有一定的阻力作用，而当股价向上突破颈线后，颈线的阻力作用就会演变为支撑作用。其后，若股价上攻遇阻出现回调，那么，股价回调至颈线位时，可能会受到颈线的支撑而再度上攻。如图 5-11 所示。

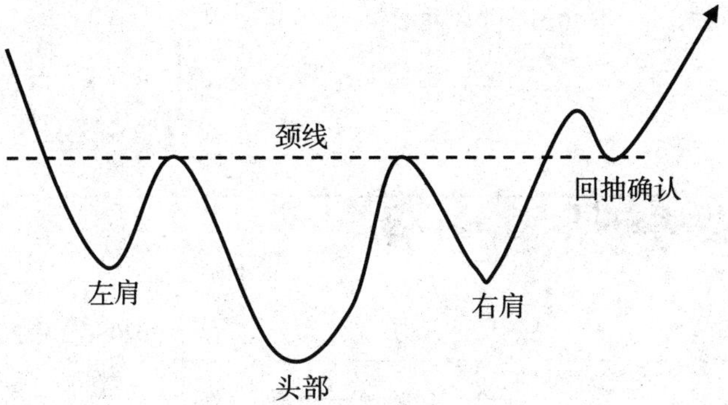

图 5-11　头肩底的扩展形态

第五，头肩底形态中，股价筑底的时间越长，说明底部换手越充分，未来股价上行的概率越大。

第六，头肩底形态中，若第三个底的成交量小于前几个底，而第三个底部的位置高于前几个底，则看涨的信号更为强烈。

第七，头肩底形态可能演变成多个头部或多个肩部形态，但是其基本的技术含义并没有改变，不影响作为头肩底形态来进行研判。

2. 实战参考

下面来看一下中海达的案例。

如图 5-12 所示，2020 年 4 月到 7 月，中海达的日 K 线走势图上出现了头肩底形态。

2020 年 3 月中旬，中海达进入到下跌行情中。

2020 年 4 月 2 日，该股股价开始向上反弹，从而形成了头肩底的左肩。

经过几个交易日的短暂反弹后，中海达又出现下跌。2020 年 4 月 28 日，该股创出近段时间的最低价 7. 38 元，然后探底反弹，形成一个头部形态。

这次该股涨到上一次反弹的高度附近又出现了回落，经历了几个交易日的下跌后，该股第三度向上反弹。这一低点高于头部位置，从而形成了头肩底的右肩。

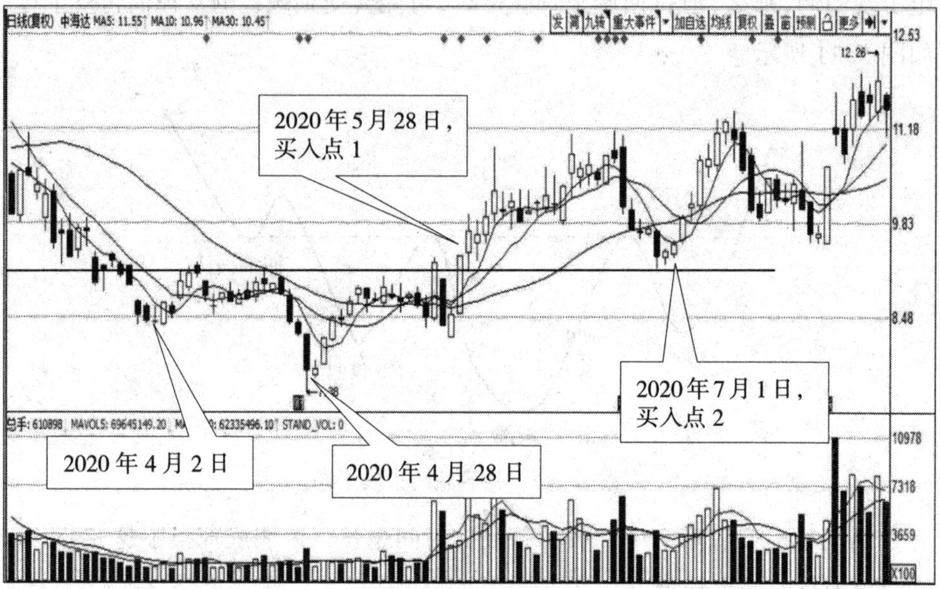

图 5-12 中海达（300177）日 K 线走势图

2020 年 5 月 28 日，该股股价突破了阻力线（即头肩底的颈线），至此，头肩底形态构筑完成，第一个买入点出现，投资者应在当日考虑买入。

此后，该股股价经过一段时间的上涨后出现回调走势。2020 年 7 月 1 日，股价回抽到颈线附近重新启动上涨程序，这是对头肩底形态的确认，也是较为明显的第二个买入点。这时，之前没有介入的投资者应该果断建仓，已经持股的投资者可以考虑加仓买入。

五、潜伏底及其买点

潜伏底形态由位于底部区域的一系列波动幅度很小的 K 线组成。股价在底部波动过程中，波动的高点会形成一个压力线，波动的低点会形成一个支撑线，且整个底部的成交非常清淡。当股价向上突破压力线时，成交量往往会同步放大，意味着股价将会发动一波上升行情。如图 5-13 所示。

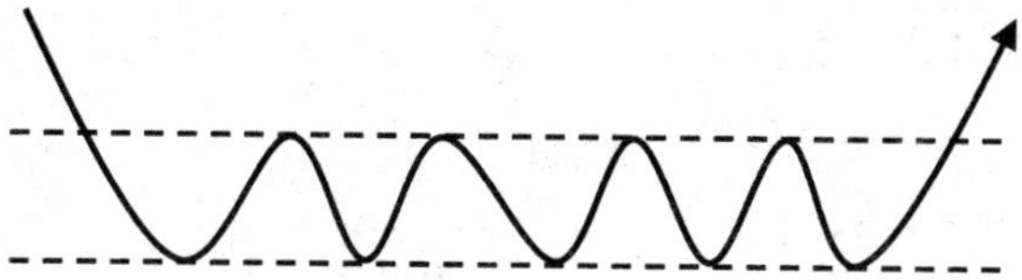

图 5-13 潜伏底

潜伏底形态中，先是空方掌控着全局并开始向下打压股价，多方节节败退；随着股价大幅走低，持有股票的投资者不愿意再以极低的价格卖出股票，空方力量开始衰退。此后，多空双方的力量陷入均衡状态，谁也无法取得绝对的优势。多方经过一段时间的准备，积累了足够的反弹力量后，发力向上拉升股价，空方无力再与多方争斗，此后股价迎来了一波快速上升行情。

1. 操作策略

潜伏底形态的具体交易含义如下。

第一，通常情况下，潜伏底持续的时间比较长，且持续的时间越长，未来股价的涨幅越大。

第二，潜伏底的压力线是一条重要的参照线。当股价向上突破压力线时，意味着股价的上涨行情将会到来，投资者宜于此时建仓该股。

第三，潜伏底形成过程中，若成交量呈萎缩状态，当股价向上突破压力线时，成交量明显放大，则可增加股价上涨的可能性。

2. 实战参考

下面来看一下汇金科技的案例。

如图 5-14 所示，2020 年 3 月到 6 月，汇金科技的日 K 线图上出现了潜伏底形态。

2020 年 3 月 25 日，汇金科技的股价自高点回落。3 月 30 日，该股在前日跌停的基础上再度拉出大阴线，此后，该股开始了横盘整理走势。这一整理态势一直持续到2020年6月，在K线图上形成了一条横带状的潜伏底走势。

2020 年 6 月 23 日，该股以放量上涨的方式突破了潜伏底的压力线，预示后市将有一波可观的上涨行情，投资者应果断买入。之后该股开始上涨，成交量也逐步放大，最终出现了一波快速拉升行情。

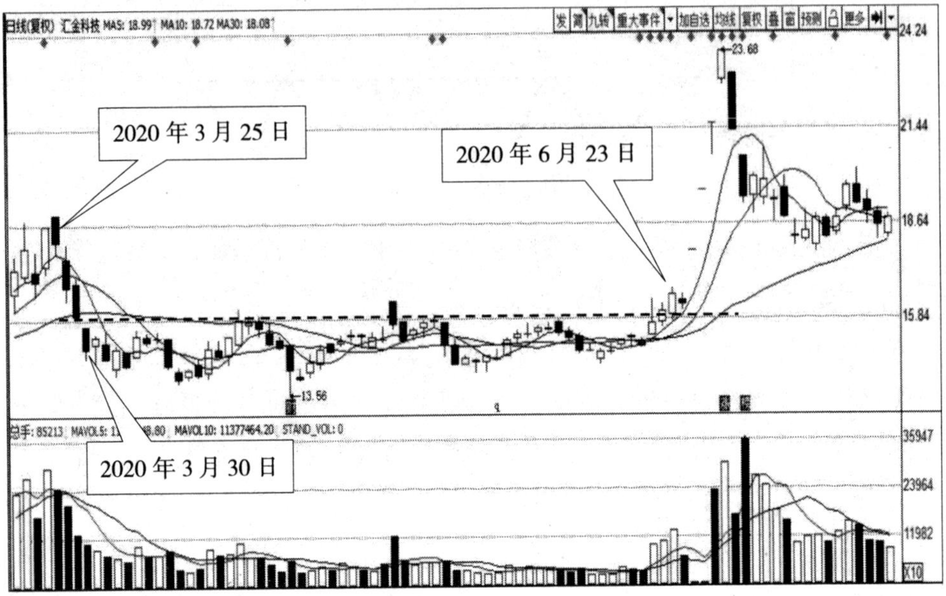

图 5-14　汇金科技（300561）日 K 线走势图

六、圆弧底及其买点

圆弧底形态由位于底部区域的一系列呈圆弧形排列的 K 线组成。股价在底部振荡过程中，先是经历由高到低的过程，此后又出现由低到高的走势，股价运行的路径近乎于一个弧形。当股价运行至弧形的上沿位置时，出现加速上涨迹象，标志着圆弧底正式确立，如图 5-15 所示。

图 5-15　圆弧底

圆弧底形态中，先是空方掌控着全局并开始向下逐级打压股价，多方不断后撤；随着股价逐渐走低，持有股票的投资者不愿意再以极低的价格卖出股票，空方力量开始衰退，多方力量不断增强，股价由跌势转为升势。此后，多方力量越来越强，上升的幅度越来越大。当股价走出圆弧底形态后，多方开始占据绝对优势，并迅速大幅拉升股价。

1. 操作策略

圆弧底的具体交易含义如下。

第一，通常情况下，形成圆弧底形态的时间都比较长。形成圆弧底形态的时间越长，说明底部区域的换手越充分，未来股价上升遇到的阻力将会越小，股价上升的可能性越大。

第二，圆弧底形态与 V 形底或头肩底形态不同，它没有一个明确的股价上升启动点，投资者可在股价由跌势转为升势时执行买入操作，亦可在股价向上突破圆弧底下跌起始位时执行买入操作。

第三，圆弧底形态中，若股价下跌阶段成交量逐渐萎缩，而当股价由跌势转为升势后，成交量逐渐上升，则意味着未来股价继续上升的可能性更大。

第四，投资者按照圆弧底形态买入股票后，若股价不涨反跌，股价跌破圆弧底最低点时可执行卖出止损操作。

2. 实战参考

下面来看一下华测导航的案例，如图 5-16 所示。

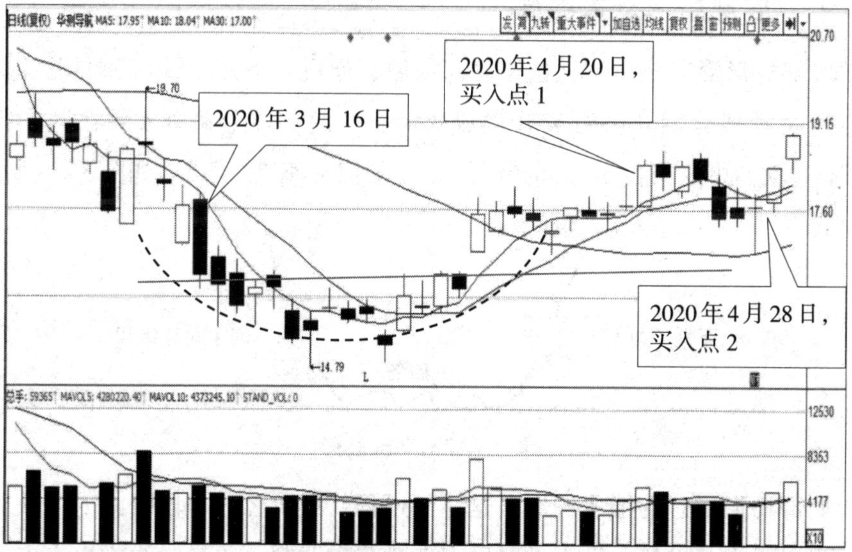

图 5-16　华测导航（300627）日 K 线走势图

如图 5-16 所示，华测导航的股价走势于 2020 年 3 月到 4 月形成了圆弧底形态。

2020 年 2 月底，华测导航的股价开始进入到下跌通道。2020 年 3 月 16 日，该股高开低走收出一根大阴线，随后股价开始振荡下跌。

2020 年 3 月 24 日，该股股价一度下跌至 14.79 元，随后该股振荡走高。从 24 日探底开始，股价一步一步振荡上扬，股价 K 线以小阳线和小阴线为主，形成了一个类似圆弧形的底部。此时，投资者应该密切关注股价的运行动态，一旦股价突破底部区域则可买入。到了 4 月 9 日前后，该股股价到达圆弧底下跌起始位附近时，股价明显受到了阻力，开始进入横向振荡，此时投资者可暂不入场，继续保持关注。

2020 年 4 月 20 日，该股放量上攻，表明股价开始加速上升。这是稳健型投资者介入的良机，投资者可以把握时机建仓。前期已购买股票的投资者，也可以利用这一时机进行加仓操作。

2020 年 4 月 28 日，华测导航的股价回调至圆弧底上沿支撑位区域，因受强支撑而再次上涨，投资者可在此时加仓。

七、底部岛形及其买点

底部岛形形态是由一组位于底部区域、通过向下跳空缺口和向上跳空缺口与其他 K 线分割开来的 K 线构成的形态，而且两个缺口大致在同一价位区域，这就使得这组位于底部区域的 K 线形似一座“孤岛”。如图 5-17 所示。

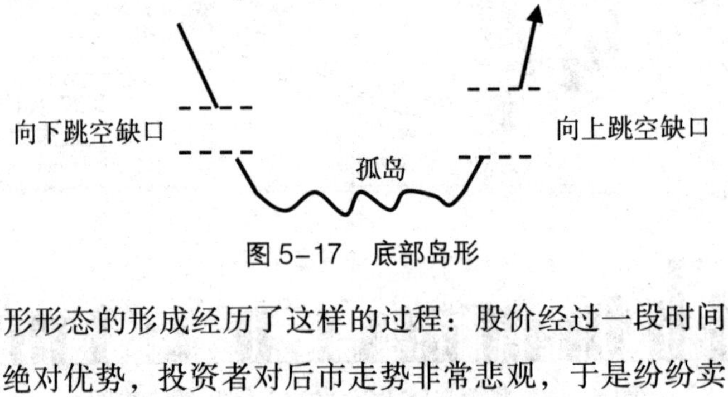

图 5-17　底部岛形

底部岛形形态的形成经历了这样的过程：股价经过一段时间的下跌后，空方掌握了绝对优势，投资者对后市走势非常悲观，于是纷纷卖出手中的股票，股价出现大幅低开，甚至出现一字线跌停板，从而形成了一个向下的跳空缺口。此后，由于做空动能已经得到充分的释放，空方无力继续打压股价，股价在底部出现了振荡调整。随后，投资者看到股价下跌趋势已经得到遏制，未来有反弹向上的可能，于是纷纷入场买入股票，因而股价出现大幅高开，甚至出现一字线涨停板，从而形成一个向上跳空的缺口。此后，股价开启了一波快速上升走势。

1. 操作策略

底部岛形形态的具体交易含义如下。

第一，底部岛形形态是一个非常特殊的底部形态，具有较强烈的看涨意义。当底部岛形出现时，往往意味着股价将会出现一波上升行情。

第二，底部岛形出现后，向上跳空缺口将会成为股价上升的一个重要支撑位。若股价出现回调，遇缺口支撑重新上升时，投资者可考虑加仓买入；若股价完成对缺口的回补，则意味着缺口的支撑无效，未来股价有下行风险。

第三，底部岛形中，形成向上跳空缺口时往往会伴随有较大的成交量。若成交量较小，则反转形态有失败的风险。

第四，底部岛形中，两个缺口之间的K线若形成V形底部，则未来股价上涨的概率更大。

2. 实战参考

下面来看一下运达股份的案例。

如图5-18所示，2020年6月到7月，运达股份的日K线图上出现了底部岛形形态。

2020年6月初，运达股份的股价开始走低。6月12日，该股低开低走，在K线图上留下了一根带下影线的大阴线，且这根阴线与之前的阴线形成了一个巨大的缺口。

之后该股进入整理行情。

2020年7月初，该股出现明显的上涨迹象。7月6日，该股股价跳空高开高走，在K线图上留下了一根阳十字线，且该阳线与之前的K线形成了一个向上跳空缺口。至此，底部岛形正式成立。看到这种情形，投资者应该在 2020 年 7 月 6 日执行买入操作。

此后，该股经过一段时间的振荡整理后，出现了一波上升走势。

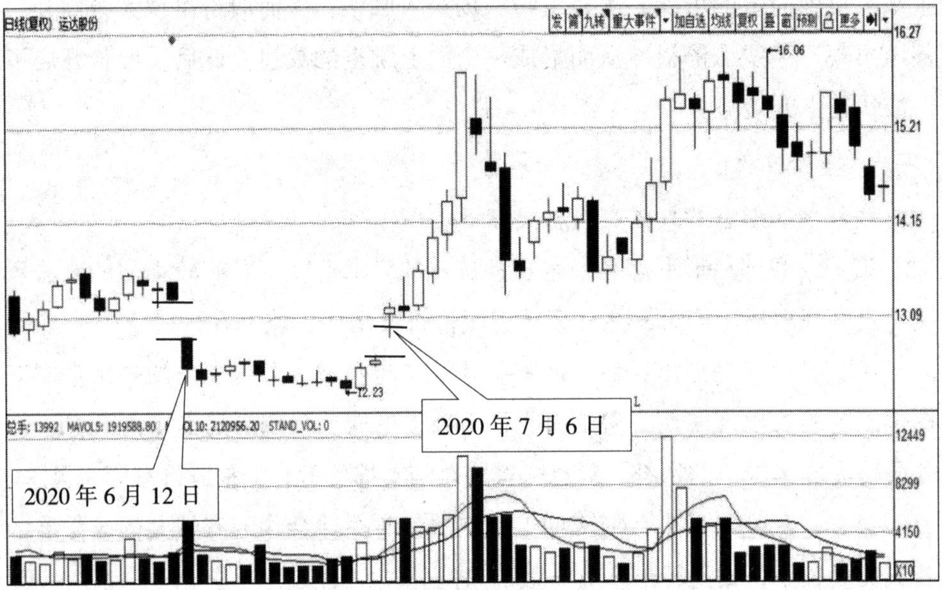

图 5-18　运达股份（300772）日 K 线走势图

第二节　K 线顶部形态精析

出现顶部形态，都是主力为了顺利出货而刻意制造的，目的无非是希望散户继续持有股票。但是，当一些经典顶部形态出现时，投资者还是要及时出清手中的股票，因为这些形态的有效性已经被检验太多次了。

一、倒 V 形顶及其卖点

倒 V 形顶，又称尖顶，是一种与 V 形底相对的形态，由一系列在顶部区域排列似倒 V 形的 K 线组成。主力的急攻快退，是该形态出现的根本原因，也正因为如此，才会在K线图上留下一个形似倒“V”字的顶部形态。如图5-19所示。

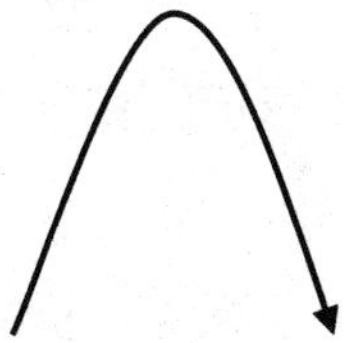

图 5-19　倒 V 形顶

倒 V 形顶的出现，大致经历这样一个过程：先是多方已经掌控了全局并开始猛烈向上拉升股价，空方节节败退。随着股价大幅走高，持币者不愿意再以极高的价格买入股票，此时，空方开始趁势反击，快速向下打压股价。当股价重新回到倒 V 形顶上升起始位时，往往也是空方收复失地之时。这种情况说明空方已经掌控了整个局势，未来股价继续下跌的可能性非常大。

1. 操作策略

倒 V 形顶的具体交易含义如下。

第一，股价经过一段时间的上升后走出倒 V 形顶形态，说明股价上涨动能被充分释放，未来走低的可能性很大，投资者宜执行卖出操作。

第二，股价自倒 V 形顶反向下跌至上升起始位后，可能会有承接资金入场接盘，并在该位置持续振荡整理一段时间后再度下跌，形成倒 V 形顶的扩展形态，如图 5-20 所示。

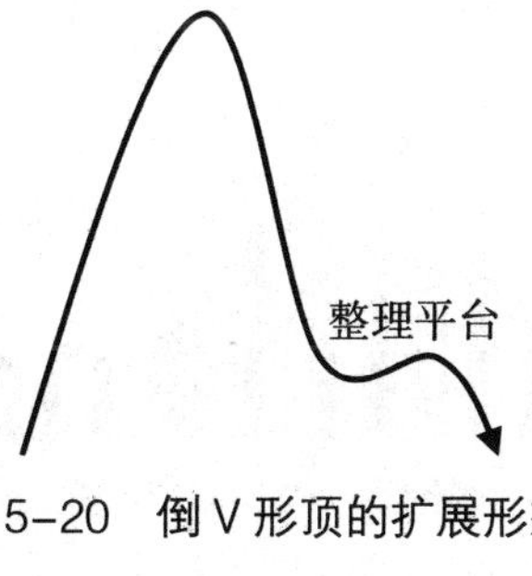

图 5-20　倒 V 形顶的扩展形态

形成倒 V 形顶扩展形态，是因为股价经过急涨急跌后，主力仍有部分筹码需要出清，另外一些投资者仍想象股价继续上攻，因而入场买入股票。股价整理结束，也就是主力彻底完成出货之时，股价往往会重新开启下跌通道。当然，有时候这个整理平台并不会出现。

第三，倒 V 形顶形态的顶端是一个重要的参照位。倒 V 形顶形成后，若股价不跌反涨，向上突破倒 V 形顶的高点，则意味着形态失败，未来股价有继续走高的可能。

第四，通常情况下，倒 V 形顶形成过程中，股价上涨时，成交量会呈现放大态势；当股价反向下跌时，成交量会萎缩。若股价下跌时成交量仍然持续走高，未来股价下跌的幅度可能更大。

第五，出现倒 V 形顶形态之前，若股价已经经历了一段较长时间的上涨，则倒 V 形顶的反转意义更为明确。相反，若股价在低位出现倒 V 形顶形态，则反转意义较淡。

2. 实战参考

下面来看一下中海达的案例，如图 5-21 所示。

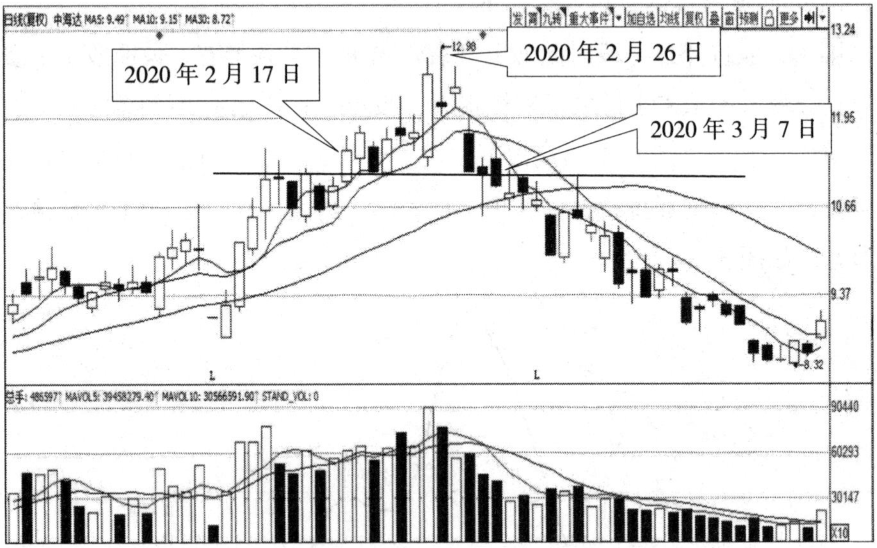

图 5-21　中海达（300177）日 K 线走势图

如图 5-21 所示，2020 年 2 月到 3 月期间，中海达的日 K 线图上出现了倒 V 形顶形态。

中海达在 2020 年 2 月中旬结束了横盘整理走势，重新进入上升通道。

2020 年 2 月 17 日，中海达以一根中阳线吹响了加速上升的号角。此后，该股出现了一波快速上升走势。

2020 年 2 月 26 日，中海达低开高走，在创出近期新高后反转向下，最终收出一根高位十字线。此后，该股股价反转向下运行。之后几个交易日，该股股价下跌态势不减，到 3 月 7 日，该股股价更是跌破了股价上涨加速位置，标志着倒 V 形顶形态完成。

投资者应该在开始快速下跌时果断离场，以免蒙受损失。

二、M 形顶及其卖点

M 形顶，又称双重顶，与 W 形底相对，是由一系列在顶部区域排列似“M”形的 K 线组成。股价在筑顶过程中形成了两个明显高点，形状就像是一个英文字母“M”的形态。通过在顶部回调的低点画一条水平直线，就是 M 形顶的颈线，股价向下跌破颈线，标志着 M 形顶成立。如图 5–22 所示。

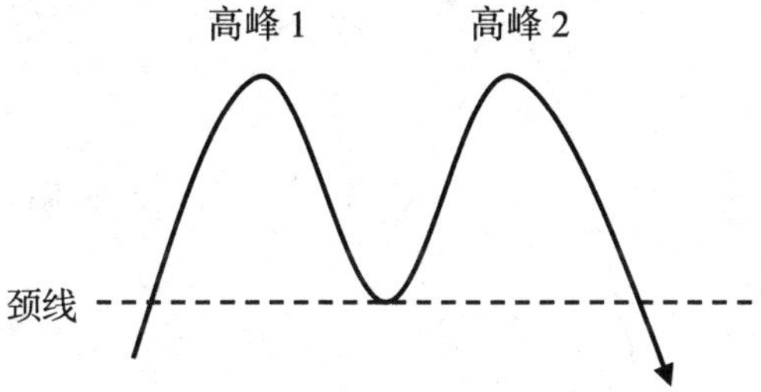

图 5–22　M 形顶

形成 M 形顶大致经过这样一个过程：先是多方已经掌控了全局并向上拉升股价，空方节节败退；随着股价大幅走高，持币者不愿意在高位买入股票，此时，空方开始趁势反击，快速向下打压股价；不过，多方很快卷土重来，先前未入场者纷纷入场买入股票，当股价上涨至先前的顶部区域时，原先未卖出股票者认为此时是一个较佳的卖出时机，于是纷纷清空仓位，空方趁机发动反攻，股价迎来一波新的下跌行情。

1. 操作策略

M 形顶的具体交易含义如下。

第一，M 形顶形态是较为可靠的行情反转信号，出现该形态，说明股价筑顶完成，未来股价下跌的概率极大。股价向下突破颈线的时候，就是该股的最佳卖出时机。

第二， M 形顶形态中，第二个顶形成后，股价拐头出现下跌，投资者亦可提前卖出股票。

第三，M 形顶形态中，股价向下跌破颈线时，并不需要成交量放大相配合。不过，若成交量出现放大，则未来股价继续下跌的概率更大。

第四，M 形顶形态中，颈线位对股价具有一定的支撑作用。当股价向下跌破颈线后，颈线的支撑作用就会演变为阻力作用。其后，若股价下跌遇支撑出现反弹，那么，股价反弹至颈线位时，可能因受到颈线的阻力而再度下跌，如图 5–23 所示。

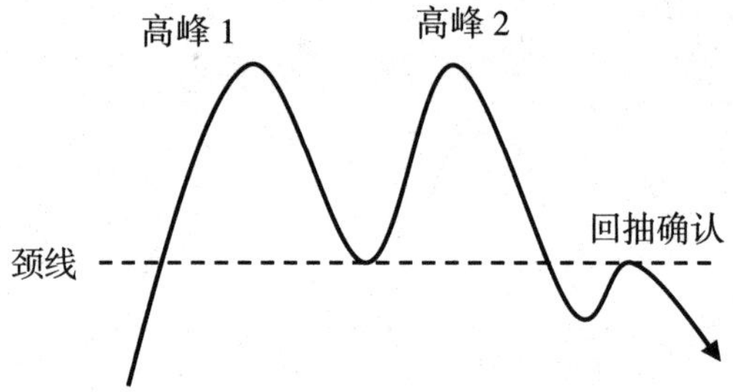

图 5–23　M 形顶

第五，M 形顶中，两个顶部相隔的时间越长，说明顶部换手越充分，未来下跌的概率越大。

第六，股价经过一段时间的下跌后进入低位区域，此时若出现 M 顶形态，则不宜按照顶部形态操作，而应该按照矩形整理形态操作。

2. 实战参考

下面来看一下天富能源的案例。

如图 5–24 所示，2020 年 2 月底到 3 月初，天富能源的日 K 线图上出现了 M 形顶形态。

2020 年 2 月下旬，经过一波小幅持续上攻之后，天富能源开启了新一轮上涨行情。经过一番持续快速上涨，该股于 2020 年 2 月 25 日收出一根上影线很长的中阳线，股价也在创出 3. 77 元的近期新高后开始回落，从而形成了 M 形顶的第一个高峰。

2020 年 2 月 28 日，天富能源的股价在下跌过程中获得支撑而出现反弹。但这次反弹持续的时间较短，3 月 11 日，该股重新开始向下，形成了第二个高峰，不过这次的高峰低于前一个高峰。

2020 年 3 月 16 日，该股股价跌破颈线位置，收出一根大阴线，M 形顶构筑完成，这时投资者应该将仓位全部清空。

需要说明的是，天富能源在从顶部下跌的过程中，并没有出现回抽动作，因此不存在“回抽确认”的卖出点。

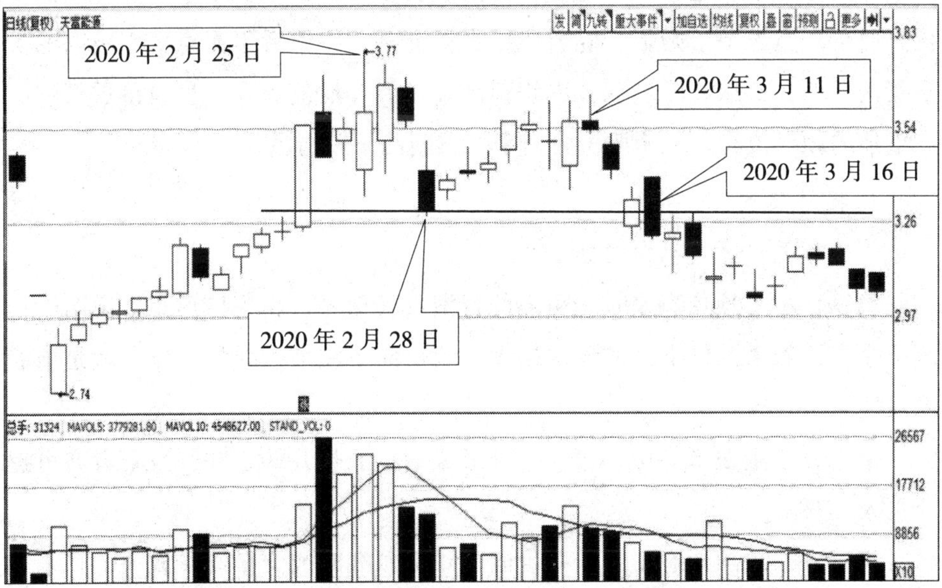

图 5-24 天富能源（600509）日 K 线走势图

三、三重顶及其卖点

从某种意义上来说，三重顶就是 M 形顶的一种延伸，由一系列在顶部区域排列的有三个高点的 K 线组成。投资者通过在顶部回落的两个低点画一条直线，就是三重顶的颈线，股价向下跌破颈线，标志着三重顶成立。如图 5-25 所示。

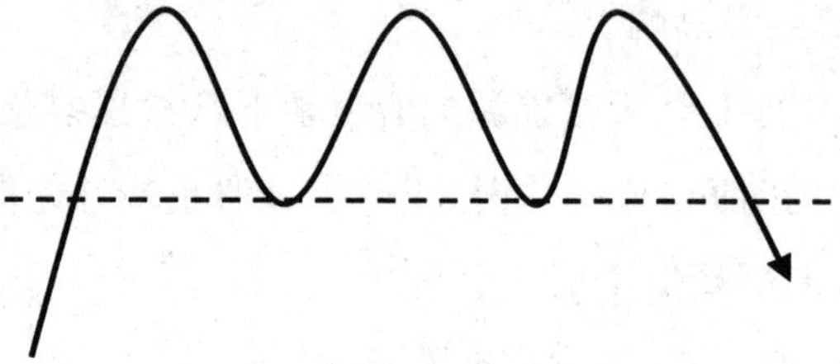

图 5-25 三重顶

相比较而言，三重顶形态比 M 形顶形态更加坚实，未来股价下跌的可能性也更大。

形成三重顶形态大致经过这样的过程：多方已经掌控了全局并开始向上拉升股价，空方节节败退；随着股价大幅上升，持币者不愿意再以极高的价格买入股票，此后，多空双方围绕顶部高点展开反复争夺，当股价重新跌破三重顶的颈线位时，说明股价将迎来一波新的下跌行情。

1. 操作策略

三重顶的具体交易含义如下。

第一，三重顶形态是较为可靠的行情反转信号，出现该形态，说明股价筑顶完成，未来股价下跌的概率极大。股价向下跌破颈线的时候，就是该股的最佳卖出时机。

第二，三重顶形态中，第三个顶形成后，股价开始下跌，投资者亦可提前买入股票。

第三，三重顶形态中，若股价向下跌破颈线时成交量同步放大，则未来股价继续下跌的概率更大。

第四，三重顶形态中，颈线位对股价具有一定的支撑作用。当股价向下跌破颈线后，颈线的支撑作用就会演变为阻力作用。其后，若股价下跌遇支撑出现反弹，那么，股价反弹至颈线位时，可能会受到颈线的阻力而再度下跌。如图 5–26 所示。

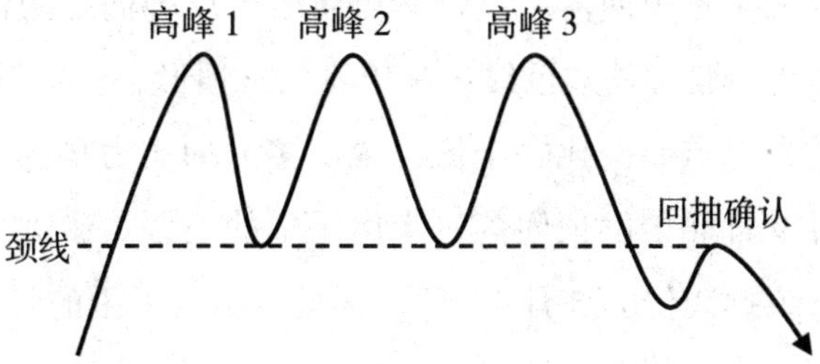

图 5–26　三重顶

第五，三重顶形态中，股价筑顶的时间越长，说明顶部换手越充分，未来下跌的概率越大。

第六，三重顶形态中，若第三个顶的成交量小于前几个底，而第三个顶部的位置低于前几个顶，则看跌的信号更为强烈。

下面来看一下 ST 远程的案例，如图 5–27 所示。

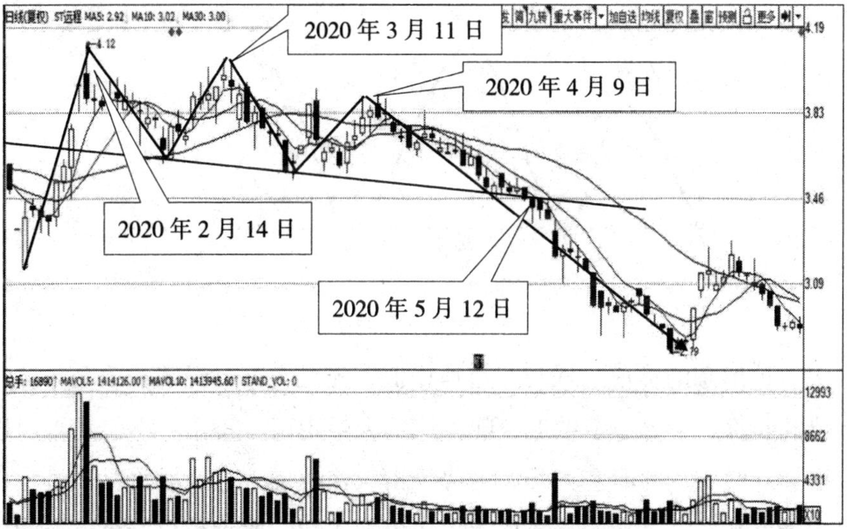

图 5–27　ST 远程（002692）日 K 线走势图

如图 5–27 所示，2020 年 2 月到 5 月，ST 远程的日 K 线图上出现了三重顶形态。

2020 年 2 月，ST 远程的股价随着大盘的反弹出现了一波上攻走势，其后，该股股价进入顶部区域。在顶部区域的波动中，该股分别于 2 月 14 日、3 月 11 日、4 月 9 日三次触顶回落。投资者可将股价反弹向上的低点连接，画出三重顶形态的颈线，股价跌破该线，意味着三重顶形态正式形成。与此同时，该股三个顶点的最高点一个比一个低，说明多方的实力早已不足。保守型投资者最好在 4 月 9 日股价触顶回落时卖出手中的股票。激进型投资者可以等到股价跌破三重顶颈线位的 5 月 12 日，再最后出清手中的筹码。

四、头肩顶及其卖点

头肩顶，与头肩底相对，也可以看成是一种特殊的三重顶。也就是说，在三重顶形态中，若第二个顶的高点远远高于其他两个，那么，该形态就属于头肩顶。这样，中间的高峰就形成了头肩顶形态的“头部”，其他两个顶部分别为“左肩”和“右肩”。通过在顶部回落的两个低点画一条直线，就是头肩顶的颈线，股价向下跌破颈线，标志着头肩顶成立。如图 5-28 所示。

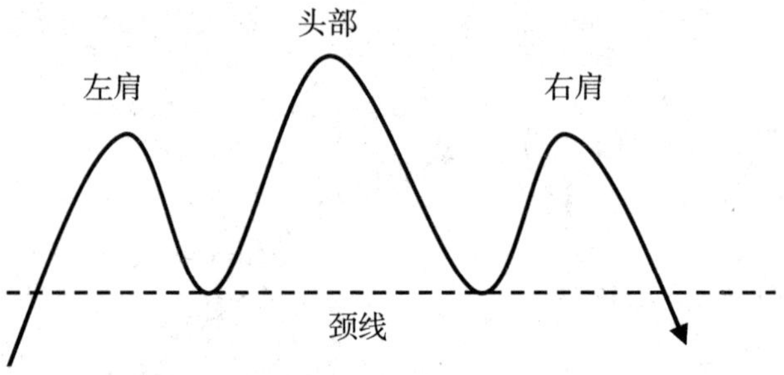

图 5-28　头肩顶

头肩顶形态的形成过程与三重顶相似，先是多方已经掌控了全局并开始向上拉升股价，空方节节败退；随着股价大幅走高，持币者不愿意再以极高的价格买入股票，此时空方开始趁势反击，快速向下打压股价。不过，多方很快卷土重来，且这次的升势比上一次更加凶猛。股价被拉升至更高的位置后，原先未卖出股票者认为此时是一个较佳的卖出时机，于是纷纷卖出股票。这次回落没过多久，股价再次被多方拉升上去，不过，此时市场上很多投资者都相信下跌就在不远处，因而，在股价还未上涨至先前的顶部位置时，卖盘便蜂拥而出，从而推动股价快速下跌。此后，股价迎来一波新的下跌行情。

1. 操作策略

头肩顶形态的具体交易含义如下。

第一，头肩顶形态是较为可靠的行情反转信号，出现该形态，说明股价筑顶完成，未来股价下跌的概率极大。股价向下跌破颈线的时候，就是该股的最佳卖出时机。

第二，头肩顶形态中，第三个顶形成后，股价开始下跌，投资者亦可提前买入股票。

第三，股价的下跌通常并不需要成交量放大相配合。头肩顶形态中，若股价向下跌破颈线时成交量同步放大，则未来股价继续下跌的概率更大。

第四，头肩顶形态中，颈线位对股价具有一定的支撑作用。当股价向下跌破颈线后，颈线的支撑作用就会演变为阻力作用。其后，若股价下跌遇支撑出现反弹，那么，股价反弹至颈线位时，可能会受到颈线的阻力而再度下跌。如图 5–29 所示。

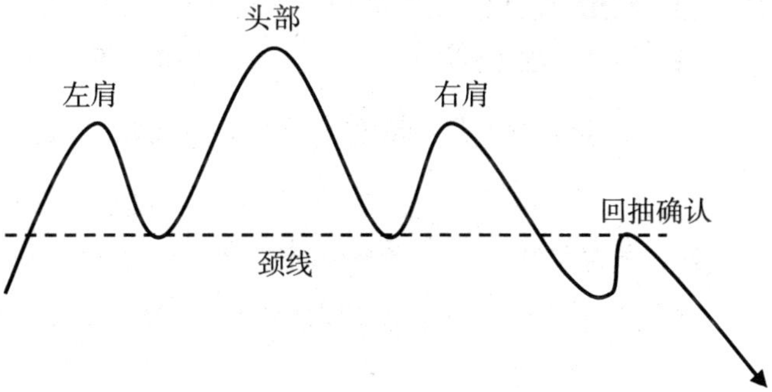

图 5–29　头肩顶的扩展形态

第五，头肩顶形态中，股价筑顶时间越长，说明顶部换手越充分，未来下跌的概率越大。

第六，头肩顶形态中，若第三个顶的成交量小于前几个顶，而第三个顶部的位置低于前几个顶，则看跌的信号更为强烈。

第七，头肩顶形态可能演变成多个头部或多个肩部形态，但是其基本的技术含义并没有改变，并不影响作为头肩顶形态来进行研判。

2. 实战参考

下面看一下星源材质的案例，如图 5-30 所示。

图 5-30　星源材质（300568）日 K 线走势图

如图 5-30 所示，2020 年 1 月到 3 月，星源材质的股价走势图上出现了头肩顶形态。

2020 年 1 月初，星源材质经过剧烈的振荡整理后，重新开启了上涨行情。

2020 年 1 月 14 日，该股股价到达相对高点后回落，从而形成了头肩顶的左肩。

经过几个交易日的短暂调整后，该股再次上冲并于 2 月 19 日创出 24.41 元的新高，之后股价又一次回落，从而形成了头肩顶形态的头部。

其后，该股再次出现反弹走势，不过这次反弹仍然乏力。3 月 9 日，该股再次从高点回落。这时，拥有丰富经验的投资者已经能够研判出股价走势将可能形成头肩顶形态，因此可以在形成右肩的过程及早选择逃顶。

2020 年 3 月 12 日，股价跌破支撑线（颈线），至此，头肩顶形态构筑完成，第一个明确的卖点出现，投资者应该将所持的股票果断出手。

五、潜伏顶及其卖点

潜伏顶，与潜伏底相对，是由位于顶部区域的一系列波动幅度很小的K线组成。股价在顶部波动过程中，波动的高点会形成一条压力线，波动的低点会形成一条支撑线，且整个顶部的成交非常清淡。当股价向下跌破支撑线时，意味着股价将会发动一波下跌行情。如图5-31所示。

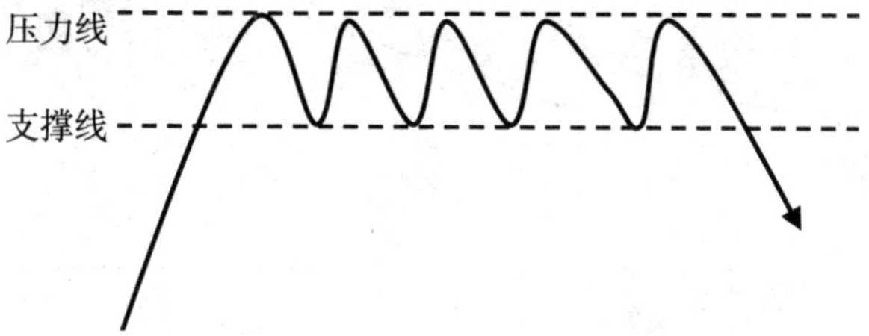

图5-31 潜伏顶

形成潜伏顶形态大致经历了这样的过程：先是多方掌握了主导权，并发力将股价拉升至较高的位置，其后空方开始反击，但力度不大。与此同时，多方也无力继续拉升股价，于是多空双方陷入短暂的力量均衡态势。空方经过一段时间的准备，积累了足够的攻击力量后，发力向下打压股价，多方无力再与空方争斗，此后股价迎来了一波快速下跌行情。

1. 操作策略

潜伏顶的具体交易含义如下。

第一，通常情况下，潜伏顶持续的时间会特别长，且持续时间越长，未来股价的跌幅越大。

第二，潜伏顶的支撑线是一条重要的参照线。当股价向下跌破支撑线时，意味着股价的下跌行情将会到来，投资者宜于此时卖出该股。

第三，股价下跌并不需要成交量放大相配合。潜伏顶形成过程中，若成交量呈萎缩状态，当股价向下跌破支撑线时，成交量又明显放大，那么股价下跌的幅度可能更大。

2. 实战参考

下面来看一下合力泰的案例，如图 5-32 所示。

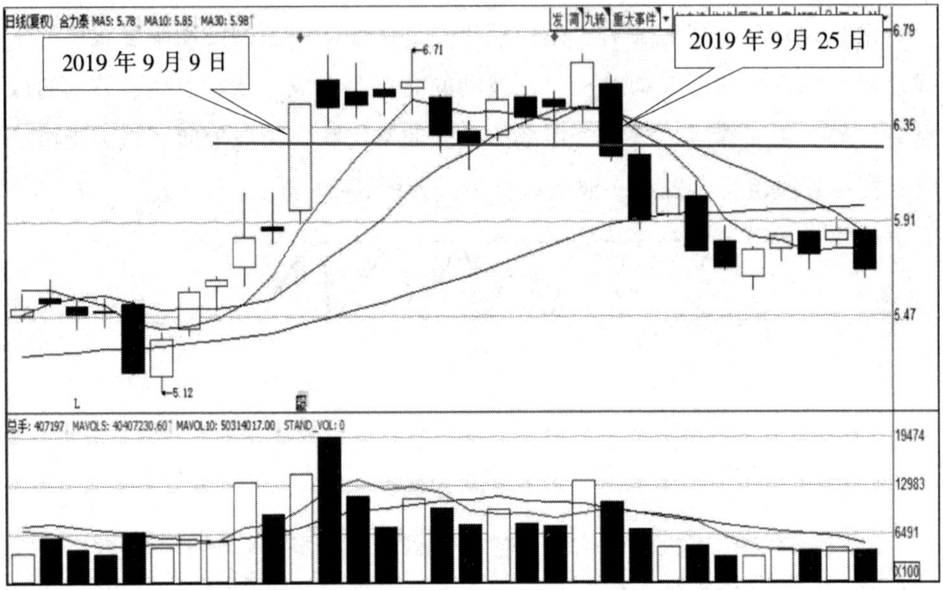

图 5-32　合力泰（002217）日 K 线走势图

如图 5-32 所示，2019 年 9 月，合力泰的日 K 线图上出现了潜伏顶形态。

2019 年 9 月 9 日，合力泰以一根大阳线将股价拉升到顶部区域后开始了横盘整理，这一整理态势一直持续到 9 月下旬，在 K 线图上形成了一条长长的横带状走势。由于这一整理出现在相对高位，后市看空的可能性很大，投资者最好在此期间实施减仓操作。

2019 年 9 月 25 日，横盘已久的合力泰终于打破了平衡，收出一根上影线较长的大阴线。说明潜伏顶形态正式成立，投资者应该把握机会，立即卖出股票。

六、圆弧顶及其卖点

圆弧顶，与圆弧底相对，是由位于顶部区域的一系列呈圆弧形排列的 K 线组成。股价在顶部波动过程中，先是出现一波小幅度的上涨，且越接近顶部，上升速度越慢。接着又出现一波小幅度的下跌，且越向下下跌速度越快，从而形成一个形似圆弧的顶部走势形态。没有明显的高点与低点是该形态的显著特点，如图 5-33 所示。

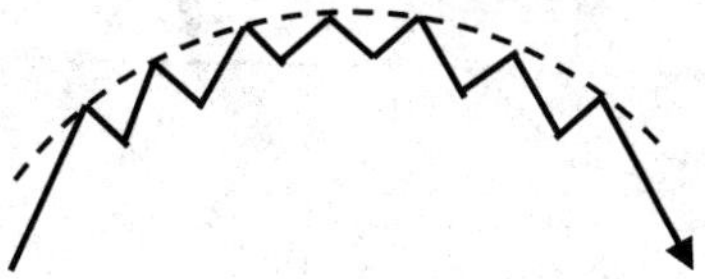

图 5-33　圆弧顶

形成圆弧顶形态大致经过了这样一个过程：先是多方已经掌控了全局并开始逐级向上拉升股价，空方不断后撤；随着股价逐渐走高，持币者不愿意再以极高的价格买入股票，多方力量开始衰退，空方力量开始不断增强，股价由升势转为跌势。此后，空方力量越来越强，下跌的幅度也越来越大。当股价走出圆弧顶形态后，空方开始占据绝对优势，并极力向下打压股价。

1. 操作策略

圆弧顶的具体交易含义如下。

第一，通常情况下，圆弧顶形态的形成时间较长。圆弧顶形态形成的时间越长，说明顶部区域换手越充分，未来股价下跌遇到的支撑将会越小，股价下跌的可能性越大。

第二，股价经过缓慢的下跌，走出圆弧顶形态后，往往意味着新的一波快速下跌行情到来，此时，投资者可考虑减仓或清仓该股。

第三，圆弧顶形态与倒 V 形顶或头肩顶形态不同，它没有一个明确的股价下跌启动点，投资者可在股价由升势转为跌势时执行卖出操作，亦可在股价向下跌破圆弧顶上升起始位时执行卖出操作。

第四，圆弧顶形态中，若股价上升阶段成交量逐渐放大，当股价由升势转为跌势后，成交量逐渐萎缩，则意味着未来股价继续下跌的可能性更大。

第五，投资者按照圆弧顶形态卖出股票后，若股价不跌反涨，股价向上突破圆弧顶最高点时，可执行补仓操作。

2. 实战参考

下面来看一下惠伦晶体的案例，如图 5-34 所示。

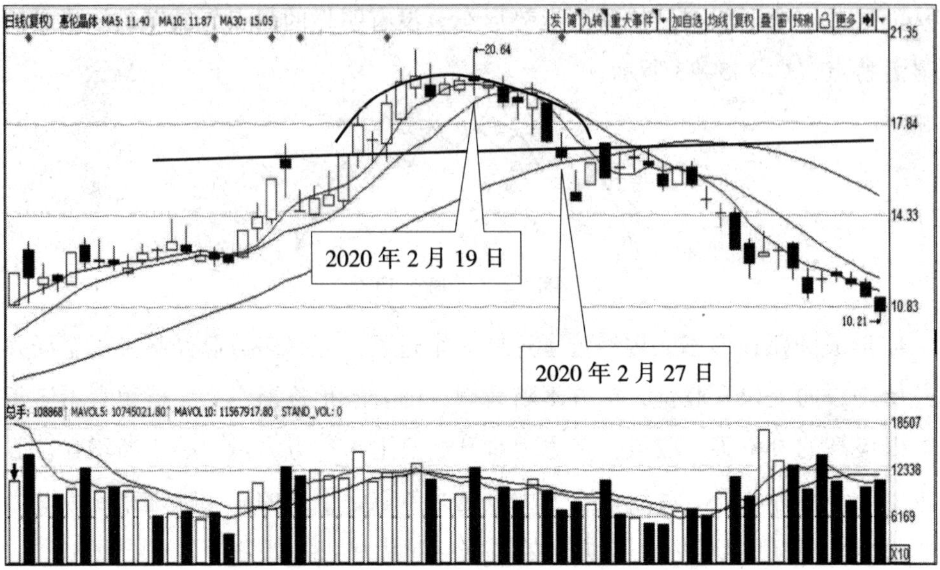

图 5-34　惠伦晶体（300460）日 K 线走势图

如图 5-34 所示，惠伦晶体的股价走势于 2020 年 2 月到 3 月形成了圆弧顶形态。

2020 年 2 月初，惠伦晶体的股价随着大盘的上涨而快速上涨。该股股价上涨趋势进入尾声时，涨幅逐渐缩小，在 K 线图上留下了近似圆弧形的形态。

2020 年 2 月 19 日，该股收出一根上影线很长的十字线，表明多空双方的争斗非常激烈，未来趋势不明朗。

之后，惠伦晶体的股价呈弧形下跌走势。2020 年 2 月 27 日，该股跳空低开低走，收出一根带上影线的阴线，一举击穿了之前缺口下沿形成的支撑位，表明圆弧顶形态确立。这时，投资者应该将手中剩余的股票悉数售出。

七、顶部岛形及其卖点

顶部岛形是由一组位于顶部区域的、通过向上跳空缺口和向下跳空缺口与其他 K 线分割开来的 K 线构成的形态。两个缺口大致在同一价位区域，这就使得这组位于顶部区域的 K 线形似一座“孤岛”。如图 5-35 所示。

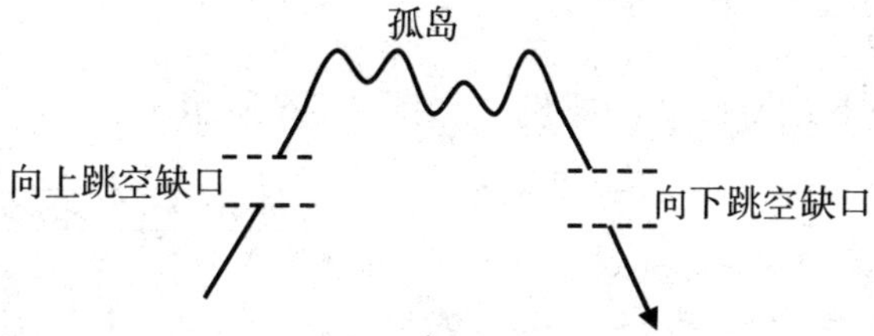

图 5-35　顶部岛形

形成顶部岛形形态经历了这样一个过程：股价经过一段时间的上涨后，多方掌握了绝对的优势，投资者对后市非常乐观，于是纷纷买入股票，因而股价出现大幅高开，甚至出现一字线涨停板，从而形成了一个向上的跳空缺口。此后，由于做多动能已经得到充分的释放，多方无力继续拉升股价，股价在顶部出现了振荡调整。投资者看到股价上升趋势已经受到遏制，未来有回落向下的可能，于是纷纷卖出股票，因而股价出现大幅低开，甚至出现一字线跌停板，从而形成了一个向下跳空的缺口。此后，股价开启了一波快速下跌走势。

1. 操作策略

顶部岛形形态的具体交易含义如下。

第一，顶部岛形是一个非常特殊的顶部形态，具有较强烈的看跌意义。顶部岛形出现时，往往意味着股价将会出现一波下跌行情。

第二，出现顶部岛形后，向下跳空缺口将会成为股价下跌的一个重要阻力位。若股价出现反弹，遇缺口重新下跌时，投资者可考虑清仓卖出；若股价完成对缺口的回补，则意味着缺口的阻力无效，未来股价有上升的可能。

第三，顶部岛形形成向下跳空缺口的过程中，并不需要成交量放大的支持。也就是说，顶部岛形一旦成立，无论有无成交量，未来股价下跌的概率都极大。

第四，顶部岛形中，两个缺口之间的 K 线若形成倒 V 形顶部，则未来股价下跌的概率更大。

2. 实战参考

下面来看一下筑博设计的案例，如图 5-36 所示。

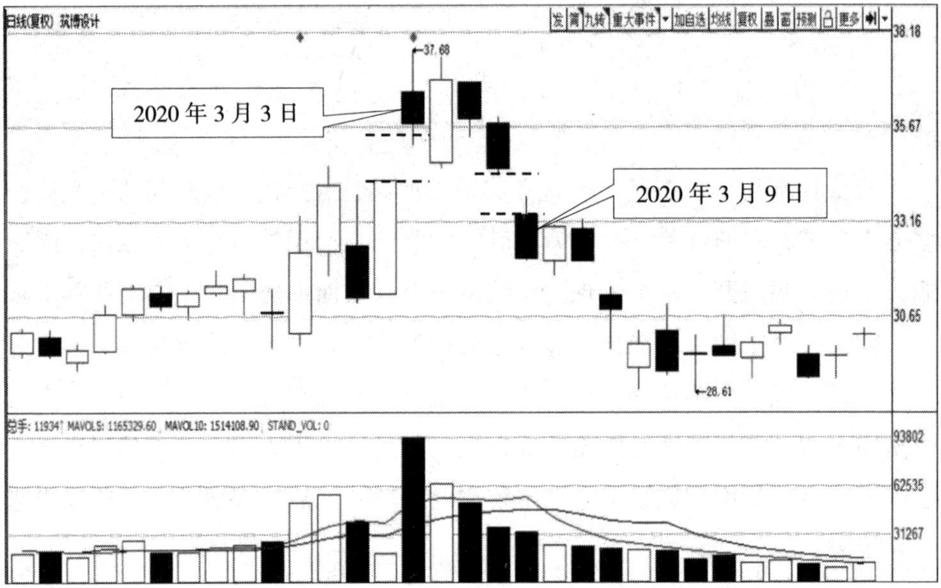

图 5-36　筑博设计（300564）日 K 线走势图

如图 5-36 所示，2020 年 3 月，筑博设计的日 K 线图上出现了顶部岛形形态。

2020 年 3 月 3 日，正在上涨途中的筑博设计高开低走，在 K 线图上留下了一根向上跳空的小阴线，且该阴线与前一交易日的大阳线之间形成了一个缺口。之后，该股开始了高位盘整。

2020 年 3 月 9 日，筑博设计低开低走并以跌停报收，在 K 线图上留下了一根光脚大阴线，且该阴线与前一交易日的大阴线之间形成了一个向下跳空缺口。出现该缺口，标志着顶部岛形形态成立，投资者宜出清手中的筹码。

第三节　K 线整理形态精析

通常情况下，出现 K 线整理形态，是由于多空双方的力量在这一阶段实现了某种均衡。未来随着某一方力量的增强，这种均衡势必会被打破，此时就意味着股价正在选择突破的方向。

一、上升三角形及其突破方向

上升三角形是由一系列顶部不动、底部逐渐上移的 K 线组合而成的。股价拉升的高点相差不大，变化的是不断上升的低点。若将高点和低点分别用直线连接，就会形成一个逐渐向上倾斜的三角形。如图 5–37 所示。

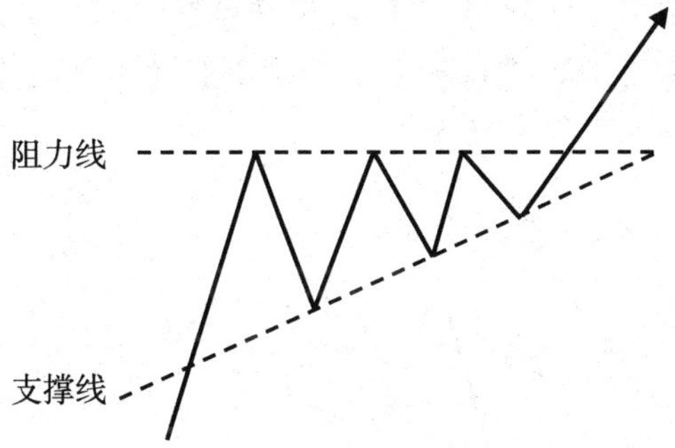

图 5–37　上升三角形

上升三角形通常是由多方在拉升股价途中经过短暂的休整、调整形成的。股价经过一段时间的上涨后，一方面多方实力有所损耗，但空方仍不足以和多方对抗；另一方面主力也希望清洗浮筹，以便于继续向上拉升。这时，主力会选择主动将股价控制在某一区域振荡，不断上移的低点说明主力的洗盘动作逐渐接近完成。当股价完成上升三角形后，空方的斗志也被完全消耗殆尽，此时，多方则会重新向上快速拉升股价。

1. 操作策略

上升三角形的具体交易含义如下。

第一，上升三角形形态中，不断上移的低点就是股价回调时的支撑位，水平的高点则是股价上升的阻力位。当股价向上突破阻力位，且成交量出现放大时，说明股价即将启动上升行情。

第二，大多数情况下，上升三角形形态完成后，股价都会向上突破，但也有例外。投资者只有等上升三角形形成后股价放量向上突破阻力位，才能入场执行买入操作，切忌提前入场。

第三，形成上升三角形后，投资者据此形态买入股票，若股价不涨反跌，则上升三角形的上边线就是最佳止损位。

第四，股价向上突破上升三角形后，有时候股价并不会立即上升，而是在上升几个交易日后出现回调。当股价回调至上升三角形上边线位置时，若因受到支撑而重新上攻，则意味着上升三角形上边线对股价的支撑有效，未来股价存在继续上攻的可能。若股价又重新回到三角形之内，则表示形态失败，投资者应及时止损。不过，这种回抽动作有时并不会出现。如图 5-38 所示。

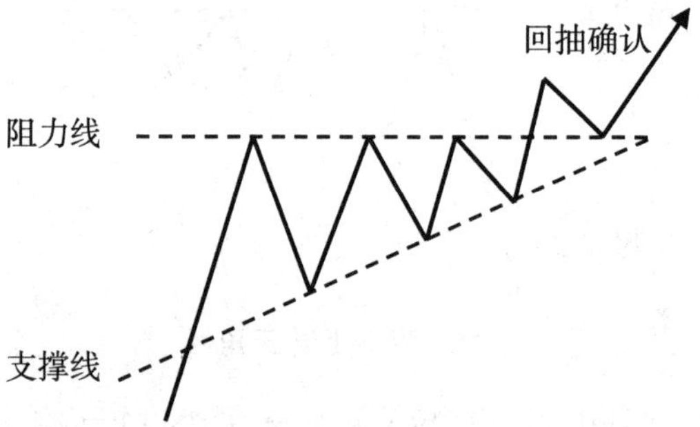

图 5-38　上升三角形扩展形态

第五，上升三角形形态形成过程中，随着股价振荡幅度的缩小，成交量不断萎缩；越接近上升三角形形成后期，成交量越小。当股价向上突破三角形上边线时，若成交量出现放大，则可提升突破的有效性；反之，若突破过程中成交量并未放大，而是出现萎缩，则存在突破失败的可能。

第六，股价经过一段时间的上涨进入顶部区域后，若此时出现上升三角形，但股价却迟迟不能突破上边线，走势极有可能演变成 M 形顶或三重顶等类型的顶部三角形形态，此时，投资者宜执行减仓或清仓操作。

2. 实战参考

下面来看一下熙菱信息的案例，如图 5-39 所示。

图 5-39　熙菱信息（300588）日 K 线走势图

如图 5-39 所示，2020 年 7 月到 8 月，熙菱信息的日 K 线图上出现了上升三角形形态。

2020 年 7 月 15 日，处于上涨途中的熙菱信息在创出阶段高点后回落，此后，该股股价进入横盘整理行情。在此阶段，股价上涨到某一位置附近时，就会遇到强大的阻力，因而在上方形成了一条水平的阻力线。股价回落所接触的低点，却呈现逐渐升高的趋势，将它们连起来近似一条向上的斜线，从形态上看，该股股价具有形成上升三角形的潜质。

2020 年 8 月 25 日，该股在开盘后不久就开始放量拉升，当股价突破三角形上边线时，投资者应该果断买入。

二、下降三角形及其突破方向

下降三角形由一系列顶部逐渐下移、底部不变的 K 线组合而成。在股价振荡整理过程中，每次反弹的高点不断向下移动，每次回调的低点基本落于同一水平位置。如此往复，股价反弹的高点不断走低，而低点则不变，这样，股价波动的空间逐渐变小。将高点和低点分别用直线连接，就会形成一个逐渐向下倾斜的三角形。如图 5-40 所示。

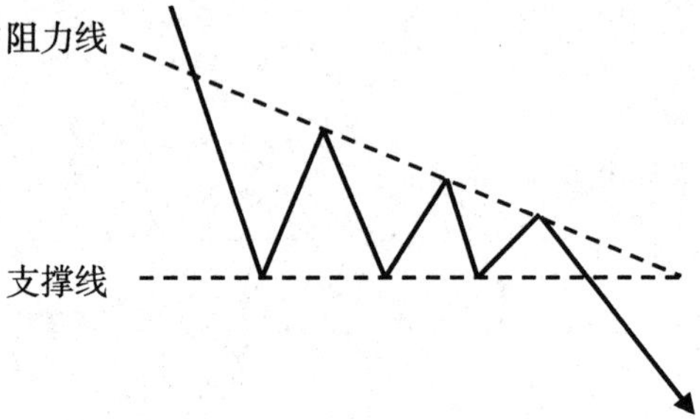

图 5-40　下降三角形

下降三角形通常是由空方在打压股价途中进行短暂的休整、调整而形成的。股价经过一段时间的下跌后，一方面空方实力有所损耗，但多方仍不足以和空方对抗；另一方面，主力也希望尽可能地出掉手中剩余的筹码，这种情况下，主力会选择主动将股价控制在某一振荡区域。不断下移的高点，说明主力出货逐渐接近完成。当股价完成下降三角形后，多方的斗志也被完全消耗殆尽，此时，空方会重新向下打压股价。

1. 操作策略

下降三角形的具体交易含义如下。

第一，下降三角形形态中，不断下移的高点就是股价向上反弹时的压力位，而水平的低点则是股价下跌的支撑位。当股价向下跌破支撑位时，说明股价即将启动下跌行情。

第二，形成下降三角形后，投资者据此形态买入股票，若股价不跌反涨，当股价放量向上突破下降三角形上边线时，可少量建仓该股。

第三，股价向下跌破下降三角形后，有时候股价并不会立即下跌，而是在下跌几个交易日后出现反弹。当股价反弹至下降三角形下边线位置时，若因受到阻力而重新下跌，则意味着下降三角形下边线对股价的阻力有效，未来股价存在继续下跌的可能。若股价又重新回到三角形之内，则表示形态失败，投资者暂时不宜再卖出股票。如图 5-41 所示。

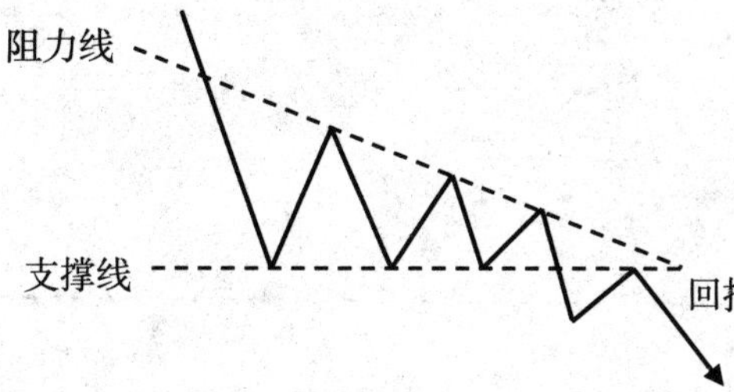

图 5-41　下降三角形的扩展形态

第四，通常情况下，股价向下跌破下降三角形支撑线时，并不需要成交量放大的配合。不过，若股价向下跌破下降三角形下边线时成交量出现了放大，则更可印证股价将大幅下跌的判断。

第五，下跌三角形形态属于典型的整理形态，很多时候，主力没有完成出货时，会采用该形态完成最后的出货。

第六，股价经过一段时间的下跌进入底部区域后，若此时出现下降三角形，但股价却迟迟不能跌破下边线，走势极有可能演变成 W 形底或三重底等类型的底部三角形形态，此时投资者不宜再执行清仓操作。

2. 实战参考

下面来看一下万通智控的案例。

如图 5-42 所示，从 2019 年年底到 2020 年年初，万通智控的股价进入了一个下行通道，期间还出现了下降三角形形态。

2020 年 2 月 4 日，万通智控的股价低开高走。其后，股价随着大盘的反弹而出现了上涨走势，给人一种股价将结束下跌趋势的感觉。不过，经过一段反弹后，股价重新进入下跌通道，其后又出现了几次小规模的反弹。该股股价反弹的高点越来越低，而回调的低点却近乎一条直线。此时，该股股价的运行轨迹越来越近似于一个下降三角形。

2020 年 3 月 13 日，万通智控的股价跌破了下降三角形的下边线（支撑线），预示着股价将走向下跌之路，投资者应及时卖出股票。

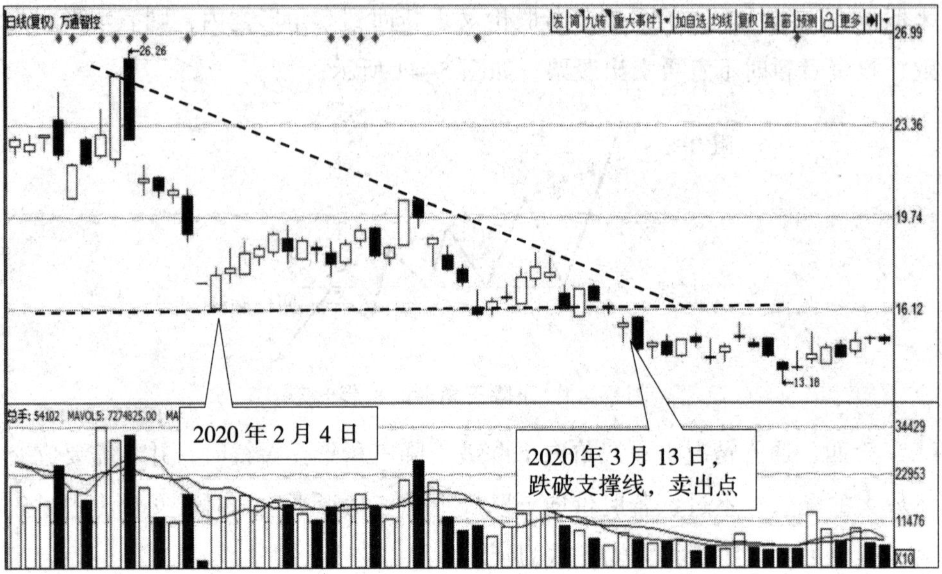

图 5-42 万通智控（300643）日 K 线走势图

三、收敛三角形及其突破方向

收敛三角形是由一系列顶部逐渐下移、底部逐渐上移的K线组合而成的。在股价振荡整理过程中，每次反弹的高点不断向下移动，每次回调的低点不断向上移动。如此往复，股价反弹的高点不断走低，而回调的低点不断走高，这样，股价波动的空间逐渐变小。若将高点和低点分别用直线连接，就会形成一个逐渐收敛的三角形。如图 5-43 所示。

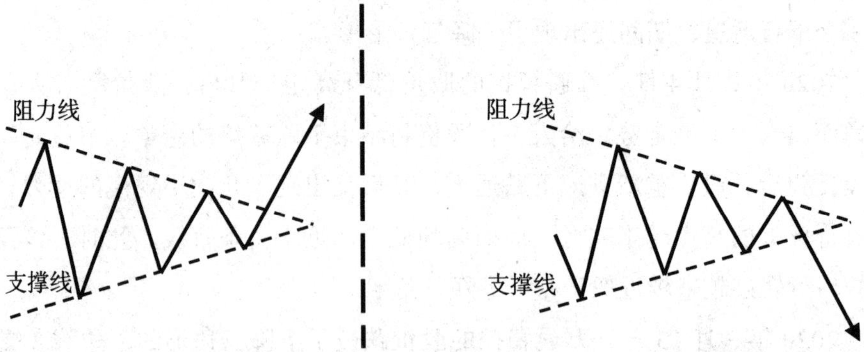

图 5-43 收敛三角形

收敛三角形可以出现在任意一种趋势中，在顶部区域或底部区域中常常出现。形成收敛三角形多是由多空双方争斗引起的，并且随着争斗的进行，双方力量逐渐减弱，其中一方逐渐开始积蓄实力。当一方积累了足够的可以压制另一方的力量后，就会发力推动股价上升或下跌。

1. 操作策略

收敛三角形的具体交易含义如下。

第一，收敛三角形是一种多空双方力量对比暂时取得平衡的产物。在方向未明前，投资者不宜过早入场。

第二，收敛三角形形态完成后，若股价向上放量突破上边线，则未来股价继续上攻的概率很大，投资者可考虑建仓该股。

第三，收敛三角形形态完成后，若股价向下跌破下边线，则未来股价下跌的概率很大，投资者宜清空仓位。

第四，历史经验表明，收敛三角形完成后，延续股价先前运行趋势的概率更大。也就是说，在上升趋势中出现收敛三角形，则股价未来向上突破的概率很大；在下跌趋势中出现收敛三角形，则股价未来向下突破的概率更大。

第五，收敛三角形的振荡区域对未来股价运行的区间具有重要参考意义。股价走出收敛三角形后，若向上突破，则收敛三角形的第一个高点就会成为股价上攻的第一阻力位；若向下突破，则收敛三角形的第一个低点就会成为股价下跌的第一支撑位。

2. 实战参考

下面来看一下石大胜华的案例。

如图 5-44 所示，2020 年 7 月到 8 月，石大胜华的日 K 线图上出现了收敛三角形形态。

2020 年 7 月 13 日，处于上涨途中的石大胜华的股价创出近期高点后开始进行横向振荡。在波动中，上涨的高点逐渐降低，下降的低点逐渐升高，呈现收敛三角形形状，且成交量呈现减少趋势，这说明多空双方势均力敌，但力量均消耗严重，后市具有不确定性。

图 5-44　石大胜华（603026）日 K 线走势图

这一整理走势持续了一个多月，2020 年 8 月 28 日，该股以一根大阳线跌破了收敛三角形的上边线，预示着股价将继续上涨。看到这一信号，持币的投资者可考虑追涨入场。

四、扩散三角形及其突破方向

扩散三角形，又叫做反三角形、喇叭形，通常出现在上涨行情的末期，其形态表现为：股价进入横向整理，上升的高点越来越高，而下降的低点越来越低，波动幅度越来越大。如果将这些高点和低点分别用直线连接，就形成了一个像喇叭一样的形状。如图 5-45 所示。

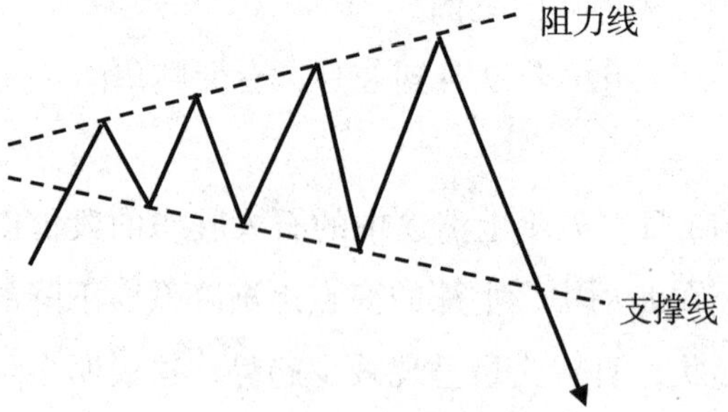

图 5-45　扩散三角形

扩散三角形形态体现出市场中投机氛围严重，甚至已经处于一种极端疯狂的状态，投资者将“理性投资”的信条置之度外，开始打起了游击，他们时而追涨，时而杀跌，通过快进快出获取短线收益，从而造成了“高点渐高、低点渐低”的大起大落局面。这一局面无疑是非常危险的，当投资者冲动购买的情绪达到极致，就会将股价推到一个很高的价位，这时多方力量会出现枯竭，由于无力续涨，股价会大幅下挫。

1. 操作策略

扩散三角形在形成过程中保持着大成交量而不规则的成交态势，因而这种形态最有可能出现在买卖气氛高涨的上涨行情中，不太可能出现在投资意愿不强的下跌行情中。该形态出现后，投资者需要保持理智，注意控制风险。

第一，在扩散三角形形成过程中，会出现一些短线操作的机会，经验丰富的投资者可以尝试参与，如果是投资新手的话，最好不要介入。

第二，一个标准的扩散三角形至少应该有三个高点、两个低点。如果波动的幅度越来越大，那么放量上涨很可能是庄家的诱多陷阱，投资者可以在股价从第三个高点跌落时进行减仓操作。

第三，当股价跌破扩散三角形的下边线，是较为明显的卖出信号，持股的投资者应该立即离场。

第四，扩散三角形被突破后，可能会出现一次明显的回抽动作，这对于投资者来说仍是一次较好的卖出机会，如图5-46所示。但有的时候回抽并不会出现，如果投资者还继续等待这种卖出机会，则可能会被深度套牢。

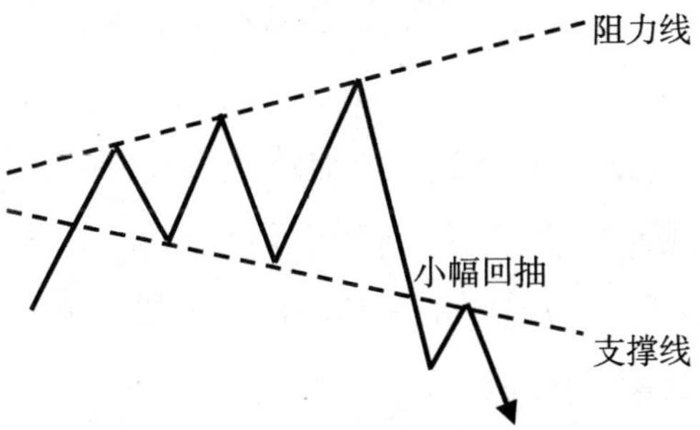

图5-46 扩散三角形扩展形态

第五，扩散三角形形成的速度越快，则后市下跌的可能性越大；如果还伴随着成交量的显著放大，则看跌信号更强烈。

第六，由于市场面变化或利好增多，扩散三角形也有向上突破的可能。如果股价带量突破了三角形的上边线，则会演化成变异的上升三角形形态，看到这种情形，投资者应及时调整投资策略，由做空改为做多。

2. 实战参考

下面来看一下英唐智控的案例，如图 5-47 所示。

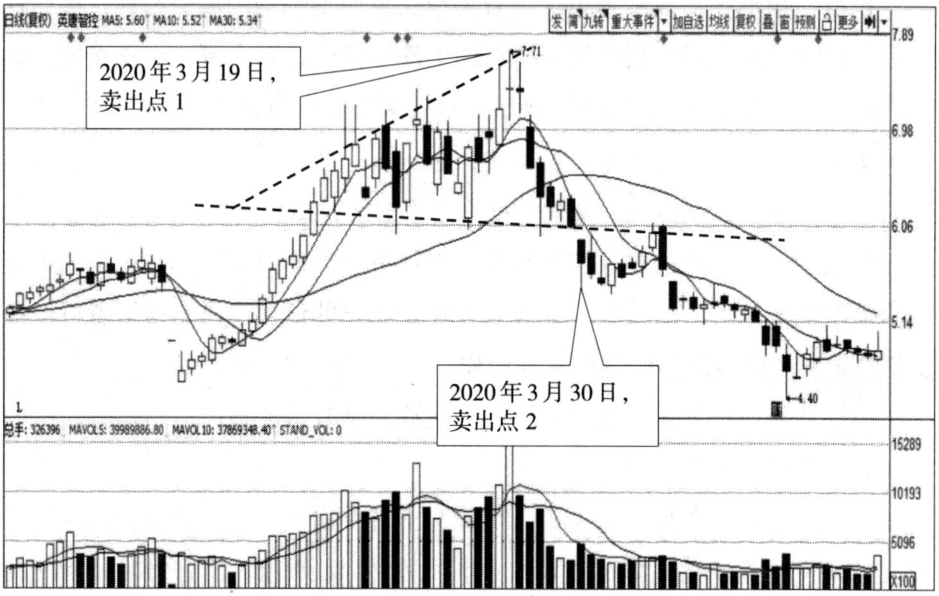

图 5-47　英唐智控（300131）日 K 线走势图

如图 5-47 所示，2020 年 3 月，英唐智控的日 K 线图上出现了扩散三角形形态。

2020 年 3 月初，处于上涨行情中的英唐智控开始振荡整理。在整理过程中，上涨的高点逐渐升高，回落的低点逐渐降低，呈现出一种喇叭的形状。

2020 年 3 月 19 日，该股收出一根高位十字线，成交量同步异常放大。看到这种情况，投资者应该在当天果断卖出。

此后，该股股价下跌至扩散三角形的下边线位置，受下边线的支撑再度反弹，不过反弹很快就结束，并在3月30日跌破扩散三角形的下边线，宣告扩散三角形形态基本完成。这时，仍持有该股的投资者应该实施平仓操作。

五、上升楔形及其突破方向

上升楔形，又称上倾楔形，通常由一组在下跌趋势中反弹向上的、呈楔形振荡的K线组成。在振荡反弹过程中，股价反弹形成的高点与低点虽然不断上移，但却逐渐接近，使股价振荡区间不断被挤压。若将反弹的高点和低点分别用直线相连，两条直线的方向相同但呈现收敛状，从而形成一个向上倾斜的楔子形态。如图5-48所示。

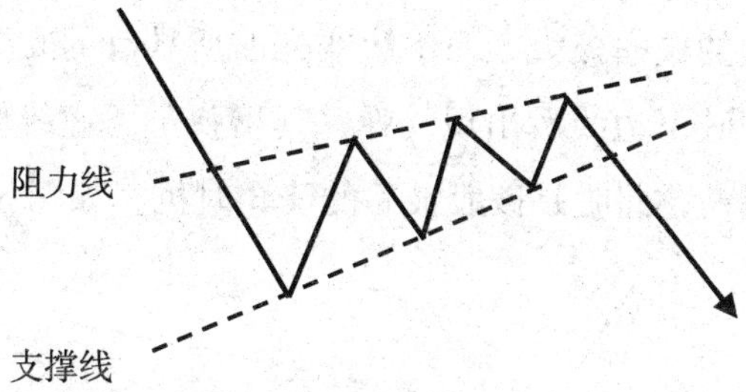

图5-48 上升楔形

上升楔形本质上是股价下跌趋势中的一波反弹走势，通常是由空方在打压股价途中进行短暂的休整、调整形成的。股价经过一段时间的下跌后，一方面空方实力有所损耗，但多方仍不足以和空方对抗；另一方面，主力也希望将手中的股票清空，因此，主力会选择主动将股价控制在某一区域振荡。股价每反弹至一个高点后，主力就会借机出掉一部分筹码，股价下跌到一个低点后，一部分投资者则将其看成是较佳的补仓位置，于是纷纷入场抢筹，推动股价反弹，如此往复。当空方完成出货计划后，往往会重新向下大幅打压股价。

1. 操作策略

上升楔形的具体交易含义如下。

第一，整个上升楔形就如同股价下跌过程中的一次反弹，股价下行趋势未变时，投资者不宜入场做多。

第二，上升楔形形态中，若上边线与下边线的距离较大，喜欢波段操作的投资者可在期间进行高抛低吸操作，即当股价回调至下边线附近时，因受下边线的支撑而反弹，此时宜执行买入操作；当股价反弹至上边线附近时，因受上边线的阻力而回调，此时宜执行卖出操作。

第三，上升楔形形成过程中，股价波动的区间会越来越窄，成交量会持续萎缩，当其无法继续收窄时，就是股价重新选择突破方向的时候。

第四，通常情况下，上升楔形形态完成后，股价多会选择向下突破，投资者不宜进行入场操作。

第五，股价向下跌破上升楔形的下边线，意味着股价已经走出了振荡区域，未来股价下跌的概率极大，而下边线先前所具有的支撑作用将会转为阻力作用。当股价跌破下边线后出现反弹，其反弹至下边线位置时，会因下边线的阻力而重新下跌，此时是该股最后的清仓时机。如图 5-49 所示。

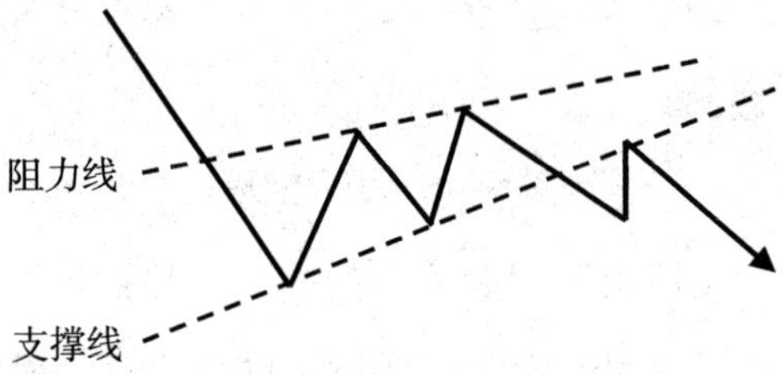

图 5-49　上升楔形的扩展形态

第六，通常情况下，形成上升楔形的时间会比较长。形成上升楔形持续的时间越长，未来股价跌破楔形后下跌的幅度会越大。

2. 实战参考

下面来看一下泰瑞机器的案例。

如图 5-50 所示，2019 年 12 月到 2020 年 1 月，泰瑞机器的日 K 线图上出现了上升楔形形态。

2019 年 8 月，泰瑞机器开启一波下跌行情。11 月 29 日，该股收出一根小阳线，然后股价进入了整理行情。在波动中，该股反弹的高点和回落的低点都有逐渐上升的趋势，且高点的连线和低点的连线呈收敛状，从而形成了一个上升楔形形态。

图 5-50　泰瑞机器（603289）日 K 线走势图

2020 年 1 月初，该股股价连续向上拉升，成交量随之放大，给人一种即将大涨的感觉。但当股价向上触及上升楔形的上轨后，立即反转向下，并于 1 月 21 日跌破上升楔形的下轨，这说明之前的上攻纯属主力的诱多行为，此时投资者宜卖出手中的股票。

六、下降楔形及其突破方向

下降楔形，又称下倾楔形，与上升楔形非常相似，只是倾斜的方向稍有不同。它通常由一波在上升趋势中回调向下的、呈楔形振荡的 K 线组成。股价在振荡回调过程中所形成的高点与低点虽然不断下移，但却逐渐接近，使股价振荡区间不断被挤压。将回调的高点和低点分别用直线相连，两条直线的方向相同且呈收敛状，从而形成一个向下倾斜的楔子形态。如图 5-51 所示。

一般来说，下降楔形整体上就是股价上升途中的一次回调整理，主力为了掩护洗盘的目的，通过反复振荡将意志不坚定者清洗出局。当多方清洗完浮筹后，往往会重新向上拉升股价。

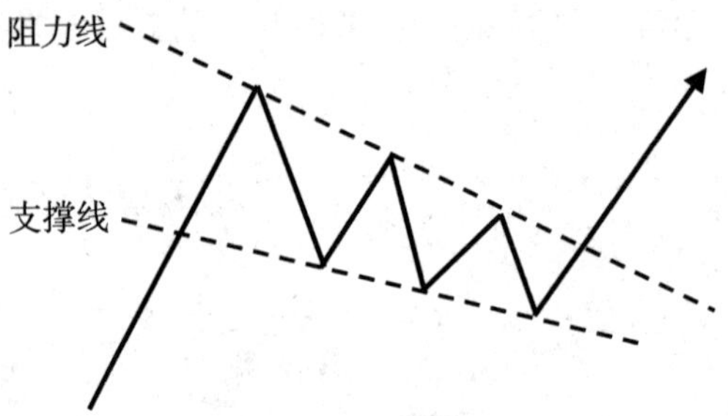

图 5–51　下降楔形

1. 操作策略

下降楔形的具体交易含义如下。

第一，整个下降楔形如同股价上涨过程中的一次回调，股价上行趋势未变时，投资者不宜清空仓位。当然，持币的投资者也不宜在此期间入场。

第二，下降楔形形态中，若上边线与下边线的距离较大，喜欢波段操作的投资者可在期间进行高抛低吸操作，即当股价回调至下边线附近时，因受下边线的支撑而反弹，此时宜执行买入操作；当股价反弹至上边线附近时，因受上边线的阻力而回调，此时宜执行卖出操作。

第三，形成下降楔形的过程中，股价波动的区间会越来越窄，成交量也会持续萎缩。当其无法继续收窄时，就是股价重新选择突破方向的时候。

第四，通常情况下，上升楔形形态完成后，股价多会选择向上突破。股价向上突破时，必然会有成交量放大相配合。也就是说，当股价放量向上突破下降楔形上边线时，就是买入股票的良机。

第五，股价向上突破下降楔形的上边线，意味着股价已经走出了振荡区域，未来股价上涨的概率极大，上边线先前所具有的阻力作用将会转为支撑作用。当股价突破上边线后出现回调，回调至上边线位置时，会因上边线的支撑重新上升，此时是该股一个较佳的加仓时机。如图 5–52 所示。

第六，按照下降楔形形态买入股票的投资者，可将下降楔形的上边线设为止损位。股价一旦跌破该位置，则意味着下降楔形形态失败，投资者宜立即进行止损操作。

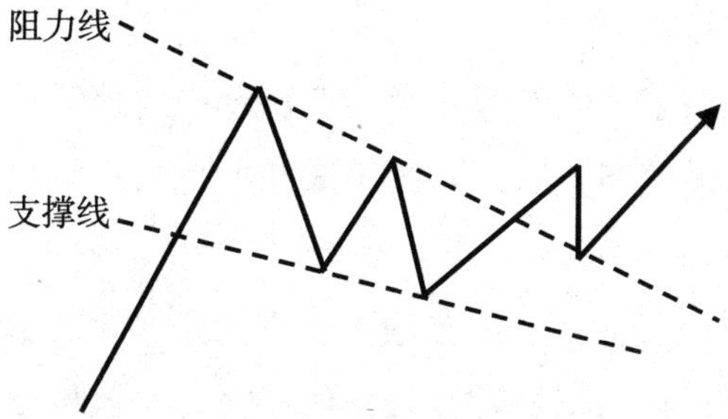

图 5-52　下降楔形的扩展形态

第七，通常情况下，下降楔形形成的时间会比较长。下降楔形持续的时间越长，未来股价突破楔形后，上涨的幅度会越大。

2. 实战参考

下面来看一下联创股份的案例，如图 5-53 所示。

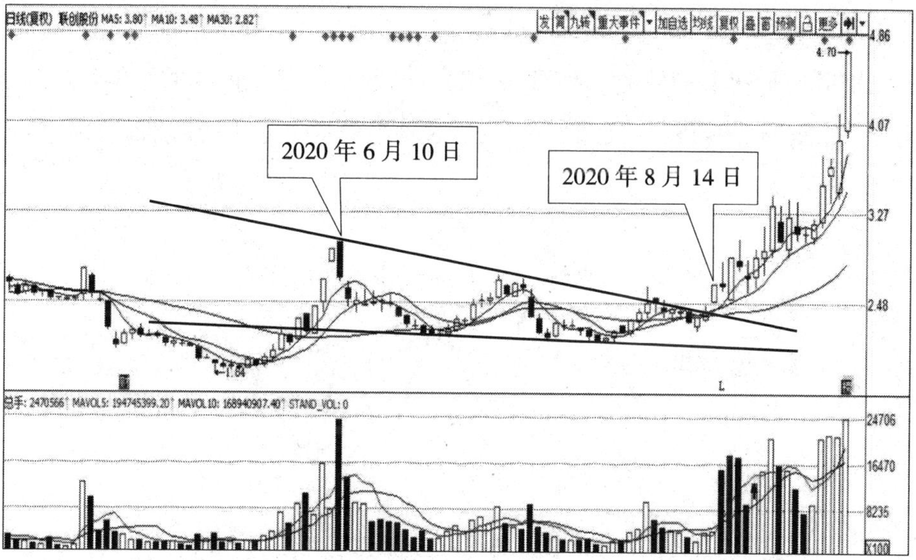

图 5-53　联创股份（300343）日 K 线走势图

如图 5-53 所示，2020 年 6 月到 8 月，联创股份的日 K 线图上出现了下降楔形形态。

2020 年 6 月 10 日，处于上涨行情中的联创股份在前一交易日涨停的前提下高开低走，在 K 线图上留下了一根大阴线，说明空方将会增加打压力度，保守型投资者宜减仓。

此后，该股股价进入了整理走势。在波动中，该股反弹的高点和回落的低点都有逐渐下降的趋势，且高点的连线和低点的连线呈收敛状，从而形成了一个下降楔形形态。

下降楔形的下边线比上边线更趋于水平，且在形态形成的过程中成交量逐渐萎缩，因而可以认为下方存在较强的支撑力，股价很可能在调整结束后重回上升轨道。这时，持股的投资者不宜再将股票卖出，持币的投资者应该对其保持关注。

2020 年 8 月 14 日，股价放量突破下降楔形的上边线，买点出现，投资者应该把握机会，积极买入。之后，该股出现了短期的横向移动，并没有出现回抽走势。经过短暂的调整后，该股重新进入了上升通道。

七、上升旗形及其突破方向

旗形是与楔形相似的一种形态，二者的区别在于支撑线的倾斜角度。也就是说，旗形的两条边线近似平行线，这是与楔形最显著的区别。如图 5–54 所示。

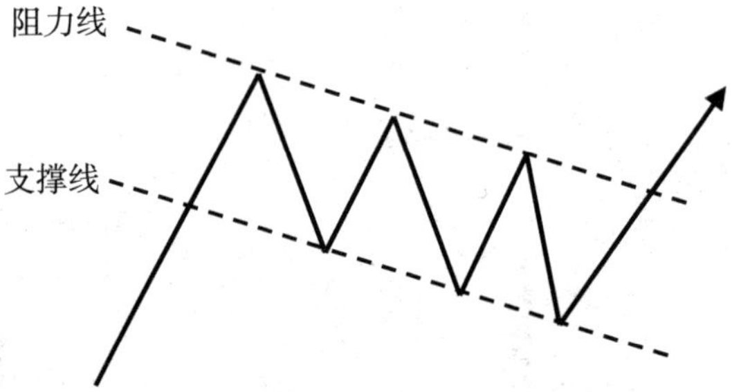

图 5–54　上升旗形

从本质上来看，上升旗形就是股价在上涨过程中的一次回调整理。多空双方将股价振荡的高点和低点控制在一定范围内，说明空方根本无力向下打压股价。当多方清洗完浮筹后，往往会重新向上拉升股价。相比而言，上升旗形的调整形态比下降楔形更为规整，也说明主力控盘的实力更为强大，未来走高的可能性也更大。

1. 操作策略

上升旗形的具体交易含义如下。

第一，整个上升旗形如同股价上涨过程中的一次回调，股价上行趋势未变时，投资者不宜清空仓位。

第二，上升旗形形态中，若上边线与下边线的距离较大，喜欢波段操作的投资者可在期间进行高抛低吸操作，即当股价回调至下边线附近时，因受下边线的支撑而反弹，此时宜执行买入操作；当股价反弹至上边线附近时，因受上边线的阻力而回调，此时宜执行卖出操作。

第三，上升旗形形成过程中，成交量会持续萎缩；当股价向上突破旗形上边线时，成交量会出现显著放大，此时就是较佳的入场时机。

第四，股价向上突破上升旗形的上边线，意味着股价已经走出了振荡区域，未来股价上涨的概率极大，此时上边线先前具有的阻力作用将会转为支撑作用。当股价突破上边线后出现回调，其回调至上边线位置时，会因上边线的支撑重新上升，此时就是该股一个较佳的加仓时机。如图 5-55 所示。

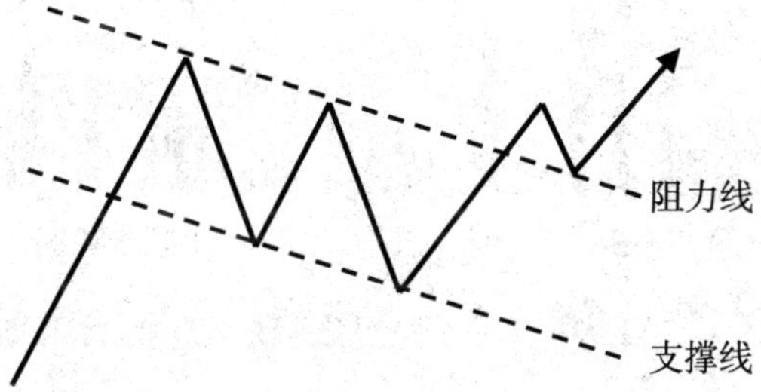

图 5-55 上升旗形的扩展形态

第五，形成上升旗形过程中，股价有可能存在不规则运行的情况，即偶尔跌破或向上突破旗形区域，这并不影响上升旗形的判断。

第六，旗杆的长度，即从股价开始大幅快速上涨（旗杆的形成点）到旗杆顶点之间的垂直距离越大，后市上涨的幅度也就越大。这一距离也是上升旗形理论上的最小升幅。

第七，按照上升旗形形态买入股票的投资者，可将上升旗形的上边线设为止损位。股价一旦跌破该位置，则意味着上升旗形形态失败，投资者宜立即进行止损操作。

第八，通常情况下，形成上升旗形的时间会比较长。上升旗形持续的时间越长，未来股价突破旗形后，上涨的幅度会越大。

2. 实战参考

下面来看一下新坐标的案例，如图 5-56 所示。

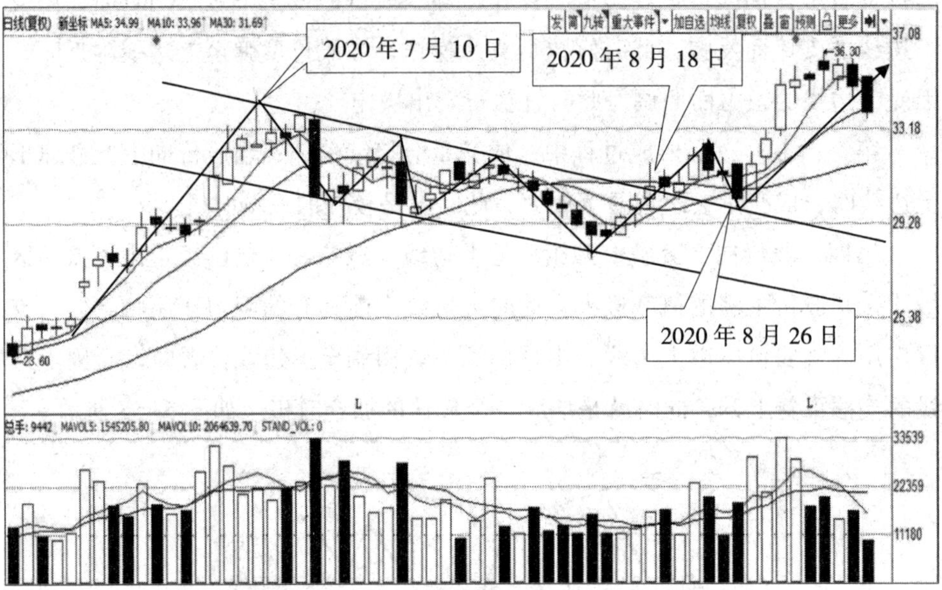

图 5-56　新坐标（603040）日 K 线走势图

如图 5-56 所示，2020 年 7 月到 8 月，新坐标的日 K 线图上出现了上升旗形形态。

2020 年 7 月初，新坐标的股价经过微调后开始加速上涨。7 月 10 日，该股收出一根带长上影线的小阳线，然后股价掉头向下，这一天的最高价也就成为了该股走势的短期高点。

由此开始，新坐标走出了一段振荡下跌走势，成交量也呈现出逐渐萎缩的态势。将股价逐渐下降的高点和低点分别相连，形成了一个向下倾斜的平行四边形，这是典型的上升旗形形态，预示后市将会上涨。看到这种形态后，投资者应保持观望，不宜卖出股票。

2020年8月18日，股价成功突破上升旗形的上边线，上升旗形构筑完成。投资者可以在当日逢低买入。

2020年8月24日，新坐标的股价出现回抽现象。8月26日，股价在旗形的上沿获得支撑后重新开始上涨，确认了之前突破的有效性。对于投资者来说，这又是一次绝好的买入机会，投资者可以实施加仓操作。

八、下降旗形及其突破方向

下降旗形通常由一波在下跌趋势中反弹向上、呈旗形振荡的K线组成。股价在振荡反弹过程中形成的高点与低点不断上移，将反弹的高点和低点分别用直线相连，就会出现两条向上倾斜的平行线，与之前下跌的K线一起，就如同一面倒置的旗子。如图5–57所示。

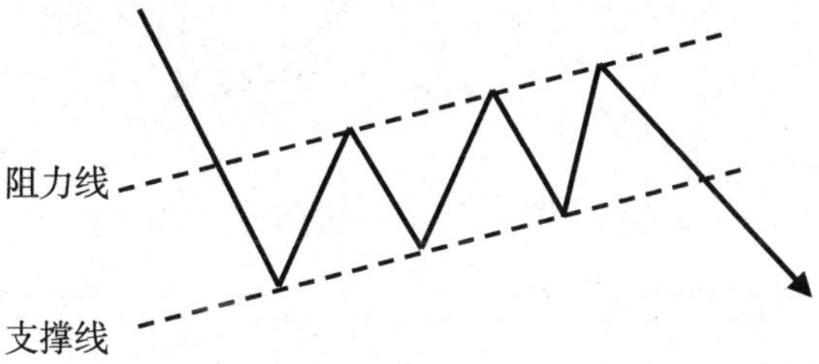

图5–57 下降旗形

下降旗形与上升楔形的形态非常相近，只是在表现形式上稍有不同。下降旗形本质上也是股价下跌趋势中的一波反弹走势，通常是由空方在打压股价途中经历短暂的休整、调整形成的。相比而言，下降旗形的调整形态比上升楔形更为规整，也说明主力控盘的能力更为强大，股价向下突破后，下降的概率也更大。

1. 操作策略

下降旗形的具体交易含义如下。

第一，整个下降旗形就如同股价上涨过程中的一次反弹，股价下行趋势未变时，投资者不宜入场建仓。

第二，下降旗形形态中，若上边线与下边线的距离较大，喜欢波段操作的投资者可在期间进行高抛低吸操作，即当股价回调至下边线附近时，因受下边线的支撑而反弹，此时宜执行买入操作；当股价反弹至上边线附近时，因受上边线的阻力而回调，此时宜执行卖出操作。不过，由于股价处于下降趋势中，波段操作成功率较低，因此并不建议新手参与其中。

第三，当股价向下跌破旗形下边线时，就是投资者最后的出货时机。

第四，股价向下跌破下降旗形的下边线，意味着股价已经走出了振荡区域，未来股价下跌的概率极大。此时下边线先前所具有的支撑作用将会转为阻力作用，当股价跌破下边线后出现反弹，其反弹至下边线位置时，会因下边线的阻力而重新下跌，此时就是该股最后一个出货机会。如图 5-58 所示。

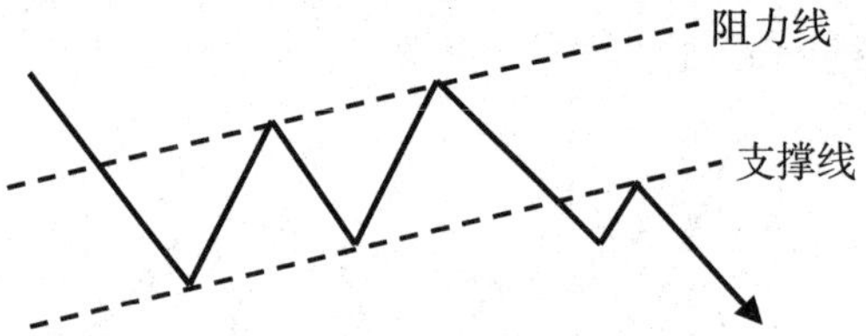

图 5-58　下降旗形的扩展形态

第五，下降旗形形成过程中，股价有可能存在不规则运行的情况，即偶尔跌破或向上突破旗形区域，这并不影响下跌旗形的判断。

第六，旗杆的长度，即从股价开始大幅快速下跌（旗杆的形成点）到旗杆的底部之间的垂直距离越大，后市下跌的幅度也就越大。这一距离也是下降旗形理论上的最小跌幅。

第七，投资者按照下降旗形形态卖出股票后，若股价不跌反涨，向上突破下降旗形的下边线，则意味着该形态失败，投资者可考虑少量买入该股。

第八，通常情况下，形成下降旗形的时间会比较长。下降旗形持续的时间越长，未来股价跌破旗形后下跌的幅度会越大。

2. 实战参考

下面来看一下新疆火炬的案例。

如图 5-59 所示，2019 年 12 月到 2020 年 1 月，新疆火炬的日 K 线图上出现了下降旗形形态。

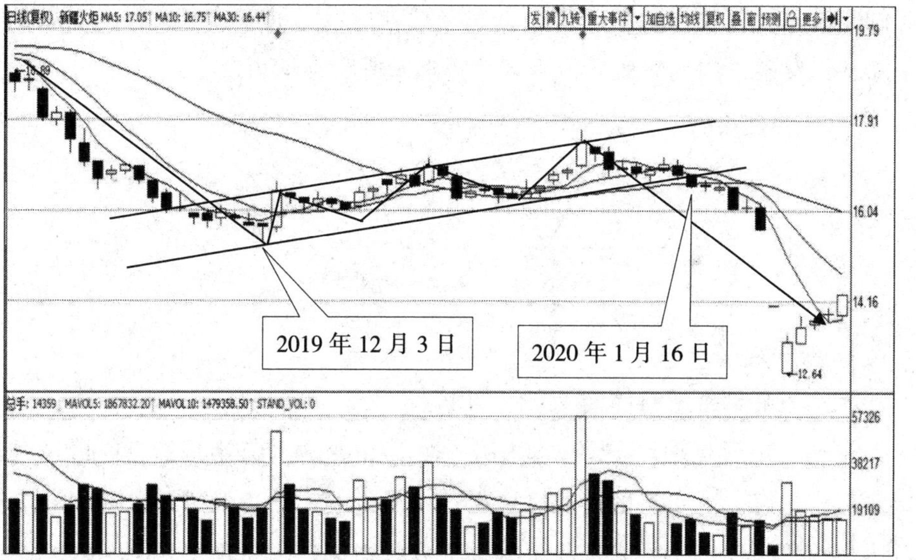

图 5-59　新疆火炬（603080）日 K 线走势图

2019 年 10 月中旬，新疆火炬的股价触顶后经过一波调整开始加速下跌，12 月 3 日，该股触底后股价开始反弹向上，这一日的最低价也就成为了该股走势的短期低点。

之后，该股开始了一波振荡上涨行情，将其逐渐升高的高点和低点分别连接，就形成了一个向上倾斜的平行四边形，这是典型的下降旗形形态。这时，投资者应保持理智，不要盲目买入。

2020 年 1 月 16 日，新疆火炬的股价延续了之前的跌势，并以中阴线跌破了下降旗形整理区域，投资者宜抓住这一卖出机会。

此后，该股股价出现了一波加速下跌走势。

九、矩形整理及其突破方向

矩形整理，又称箱型整理，通常由一组呈横向振荡的 K 线组成。股价在横向振荡过程中形成的高点和低点分别在两条直线上，如图 5-60 所示。

矩形整理形态是一种非常典型的横向整理形态，未来突破方向不定。股价进入振荡区域后，每次上升到一定的高度后，空方都会将其打压下去；每次回调到一定的低点后，多方又会将其向上拉升。不过，多空双方都没有足够的实力掌控整个股价的走势。当多空双方积累了足够的实力后，就是股价重新选择突破方向的时候，投资者只需追随胜利者即可。

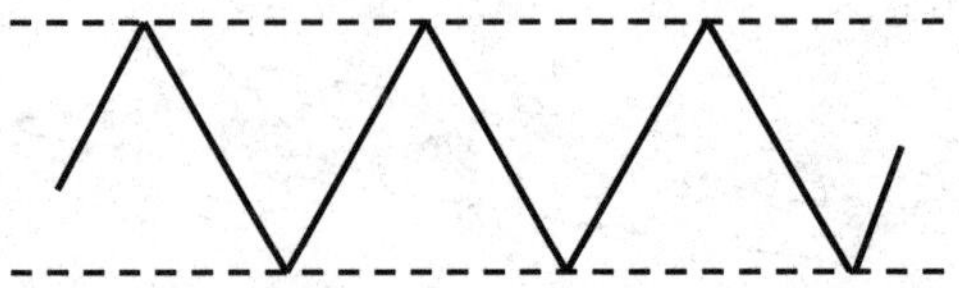

图 5-60　矩形整理

1. 操作策略

矩形整理形态的具体交易含义如下。

第一，矩形整理形态通常是作为一种中继整理形态出现的，股价经过整理之后，延续之前走势的可能性更大。也就是说，股价经过一段时间的上涨后出现矩形整理形态，未来股价继续上升的概率较大；反之，则下跌的概率较大。

第二，矩形整理形态出现在底部区域或顶部区域，更可能成为一种反转形态，其性质类似于潜伏底或潜伏顶形态。

第三，股价在矩形区域内振荡时，若振荡空间足够大，喜欢波段操作的投资者可进行高抛低吸操作；若振荡空间有限，则不宜入场交易。

第四，股价在矩形整理区域内振荡一段时间后，成交量会呈现萎缩态势。若股价放量向上突破矩形上边线，则意味着股价继续走高的概率很大；反之，若股价向下跌破矩形下边线，无论成交量有无放大，股价下跌的概率都很大。

第五，投资者按照股价向上突破矩形整理形态买入股票后，若股价不涨反跌，则股价跌破矩形上边线时，投资者可考虑止损操作；按照股价向下跌破矩形整理形态卖出股票后，若股价不跌反涨，股价重新回到矩形区域内，说明矩形整理形态失败，投资者可考虑少量补仓。

第六，与其他整理形态相似，股价突破矩形整理形态后，有时候也会出现回调或反弹走势，这往往是投资者第二个买入或卖出的机会。如图 5-61 所示。

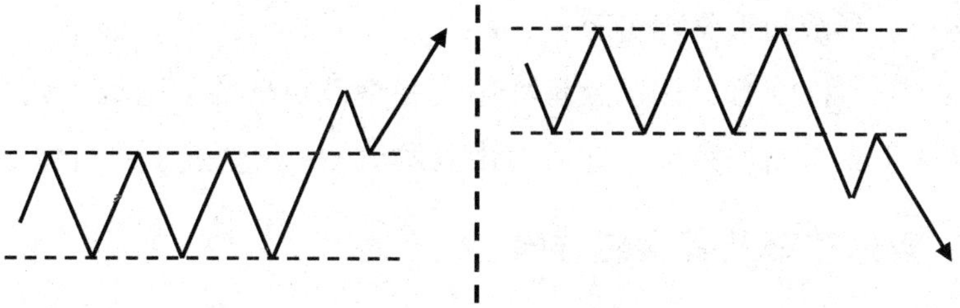

图 5-61　矩形整理

第七，通常情况下，矩形整理形态形成的时间要比三角形、楔形和旗形形态形成的时间长，而上涨或下跌的幅度也更大。

2. 实战参考

下面来看一下超频三的案例，如图 5-62 所示。

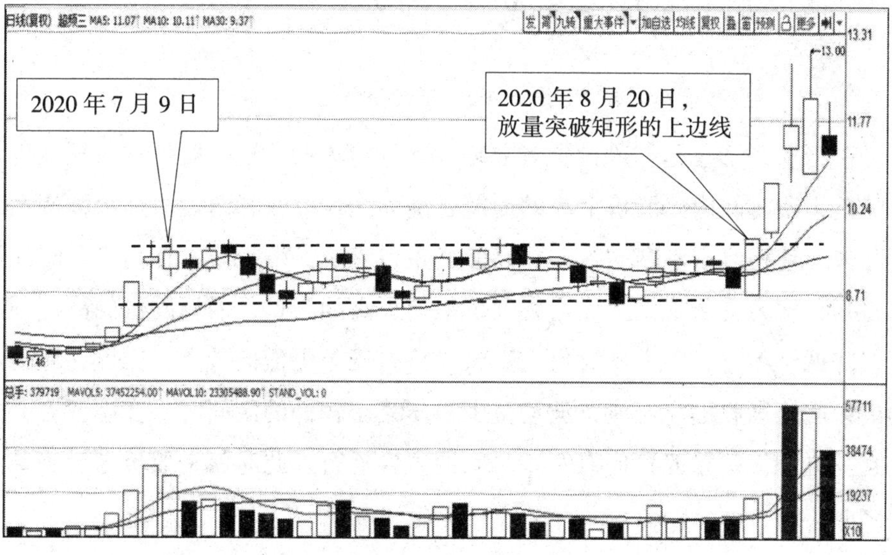

图 5-62　超频三（300647）日 K 线走势图

如图 5-62 所示，2020 年 7 月到 8 月，超频三的日 K 线图上出现了矩形整理形态。

2020 年 7 月 9 日，超频三收出一根带上影线的阳线，这天的最高价也成为短期内的一个高点。之后该股开始回落，并在前期的密集成交区域受到支撑反弹，从而形成一个低点。然后，股价便一直在高点和低点之间的水平通道中运行，形成矩形整理走势。

2020 年 8 月 20 日，该股放量涨停，并突破矩形的上边线。此时，投资者可以买入股票，持股待涨。此后，该股发动了一波快速上涨行情。

十、菱形整理及其突破方向

菱形整理，又称钻石形态，是一种极少出现的整理形态。菱形整理形态相当于两个三角形整理形态，包括一个扩散三角形和一个收敛三角形。如图 5-63 所示。

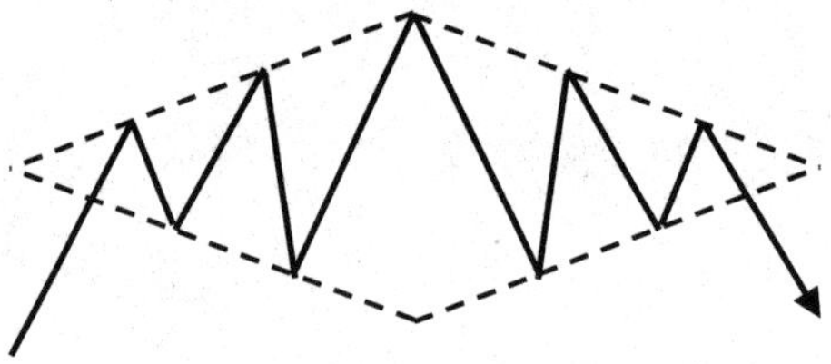

图 5-63　菱形整理

菱形整理形态是一种投资者非理性交易行为的体现。股价进入振荡区域后的前半段时间内，股价上攻的力度逐渐加大，投资者的做多情绪被逐渐调动起来，使得股价不断被推向更高的高点；其后，由于多方在前半段时间用力过猛，实力有所不济，无力将股价推向更高的高点，因而股价的高点开始逐级降低，不过，空方此时也无力将股价打压至更低的低点，因此，股价波动的区间逐渐收缩。当股价波动范围被压缩至较低的区间时，多空双方必然会有一方积极引导股价向有利于自己的方向前行，此时就是股价选定突破方向之时。

1. 操作策略

菱形整理形态的具体交易含义如下。

第一，菱形整理形态多在上升趋势中出现。在上升趋势中出现时，更多体现为头部反转形态，其后往往向下突破的可能性更大。

第二，股价在菱形区域运行一段时间后，向下跌破菱形右侧的支撑线，标志着菱形整理形态成立，未来股价向下运行的可能性极大。

第三，股价在菱形区域运行时，前半段随着股价波动范围的扩大，成交量也会同步放大；后半段随着股价波动范围的减小，成交量也会随之同步萎缩。

第四，从理论上来说，股价自菱形区域向下突破后的最小跌幅，与菱形的最高点和最低点之间的垂直距离相等。

2. 实战参考

下面来看一下意华股份的案例，如图 5-64 所示。

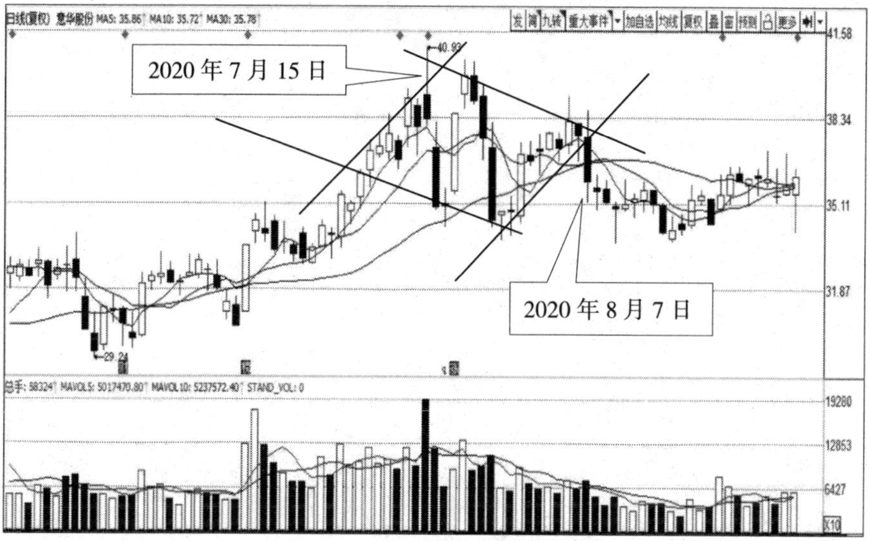

图 5-64 意华股份（002897）日 K 线走势图

如图 5-64 所示，2020 年 7 月到 8 月，意华股份的日 K 线图上出现了菱形整理形态。

2020 年 7 月初，处于上涨行情中的意华股份开始了横向整理。开始时，股价波动幅度由小到大呈现扩张趋势，之后股价又出现收敛状态。其中，2020 年 7 月 15 日，该股股价一度上涨至 40. 93 元，然后见顶下跌，这一价格也成为当时的最高点。

2020 年 8 月 7 日，该股股价跌破了菱形整理形态的右侧下边线。看到这种情形，投资者应该将手中的股票彻底抛空。

第六章

K 线信号辅助系统：让买卖点更精确

自 K 线图被引入西方后，很多技术分析研究者就在探寻提升 K 线信号准确性的方法。目前来说，将 K 线图与其他技术指标结合分析的方法是一个不错的选择。

在众多可与K线图结合的指标中，以均线、成交量柱和MACD指标的应用最为广泛。本书介绍的K线信号辅助系统也主要由均线、成交量柱和MACD指标等三个技术指标构成，如图6-1所示。

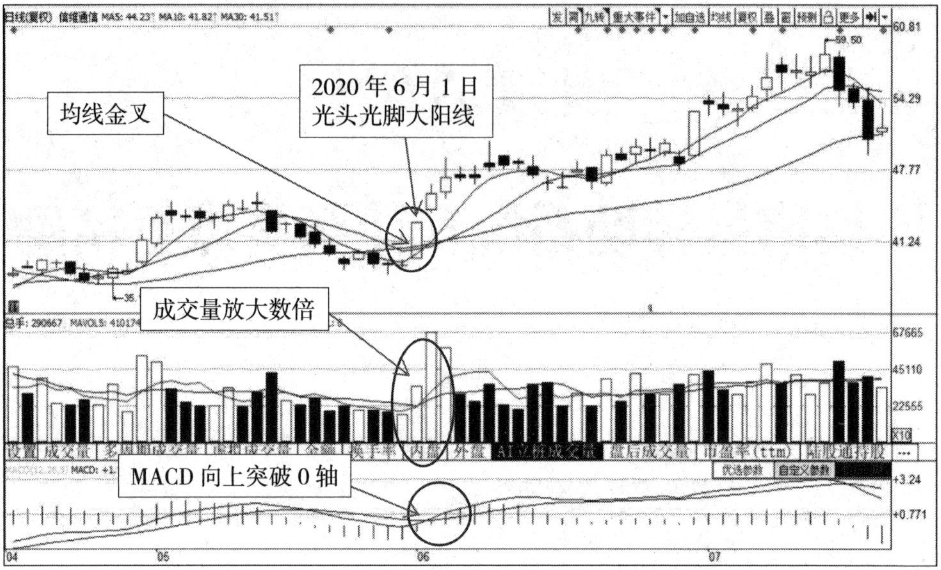

图6-1　信维通信的K线以及辅助分析系统

下面介绍一下K线信号辅助系统的功能。

第一，K线买入信号。图6-1中，信维通信的股价经过振荡回调，在2020年6月1日走出了一根光头光脚大阳线，这通常是一种看涨信号。投资者如果对这一信号的准确性存在疑虑，还可以借助这套信号辅助系统进行确认。

第二，均线助涨信号。图6-1中，均线发出的信号包括两类：一是5日短期均线上穿10日均线和30日均线形成黄金交叉；二是大阳线向上跳空突破10日均线和30日均线，这都属于典型的看涨信号。

第三，成交量柱辅助信号。图6-1中，大阳线对应的量柱与前一交易日的量柱相比放大了一倍有余，放量明显。

第四，MACD 趋势判断信号。图 6-1 中，大阳线出现前，MACD 指标已经出现拐头向上的走势，说明短期股价走强的概率很高。同时，大阳线出现当日，MACD 正好自下而上穿越 0 轴，且 MACD 指标还在 0 轴附近同步出现了黄金交叉，这也是强烈的看涨信号。

综合以上分析可知，此时股价 K 线完成了对重要阻力位的突破，未来继续走高的概率很大，投资者可考虑追涨买入。

第一节　均线：K 线的最佳拍档

均线，堪称 K 线最完美的搭档。K 线与均线每次位置关系的变化，都可能对未来的股价走势产生一定的影响。

均线，全称移动平均线，英文简称为“MA”，该指标是以“平均成本概念”为理论基础，采用统计学中的“移动平均”原理，将某一段时间内的股价平均值画在坐标轴上连成曲线，用来显示股价的历史波动情况，进而反映股价未来的发展趋势，为投资者提供操作依据，如图 6-2 所示。

移动平均线是在某段期间股价平均成本的基础上，配合每日收盘价的变化分析这段时间内多空双方的优劣，以研判股价的可能变化。均线的计算又分为算术移动平均线、加权移动平均线、指数平滑移动平均线等多种，其中最常用的是算术移动平均线，这也是炒股软件中最基本、最常用的均线指标。

一般情况下，炒股软件通常默认的均线为 MA5、MA10、MA20、MA30、MA60，也就是我们常说的 5 日均线、10 日均线、20 日均线、30 日均线和 60 日均线。图 6-2 中给出的为 5 日均线、10 日均线和 30 日均线。

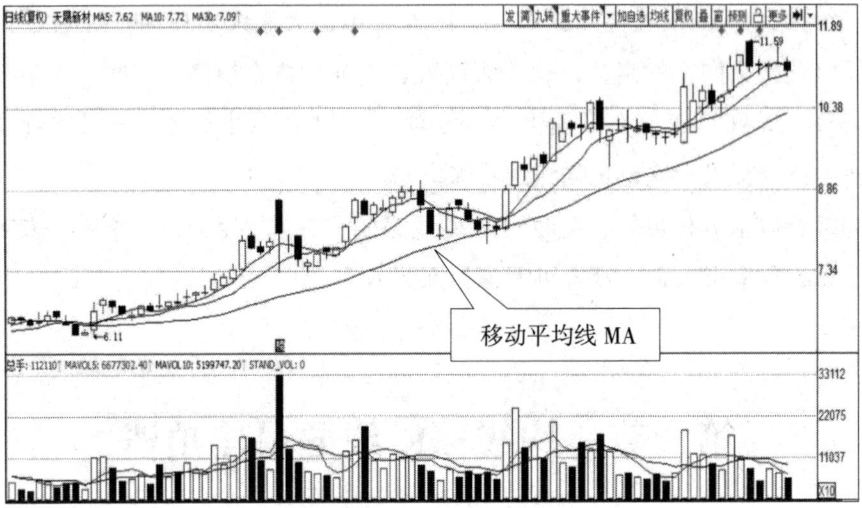

图 6-2　移动平均线（MA）

一、均线的五大核心交易功能

均线最基本的思想是消除股价变动的偶然因素，反映股价在一段时间内变动的基本趋势，因而均线具有如下五项基本的交易功能，如图 6-3 所示。

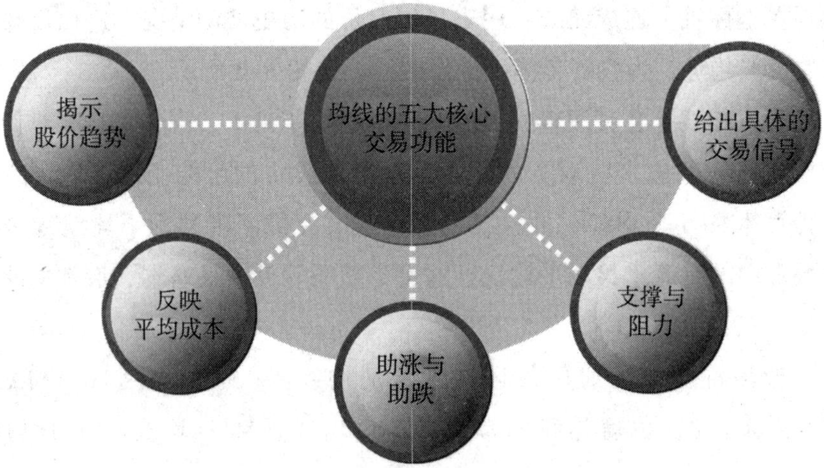

图 6-3　均线的五大基本交易功能

第一，揭示股价趋势。

均线能够揭示股价的趋势方向，所以具有趋势的性质。当均线向上运行时，表示行情趋势向好；当均线向下运行时，表示行情趋势向淡。如果从 K 线图上能够画出明显的上升或下降趋势线，那么均线的发展方向与趋势线是一致的，能消除股价在这个过程中出现的起伏波动。

第二，反映市场平均成本。

均线是近期收盘价的平均值的连线，因而它能有效地揭示当前市场的平均成本。比如，某只个股在某一交易日内的 10 日均线所对应的数值，代表了该股近 10 个交易日内的平均成本。通过对平均成本的分析，能够准确认识市场目前的成本结构，进而可以判断出自己的买入价位是否处于有利位置。另外，平均成本是市场操作特别是跟踪庄家踪迹的重要依据。

第三，助涨和助跌的作用。

在一个较大的趋势中，均线会朝着一个方向移动，通常持续一段时间后才会转向。因而，均线在上涨行情中通常是多头的防线，具有助涨的作用；在下跌行情中通常是空头的防线，具有助跌的作用。当股价向上突破或向下跌破均线时，往往还有向突破方向再进一步的愿望，这也表现了均线的助涨和助跌作用。

第四，支撑和阻力的作用。

移动平均线在股价走势中会起到支撑线和阻力线的作用。股价在均线上方运行时，均线会对股价形成支撑；股价在均线下方运行时，均线会对股价形成阻力。均线被突破，实际上是支撑线或阻力线被突破。

第五，给出具体的交易信号。

均线能够为投资者提供适当的交易时机。比如，当周期较短的均线由下向上穿越周期较长的均线时，称为黄金交叉（金叉），此为买入信号；反之，当周期较短的均线由上向下穿越周期较长的均线时，称为死亡交叉（死叉），此为卖出信号。

二、K 线与均线组合辨识趋势

均线与 K 线相结合预判股价运行趋势的方法，主要包括以下三种。

1. 均线方向与K线的位置

通常情况下，均线的倾斜方向与股价运行的大趋势是相吻合的，即短期均线方向向上，且股价位于均线上方，则股价短期处于或即将进入上涨趋势；短期均线方向向下，且股价位于均线下方，则股价短期处于或即将进入下降趋势。如图6-4所示。

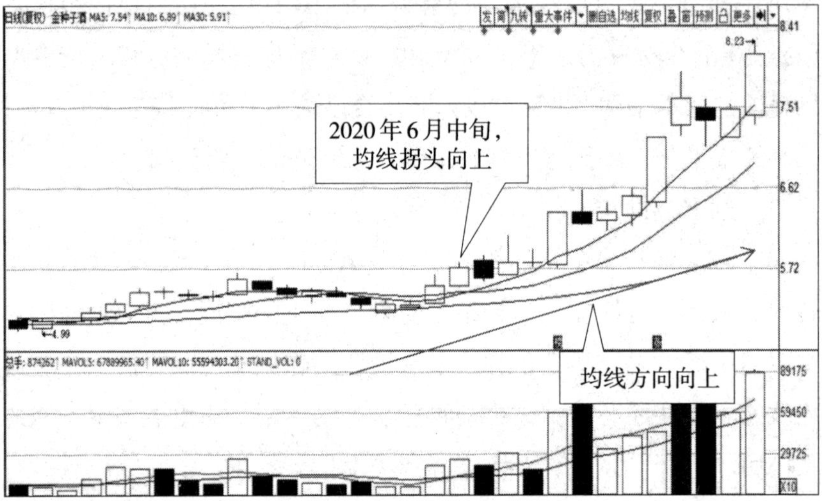

图6-4　金种子酒（600199）日K线走势图

如图6-4所示，金种子酒的5日均线、10日均线和30日均线在2020年6月出现拐头向上的走势，且股价K线一直位于均线上方，预示股价将在中短期出现一波上涨走势。

运用均线和K线判断股价运行趋势时，有两点需要注意。

第一，均线的选择。短期均线的走势能够对股价短期内的趋势进行预判，中长期均线也同样能够对股价中长期趋势进行预判。使用何种均线，主要取决于投资者投资策略的选择。

第二，通常情况下，若均线方向向下倾斜，则预示着股价将下行，此时，投资者应尽量避免买入交易。

2. 均线的排列方式

大多数时间里，各条均线都是纠缠在一起的，但是出现明显的下跌或上涨行情时，均线排列就会出现比较经典的组合方式。

（1）多头排列。

多头排列，是指短期均线、中期均线和长期均线按照自上而下的顺序排列，三条均线呈现向上倾斜。均线多头排列，表示多方力量强大，股价进入到一个稳定的上升期，通常是中线进场的机会。当然，若均线呈现多头排列，股价 K 线也一定会位于均线的上方，如图 6–5 所示。

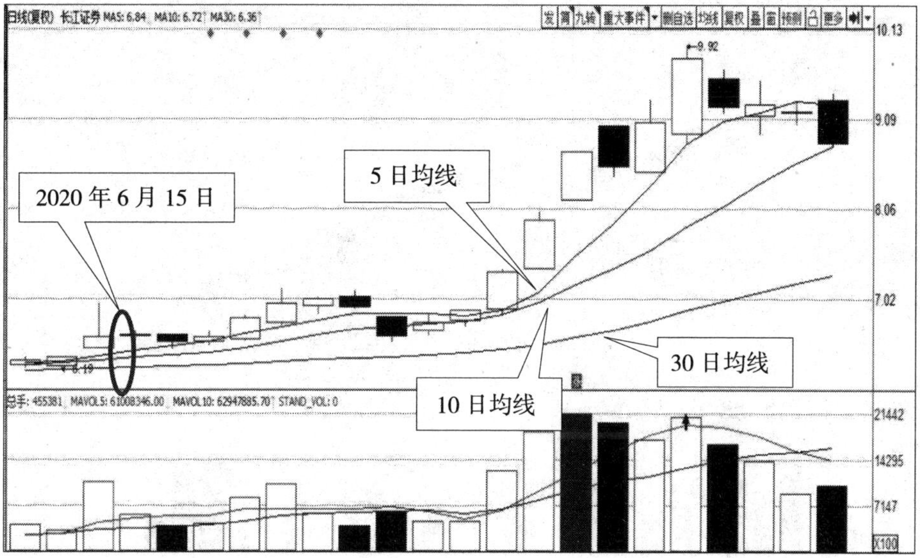

图 6–5　长江证券（000783）日 K 线走势图

如图 6–5 所示，2020 年 6 月中旬，长江证券的股价经过调整后开始启动，2020 年 6 月 15 日，以 5 日均线、10 日均线和 30 日均线构成的均线系统进入到多头排列状态，此时 K 线显示为放量小阳线，这说明股价短期涨势基本确立，投资者可追涨买入该股。

投资者根据均线多头排列进行操作时，应该注意以下几点。

第一，当均线呈多头排列时，投资者可以在前期和中期积极做多，尤其是多头排列刚形成的首个交易日，是最佳的介入时机。

第二，均线如呈多头排列，股价往往会在短期均线之上运行，如果股价回落，并在某条均线附近获得支撑而再度上涨，投资者仍可适量买入。

第三，当股价上涨到高位后，均线虽然仍呈多头排列，但是已经有走平或掉头向下的迹象，此时投资者应该对买入持谨慎态度。

（2）空头排列。

空头排列，是指长期均线、中期均线和短期均线按照自上而下的顺序排列，三条均线呈现向下倾斜。均线空头排列，表示空方力量强大，股价进入到一个持续的下跌期，通常是中线离场信号，如图 6–6 所示。

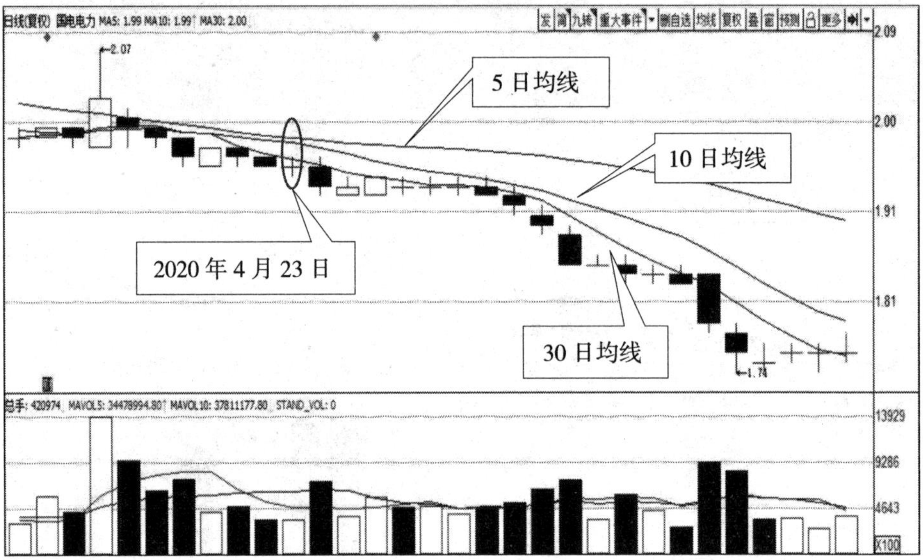

图 6–6　国电电力（600795）日 K 线走势图

如图 6–6 所示，2020 年 4 月，国电电力的股价经过一段时间的下跌后，已经开始出现空头排列的迹象。4 月中旬，由于股价出现反弹和整理，5 日均线与 10 日均线纠缠在一起。4 月 23 日，该股股价再度下跌，5 日均线与 10 日均线开始拉开距离，且 10 日均线位于下方，此时， 5 日、10 日和 30 日均线形成了空头排列状态，这意味着该股已进入到空头市场中，股价的整体趋势将转弱。

投资者根据均线空头排列进行操作时，应该注意以下几点。

第一，当均线呈空头排列时，投资者可以在前期和中期积极做空，尤其是空头排列刚形成的首个交易日，是最佳的卖出时机。

第二，均线如呈空头排列，股价大多会在短期均线之下运行，如果股价反弹，并在某条均线附近遇到阻力再度下跌，持股者应果断卖出。

第三，当股价下跌到低位后，均线虽然仍呈空头排列，但是已经有走平或掉头向上的迹象，此时投资者不应再盲目割肉。

三、支撑位与阻力位的判断

前面曾经介绍过，均线是一条反映某一时段平均持仓成本的曲线，因而，均线所处的位置，本身就是多空力量强弱的分界线：当股价位于均线上方，说明股价高于大部分投资者的持仓成本，大部分投资者都处于盈利状态，基于挣钱效应，市场上还有很多持币者在等待最佳的入场时机，当股价回落至均线位置时，持币者就会将其看成是较佳的入场机会，于是纷纷入场买入股票，股价就会反向上升，这就是均线的支撑作用。

反之，当股价位于均线下方，则说明股价低于大部分投资者的持仓成本，大部分投资者处于亏损状态，因而很多持仓者会将均线位置看成是最佳的减仓机会，当股价回升至均线位置时，他们会纷纷卖出股票，股价就会受阻回落，这就是均线的阻力作用。总之，股价K线每次向均线靠拢，多空双方都会经历一番激烈的争斗。

1. 支撑位的判断

基于均线对股价的支撑作用，当股价自上而下回落到某条均线处时，如果获得支撑开始回升，那么，投资者就可以认定此位置为股价的支撑位。若股价触及均线位置后反向向上运行，则可考虑追涨买入。

如图6–7所示，海天味业自2020年3月开始启动了一波振荡上升走势。5月21日，该股股价达到一个高点后开始回落。2020年6月12日，在股价跌到30日均线附近时，因受到30日均线的支撑而重新开始上涨。2020年7月16日，股价大幅下跌，但跌至10日均线附近时，因受到10日均线的支撑而上涨，这一次还出现了加速上涨的行情。由此可见，各条均线对股价均具有较强的支撑作用。

投资者研判均线支撑位及其支撑作用时，需注意以下几点。

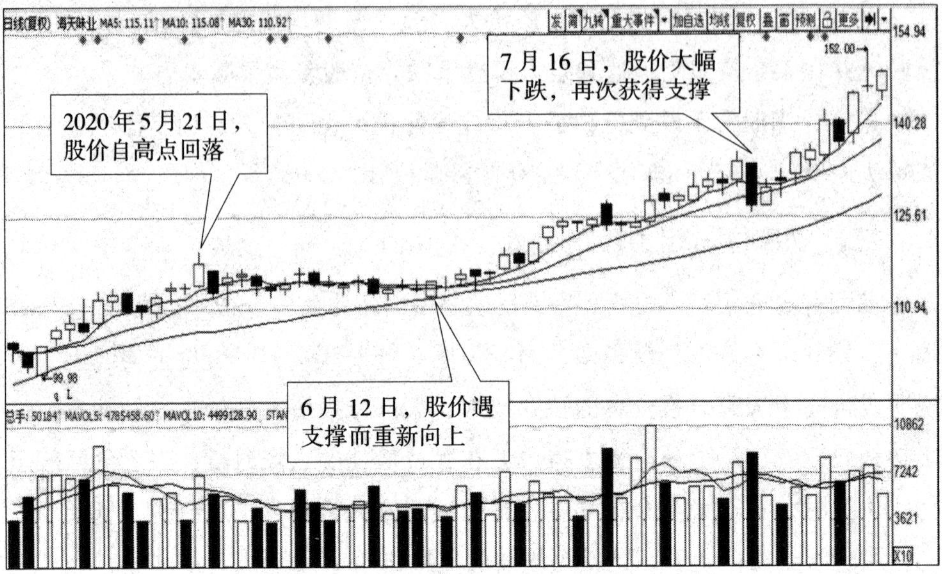

图 6-7　海天味业（603288）日 K 线走势图

第一，股价 K 线自上而下回调到均线处时，要确保股价 K 线没有跌破均线，或者跌破均线后立即回到均线之上，均可认定均线对 K 线的支撑有效。

第二，股价 K 线自上而下回调到均线处时，成交量要同步出现萎缩的态势；当股价遇支撑而重新上涨时，成交量最好能够放大。

第三，均线的方向要保持向上倾斜的状态。如果均线的方向是向下倾斜的，则不应买入股票。

2. 阻力位的判断

基于均线对 K 线的阻力作用，当股价自下方反弹到某条均线处时，如果遇到阻力开始回落，也就意味着此位置为股价的阻力位，投资者宜减仓或清仓。

如图 6-8 所示，深南电路在 2020 年 7 月 16 日收出一根大阴线，并跌破了 30 日均线，随即股价出现了一波下跌行情。几个交易日之后，该股出现振荡反弹走势，2020 年 8 月 5 日，股价上涨到 30 日均线附近时，因受到 30 日均线的阻力而重新开始下跌，由此可见，30 日均线对股价具有阻力作用。

投资者利用均线研判股价阻力位及其阻力作用时，需注意以下几点。

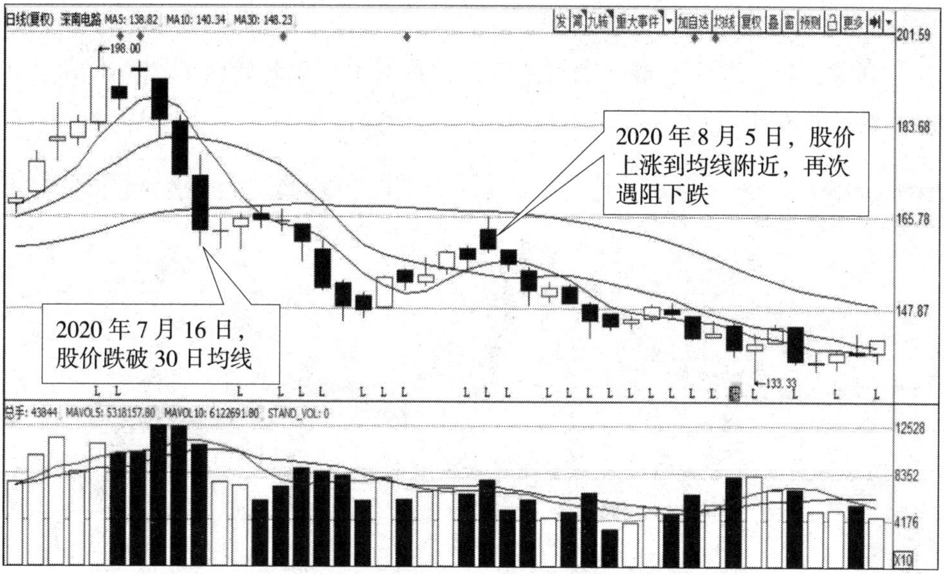

图 6-8 深南电路（002916）日 K 线走势图

第一，股价 K 线上涨到均线处时，股价 K 线没有突破均线，或者突破均线后立即回到了均线下方，说明均线的阻力较强，可以证明均线对 K 线的阻力作用有效。

第二，股价 K 线上涨到均线处时，成交量如果同步出现放大的态势，投资者需保持观望，因量价齐升时，股价有成功突破均线的可能。

第三，均线的方向如果是向下倾斜的，均线对股价的阻力作用会更强。

四、买卖点的判断

股价 K 线与均线位置关系的变化，是判断买卖点的一个重要依据。利用 K 线与均线综合研判买卖点的方法包括以下几种。

1. 突破

事实上，K 线与均线相对位置关系的每次转换，都有可能构成一次买入或卖出的契机。只不过投资者是否扣动交易的扳机，还需要综合其他因素。

K 线突破均线主要包括两种形式：其一，自上而下跌破均线支撑位；其二，自下而上地突破均线阻力位。

（1）自上而下跌破均线支撑位。

当股价自上而下跌破某条均线时，预示股价趋势开始向下，卖出信号出现。如图 6-9 所示。

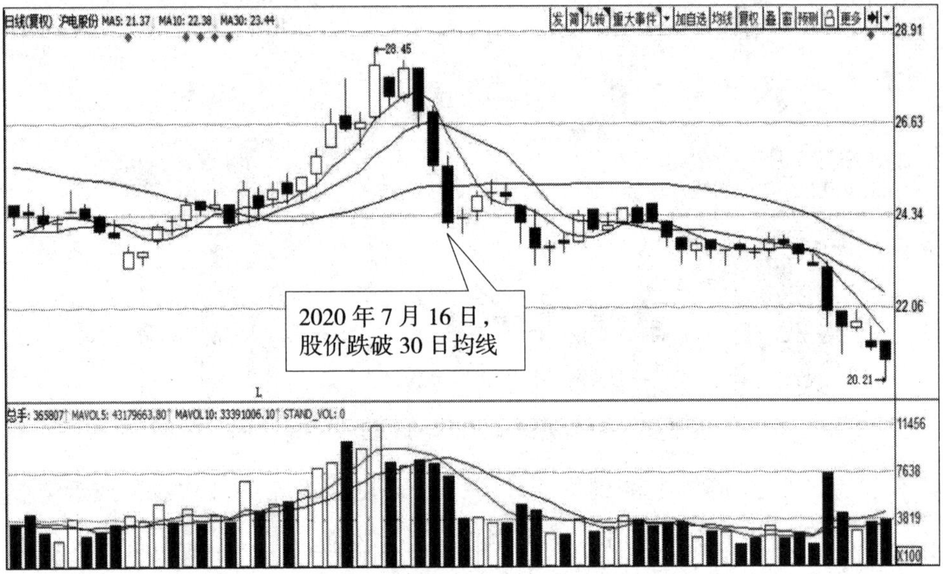

图 6-9　沪电股份（002463）日 K 线走势图

如图 6-9 所示，沪电股份的股价从 2020 年 7 月中旬开始大幅下跌。7 月 16 日，股价 K 线连续跌破 5 日均线和 10 日均线后，又跌破了 30 日均线，这说明股价将开启中期下行趋势，投资者宜卖出手中的股票。

投资者还需要注意以下几点。

第一，股价向下跌破均线时，均线的周期越长，其所发出的交易信号越可靠。周期很短的均线，如 3 日均线或 5 日均线，其交易信号的准确度相对较差。

第二，股价跌破均线支撑位时，如果能有成交量放大相配合，将大大增强突破的有效性。

第三，股价跌破均线支撑位时，均线方向要出现拐头向下的趋势。

（2）股价自下而上突破均线阻力位。

当股价自下而上突破某条均线时，预示股价趋势开始向上，买入信号出现。如图 6-10 所示。

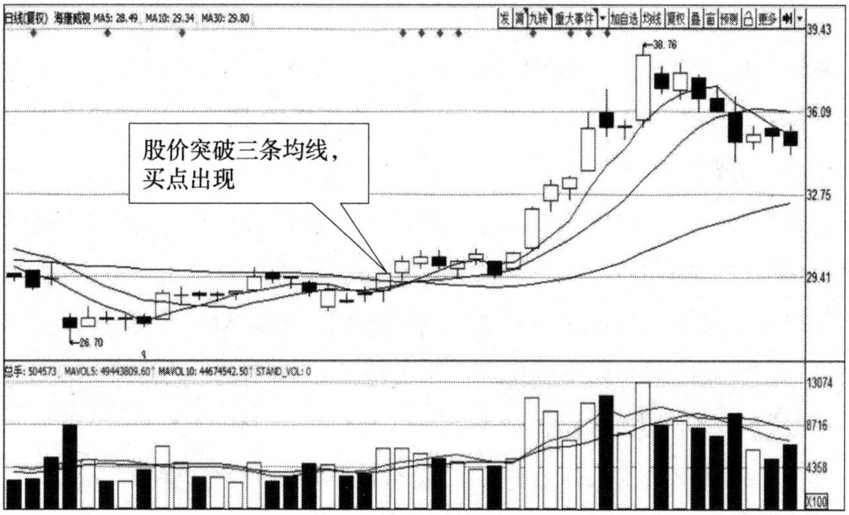

图 6-10　海康威视（002415）日 K 线走势图

如图 6-10 所示，海康威视的股价从 2020 年 5 月下旬开始振荡回升，股价不再下跌。6 月 17 日，海康威视的股价 K 线向上一连突破了 3 条均线，且成交量同步出现放大，均线方向也开始拐头向上，预示该股将启动一波上涨行情，投资者可选择短线买入。

投资者需要注意以下几点。

第一，股价向上突破均线时，均线的周期越长，其所发出的交易信号就越可靠。而周期很短的均线，如 3 日均线或 5 日均线，其交易信号的准确度相对较差。

第二，股价突破均线阻力位时，如果能有成交量放大相配合，将大大加强突破的有效性。

第三，股价突破均线阻力位时，均线方向要出现拐头向上的趋势。

第四，从安全角度出发，投资者可在股价对均线完成突破并连续三个交易日站稳均线后再入场买入。

2. 均线的金叉与死叉

股价 K 线上行或下行，也会引发短期均线与中长期均线之间的位置变化。当股价上行，引起短期均线向上穿越中长期均线，说明均线出现了黄金交叉，预示股价将会继续上行，投资者可追涨入场；反之，当股价下行，引发股价向下穿越中长期均线，则说明均线出现了死亡交叉，预示股价将会继续下行，投资者宜远离该股。

（1）均线金叉。

均线金叉，即均线黄金交叉，是指由于股价持续走高，带动短期均线自下而上穿过中长期均线形成的交叉。均线出现金叉，说明短期持仓成本超过了中长期持仓成本，近期买入股票者的成本高于中远期买入者，同时也处于盈利状态，这就比较有利于股价进一步上涨。

均线黄金交叉的买点操作要点如下。

第一，形成黄金交叉时，短期均线与长期均线的方向必须都是向上的，且股价一定要位于交叉点的上方。

第二，股价如果位于交叉点上方很远的地方，则投资者不宜买入，因为如果股价距离均线太远，很可能会出现回调。

第三，发生黄金交叉时，如果成交量能够随之同步放大，将增大股价进一步上涨的概率。对于投资者来说，均线金叉，尤其是较长周期的均线出现黄金交叉，通常会有一波股价的上涨，这也是入场操作的最佳时机。

下面来看一下科大讯飞的案例，如图 6-11 所示。

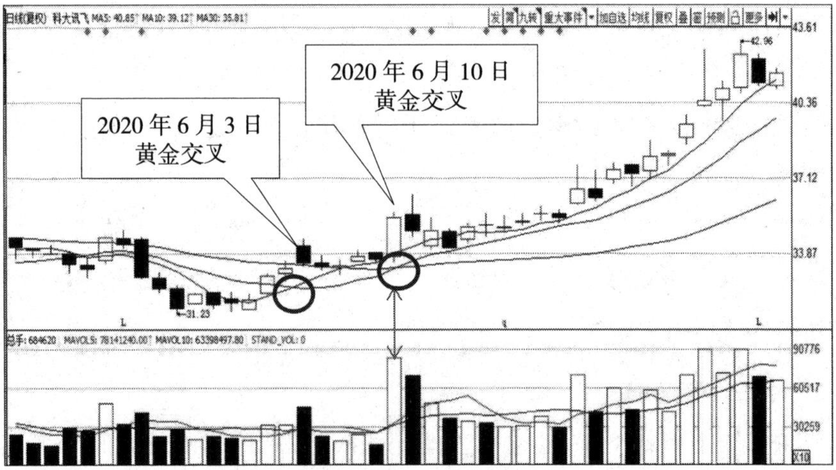

图 6-11　科大讯飞（002230）日 K 线走势图

如图 6-11 所示，2020 年 5 月底，处于振荡筑底走势中的科大讯飞的股价开始反弹，从而带动 5 日均线、10 日均线向上移动。2020 年 6 月 3 日，5 日均线上穿了处于上升状态的 10 日均线，不过，此时 5 日均线和 10 日均线均位于 30 日均线下方，说明此时的黄金交叉仅能确保短线上攻，激进型投资者可少量建仓。此后，该股股价继续上攻。6 月 10 日，该股股价收出一根大阳线，10 日均线向上穿越 30 日均线，这是典型的中线黄金交叉，说明未来股价中线走稳的概率很大。与此同时，当日成交量也放大了很多倍，这属于比较明确的买入信号，投资者可考虑于此时买入该股。

其后该股股价一路上行，由此可见，黄金交叉发出的信号准确性较高。

（2）均线死叉。

均线死叉，即均线死亡交叉，是指由于股价持续走低，带动短期均线自上而下穿过中长期均线形成的交叉。出现死叉，说明短期持仓成本低于中长期持仓成本，近期买入股票者的成本低于中远期买入者，同时也处于亏损状态，这可能导致股价进一步走低。

均线死亡交叉的卖点操作要点如下。

第一，形成死亡交叉时，短期均线与长期均线的方向必须都是向下的，且股价一定要位于交叉点的下方。

第二，如果股价位于交叉点下方很远的地方，则投资者不宜卖出，因为股价如果距离均线太远，很可能会出现回升。

第三，发生死亡交叉时，如果成交量能够随之同步放大，将增大股价进一步下跌的概率。

第四，不同均线的死亡交叉往往会对行情有着不同的指导意义：短期均线出现死叉，但中长期均线依然向上，表示短期阶段上升行情结束，中期洗盘调整行情已经开始；中期均线出现死叉，但长期均线依然向上，表示中期波段上升行情结束，波段调整行情已经开始；长期均线出现死叉，短中期均线已经完全在长期均线以下，表示大级别上升行情结束，弱势或极弱势行情已经开始。

下面来看一下领益智造的案例。

如图 6–12 所示，2020 年 2 月中旬，处于上涨行情末期的领益智造股价出现疲软迹象。2 月 28 日，该股收出一根大阴线，股价 K 线一举跌破了 30 日均线，且 5 日均线同步向下跌破了 10 日均线，形成死亡交叉，这是较为明显的卖出信号。看到这种情况，投资者无需等到 3 月 6 日 10 日均线与 30 日均线形成死亡交叉时再卖出股票。

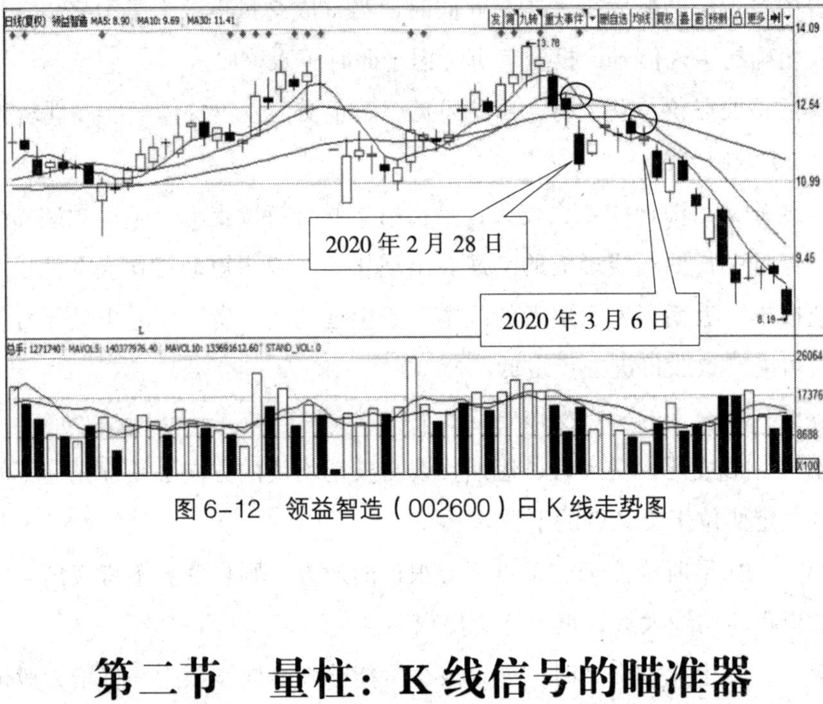

图 6–12 领益智造（002600）日 K 线走势图

第二节 量柱：K 线信号的瞄准器

量柱是指 K 线图上反映当期成交量大小的柱形图。量柱的高低不仅能够说明资金变动的趋势，更透露着庄家或主力的某种意图。正因如此，投资者通过观察量柱的变化，可以更加准确地辨别 K 线信号的含义和未来运行趋势。

根据量柱之间的对比关系，可以将量柱分为放量量柱、缩量量柱和平量柱三类。由于平量柱或接近平量的量柱在研判 K 线形态方面价值相对较小，这里不做讨论。

一、放量量柱

放量量柱是指 K 线图上成交量量柱呈现依次递增关系的几根量柱（不少于两根），即只要当前量柱高于前一根量柱，就可以认定为放量量柱。出现放量量柱，说明股票的成交量依次递增，市场对股价未来走势存在分歧，交易活跃。

出现放量量柱，可以在一定程度上确认 K 线信号能否成立。一般情况下，放量量柱主要有以下两种用途。

1. 助涨确认

股价 K 线发出买入信号时，如果能够出现放量量柱，无疑可以增加买入信号的准确性。如图 6-13 所示。

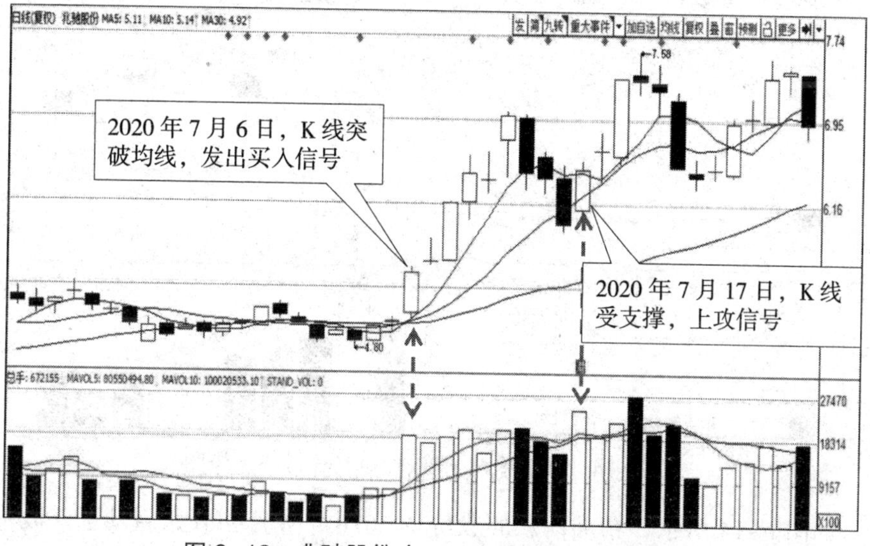

图 6-13　兆驰股份（002429）日 K 线走势图

如图 6-13 所示，2020 年 7 月 6 日，兆驰股份的股价收出一根大阳线，且这根阳线一举上穿多条均线，发出买入信号。在此过程中，成交量明显放大，该日成交量量柱相比前一交易日放大了数倍，这属于后市看涨信号，投资者可在阳线出现的次日买入股票。

2020年7月17日，兆驰股份的股价K线经过几个交易日的调整，再次突破均线系统，与此同时，成交量量柱再次出现放量状态，预示着股价还将继续上涨，投资者可加仓买入该股。

通过成交量量柱与K线综合研判买点时，需要注意以下两点。

第一，K线或K线组合发出买入信号时，后一根量柱的高度最好能超过前一根量柱的一倍以上。

第二，通常情况下，股价上涨、成交量放大属于非常健康的价量关系，但如果放量过大，创下天量，则有可能意味着股价短期高点来临，这就是通常所说的“天量见天价”，如图6–14所示。

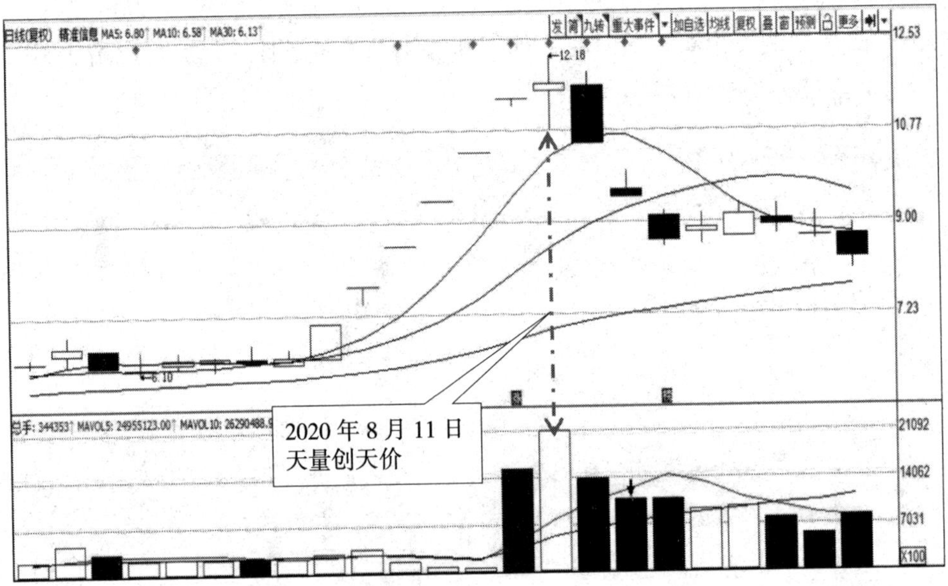

图6–14 精准信息（300099）日K线走势图

如图6–14所示，精准信息的股价从2020年8月初开始启动了一波暴涨行情，与此相对应，成交量的量柱也逐步走高。2020年8月11日，该股股价创出近期新高12. 18元后回落，此时成交量量柱也达到了近期最高值，即天量柱，这说明该股后续上涨动力可能不足，将会有一波调整走势。

2. 助跌确认

股价 K 线发出卖出信号时，通常是不需要成交量柱的放大来确认的。但如果出现放量量柱，投资者更应强化卖出的决心。

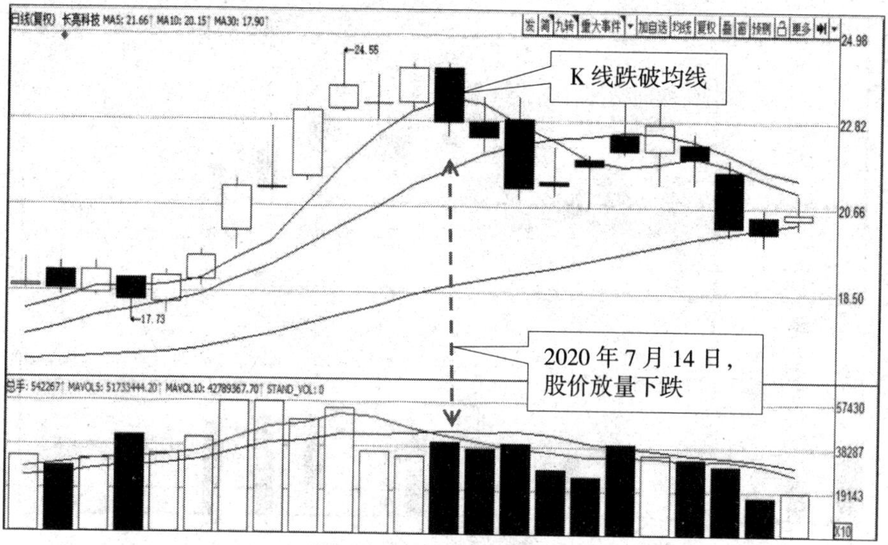

图 6–15 长亮科技（300348）日 K 线走势图

如图 6–15 所示，长亮科技的股价经过一段时间的振荡上涨后，出现上攻乏力的情况。2020 年 7 月 14 日，该股 K 线跌破均线的支撑，预示股价有可能进一步走低。与此同时，成交量量柱高于前一交易日，说明在股价下跌时资金流出加速，未来还将进一步下跌。此时，投资者宜卖出股票。

通过成交量量柱与 K 线综合研判卖点时，需要注意以下两点。

第一，K 线或 K 线组合发出卖出信号时，如后一根量柱的高度超过前一根量柱的一倍以上，则股价下跌速度可能会加快。

第二，K 线连续拉出阴线，股价步步走低时，如果成交量量柱出现异常放大，则需注意观察，股价随时有止跌上涨的可能。

二、缩量量柱

缩量量柱是指 K 线图上成交量量柱呈现依次递减关系的几根量柱（不少于两根），即只要当前量柱低于前一根量柱，就可以认定为缩量量柱。

出现缩量量柱，说明股票的成交量依次减少，市场对股价未来走势的判断趋向一致，交易清淡。通常情况下，出现缩量量柱，表示股价当前的运行趋势还将持续，投资者保持原有状态即可。

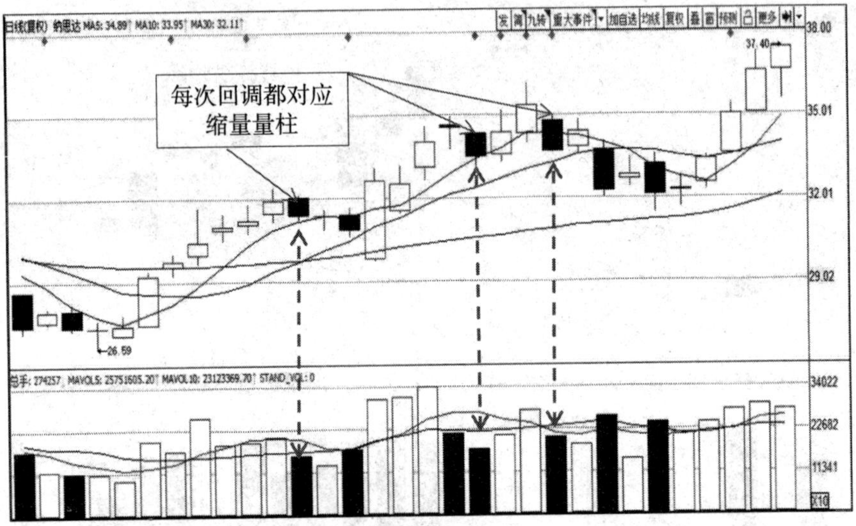

图 6–16　纳思达（002180）日 K 线走势图

如图 6–16 所示，纳思达的股价从 2020 年 5 月底开始启动了一波上涨行情。上涨过程中，股价 K 线曾数度拉出阴线，与此相对应，成交量量柱大部分为缩量量柱，这预示着股价将延续上涨态势，投资者可耐心持股。投资者如想加仓，可在股价回调至均线位置时买入。

庄家或主力通过对敲等手段，能够做高成交量量柱，却无法将量柱做短。正因为如此，缩量量柱往往具有更大的研究价值，尤其是缩到极点的地量量柱。地量量柱，是指在一段时间内某种股票最低成交量所对应的量柱。出现地量量柱，往往意味着股价将启动新的一波上涨行情（因涨停板或跌停板产生的量柱除外）。

如图 6–17 所示，2020 年 5 月初，奥瑞金的股价下跌势头有所加速。5 月 22 日，该股股价创出阶段新低后出现反弹。下一交易日（即 5 月 25 日），该股的收盘价又创下了历史新低，与此同时，成交量也创下了近期的最低值。5 月 26 日，股价回升，成交量量柱升高，这说明 5 月 25 日的成交量量柱可能会成为近期的地量量柱，股价有可能重新上涨，投资者可于 5 月 26 日买入该股。

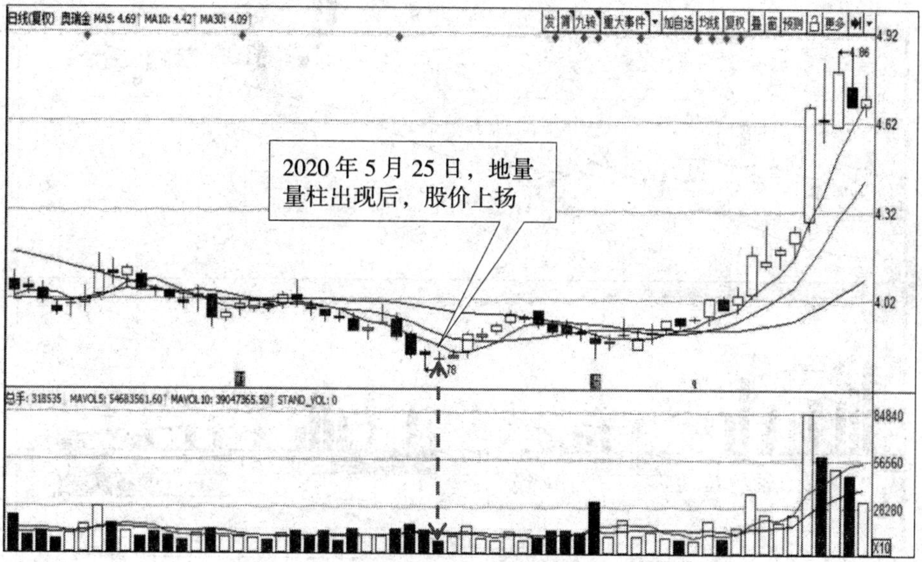

图 6–17　奥瑞金（002701）日 K 线走势图

“地量”见“地价”当日，往往会成为一段时间内的股价最低点。当然，有时候“地量”与“地价”并不在同一交易日出现，比如相隔两三个交易日，但是并不影响“地量见地价”的判断。

第三节　MACD 指标：判断运行趋势的利器

MACD 指标在 K 线信号辅助系统中主要承担对股价 K 线运行趋势判断的职能。也就是说，投资者在 MACD 指标发出趋势转好信号时，再按照 K 线发出的买入信号进行操作，获利的可能性会更高。

MACD 指标全称是“指数平滑异同移动平均线”，是由 DIF 线和 DEA 线两条曲线与 MACD 柱状线共同组成的，如图 6–18 所示。

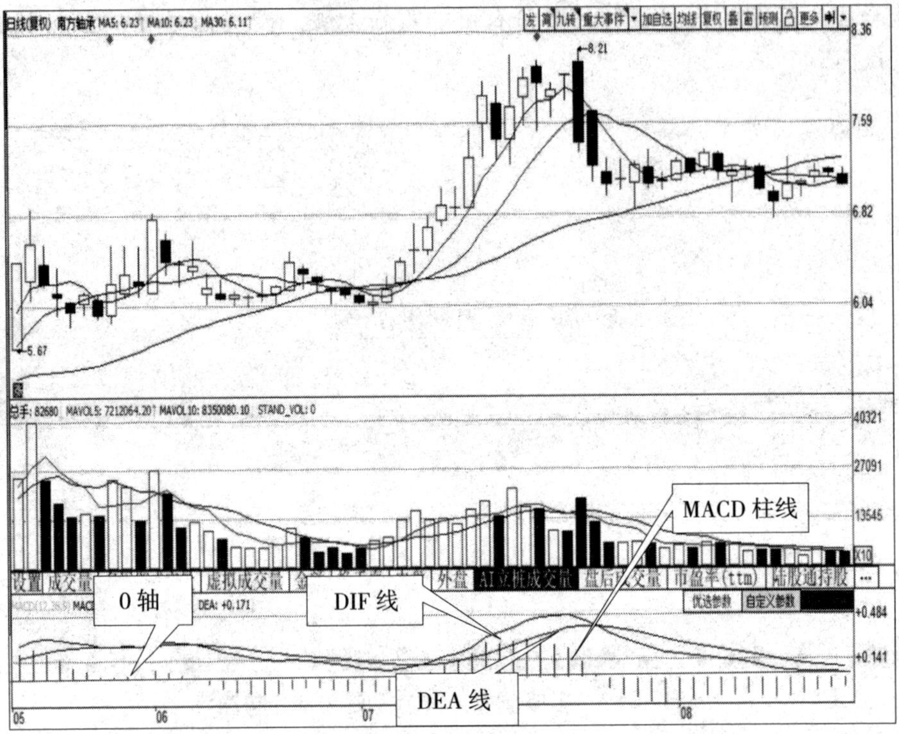

图 6–18　南方轴承（002553）的 MACD 指标

MACD 指标具有如下几项特性。

第一，DIFF 线的变动较为灵敏，是快速平滑移动平均线；DEA 线则较为平缓，是慢速平滑移动平均线，两条线都围绕 0 轴上下波动。

第二，MACD 指标显示的两条曲线都不是市场价格的移动平均线，而是表示两条移动平均线差离值的平滑移动平均线。它能克服移动平均线假信号频繁的缺点，又保留了均线的诸多优点。

第三，MACD 柱状线即 BAR 线，表示 DIFF 线与 DEA 线之间的偏离程度，BAR 线越长，说明 DIF 线距离 DEA 线越远。BAR 为正值，柱状线显示为红色，表示 DIFF 线在 DEA 线之上；BAR 为负值，柱状线显示为绿色，表示 DIFF 线在 DEA 线之下。

第四，当 MACD 柱状线由负变正（或由绿变红）时，DIFF 线必然向上突破 DEA 线，从而形成金叉；当 MACD 柱状线由正变负（或由红变绿）时，

DIFF 线必然向下跌破 DEA 线，从而形成死叉。

第五，BAR 线的正负值之间有一条分界线，称为 0 轴（或 0 线）。

第六，MACD 是一个极其重要的中长线指标，通过 MACD 指标，能够判断指数或个股在一波行情开始后庄家的洗盘和打压情况。

第七，当股价处于横盘整理或是小幅频繁振荡走势时，MACD 会出现钝化，参考作用会弱化。

MACD 指标对 K 线运行趋势的判断，主要通过以下几条途径实现。

一、MACD 指标对 0 轴的突破

在 MACD 指标分析体系中，0 轴被认为是一条非常重要的多空力量对比分界线。当 MACD 指标位于 0 轴下方时，说明空方处于优势地位；反之，当 MACD 指标处于 0 轴上方时，说明多方处于优势地位。因此，当 MACD 指标对 0 轴实现突破时，往往意味着多空力量对比的某种变化。

1. MACD 指标向上突破 0 轴

当 DIFF 线由下向上突破 0 轴，表明多头行情即将悄然形成，是中长线第一个较为安全的买入点，投资者可逢低吸纳；当 DEA 线由下向上突破 0 轴，表明多头行情逐渐变强，是中长线第二个较为安全的买入点，此时投资者可以追涨买入。

如图 6–19 所示，2020 年 5 月下旬，瑞特股份的股价随着大盘指数的回暖而出现了一波快速振荡上涨行情，MACD 指标也随之不断走高，DIFF 快线自低位向上运行，并于 2020 年 6 月 2 日率先向上突破了 0 轴，这说明市场已经完全处于多头主导。此后的 6 月 5 日，DEA 慢线也向上突破了 0 轴，这更加说明市场的强势，投资者宜加仓买入该股。

通过 MACD 指标向上穿越 0 轴和 K 线综合研判买点时需要注意：有时 K 线和均线、量柱均发出买入信号时，MACD 指标还没有完成对 0 轴的穿越，但只要 MACD 指标已经出现拐头向上的趋势，就可以认定 MACD 指标发出了趋势向好信号。

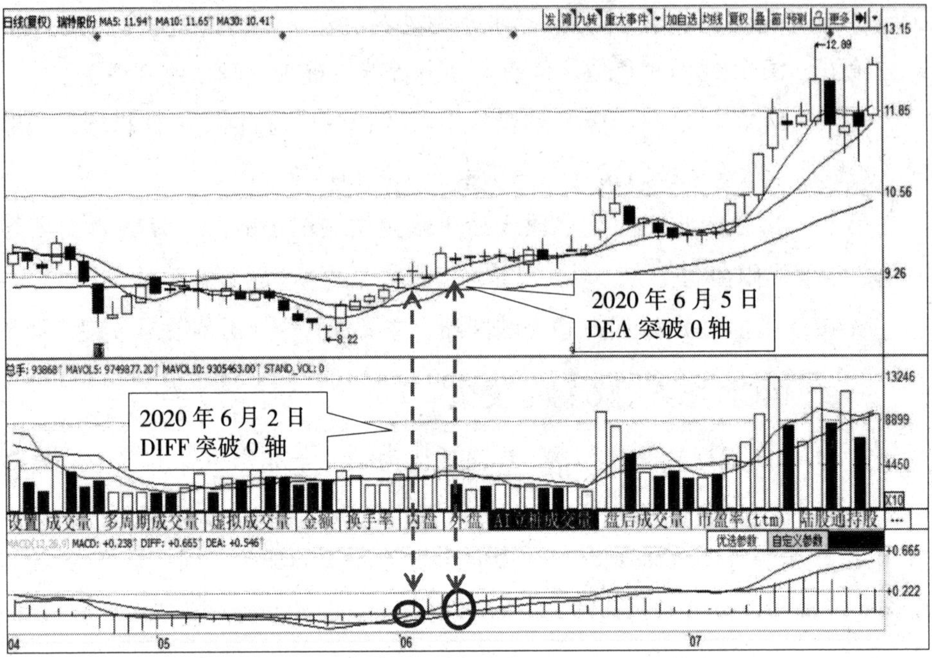

图 6-19　瑞特股份（300600）MACD 走势图

2. MACD 指标向下跌破 0 轴

当 DIFF 线由上向下跌破 0 轴，表明空头行情即将悄然形成，是中长线第一个较为合适的卖出点，投资者应坚决择高派发；当 DEA 线由上向下突破 0 轴，表明空头行情逐渐变强，是中长线第二个较为合适的卖出点，此时投资者应该将仓位沽空。

如图 6-20 所示，2020 年 2 月下旬，华测导航的股价随着大盘指数的调整而出现了一波快速下跌行情，MACD 指标也随之不断走低，DIFF 快线自高位向下运行，并于 2020 年 3 月 9 日率先跌破了 0 轴，这说明市场已经完全处于空头主导。此后的 3 月 16 日，DEA 慢线也跌破了 0 轴，这更加说明市场的弱势，投资者宜清空手中的股票。

通过 MACD 指标向下穿越 0 轴和 K 线综合研判卖点时需要注意：有时 K 线和均线、量柱均发出卖出信号时，MACD 指标还没有完成对 0 轴的穿越，但只要 MACD 指标已经出现拐头向下的趋势，就可以认定 MACD 指标发出了趋势向坏信号，毕竟 MACD 指标完成对 0 轴的突破时，股价下跌的幅度已经较大了。

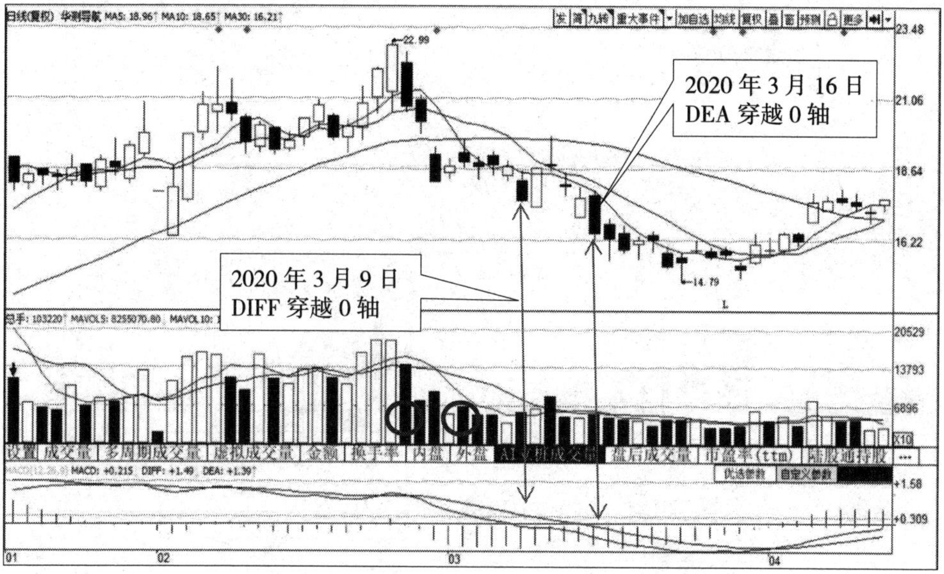

图 6-20　华测导航（300627）MACD 走势图

二、MACD 指标的金叉和死叉

相对而言，MACD 指标的金叉与死叉属于较为准确的买卖交易信号。

1. MACD 指标形成金叉

当 DIFF 和 DEA 均为正值，DIFF 线向上突破 DEA 线，在 0 轴上方形成金叉，表示市场上的买盘非常踊跃，上涨行情仍将继续，此时投资者可以追涨买入。

当 DIFF 和 DEA 均为负值，DIFF 线向上突破 DEA 线，在 0 轴下方形成金叉，表示市场上的做空气氛有所缓解，持币者有低位吸纳的意愿，股价可能止跌反弹，此时投资者需要借助其他技术指标来分析是否可以买入。

总而言之，MACD 指标在 0 轴上方附近位置形成的金叉属于质量较高的金叉。

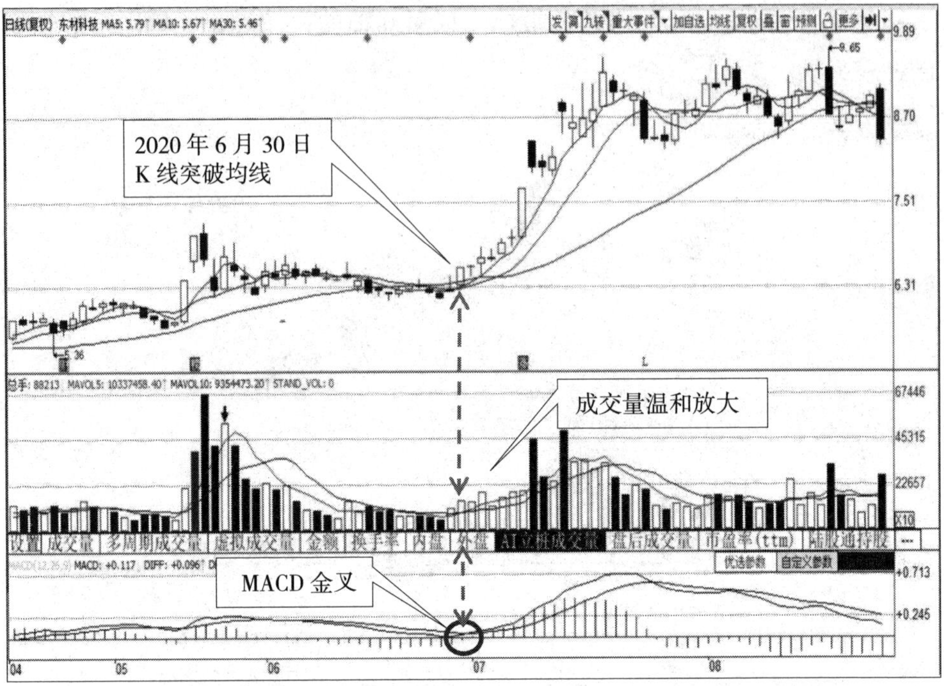

图 6-21 东材科技（601208）MACD 黄金交叉示意图

如图 6-21 所示，2020 年 6 月底，东材科技的股价在结束振荡整理之后，重新开始启动上攻模式，MACD 指标触底反弹。2020 年 6 月 30 日，东材科技的 MACD 指标在 0 轴上方附近位置出现黄金交叉，此时，该股股价刚刚完成对均线的突破，并位于均线上方，成交量同步放大，这说明股价有企稳走好的迹象。这些信息都可以强化黄金交叉信号的准确性，投资者此时可放心买入或加仓该股。

通过 MACD 指标金叉和 K 线综合研判买点时需要注意：有时 K 线和均线、量柱均发出买入信号时，MACD 指标还没有完成金叉，但只要 MACD 指标有完成金叉的趋势，就可以认定 MACD 指标发出了趋势向好的信号。

2. MACD 指标形成死叉

当 DIFF 和 DEA 均为负值，DIFF 线向下跌破 DEA 线，在 0 轴下方形成死叉，表示市场上的做空力量较为强大，下跌行情仍将持续，此时投资者应该杀跌卖出。

当 DIFF 和 DEA 均为正值，DIFF 线向下跌破 DEA 线，在 0 轴上方形成死叉，表示市场上的做多氛围有所松懈，持股者有高位回吐的想法，股价可能滞涨回落，此时投资者需要借助其他技术指标来分析是否应该卖出。

总而言之，MACD 指标在 0 轴下方形成死叉才是可靠的卖出信号。如图 6–22 所示。

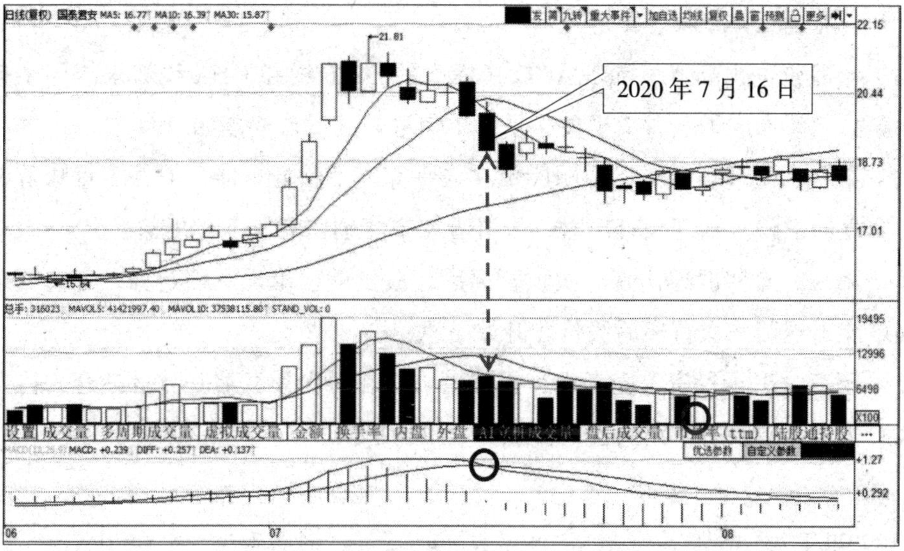

图 6–22　国泰君安（601211）MACD 指标走势图

如图 6–22 所示，国泰君安的股价在 2020 年上半年随着金融大盘股的上涨走出了一波暴涨行情，MACD 指标中的 DIFF 快线和 DEA 慢线也同步上升。2020 年 7 月 16 日，该股股价在连续几个交易日出现回调的基础上，DIFF 快线自上而下穿越 DEA 慢线，形成了高位死亡交叉，这意味着股价后市下跌的概率很大。由于此时 DIFF 快线和 DEA 慢线仍位于 0 轴上方，投资者可卖出大部分股票，留少许筹码，待 DIFF 快线跌破 0 轴时，可考虑清仓该股。

通过 MACD 指标死叉和 K 线综合研判卖点时需要注意：有时 K 线和均线、量柱均发出卖出信号时，MACD 指标还没有完成死叉，但只要 MACD 指标有完成死叉的趋势，就可以认定 MACD 指标发出了趋势向坏信号。

三、MACD 指标与 K 线的背离

通常情况下，股价 K 线的运行趋势会与 MACD 指标相一致，即当股价不断创出新高时，MACD 指标也会随之走高；当股价不断走低时，MACD 指标也会随之走低。当 MACD 指标与股价 K 线走势不一致时，说明 MACD 指标与股价存在背离，这意味着未来股价存在趋势反转的可能。

MACD 指标与股价的背离，包括顶背离与底背离两类。

1. MACD 指标顶背离

当股价创出新高，而 MACD 指标中的 DIFF 线和 DEA 线却未能同步创出新高，就形成了顶背离现象，是卖出信号。其操作要点如下。

第一，出现顶背离，说明股价在未来存在下跌的可能，但并不意味着股价会立即下跌。出现顶背离时，投资者需要特别留意其他卖出信号。

第二，有些股票出现一次顶背离后，股价就会出现下跌走势，有些股票则可能出现两三次背离后股价才开始下跌。

第三，出于投资安全考虑，投资者可以在每次顶背离时分批减仓，待发现股价滞涨下跌时再清仓出局。如图 6-23 所示。

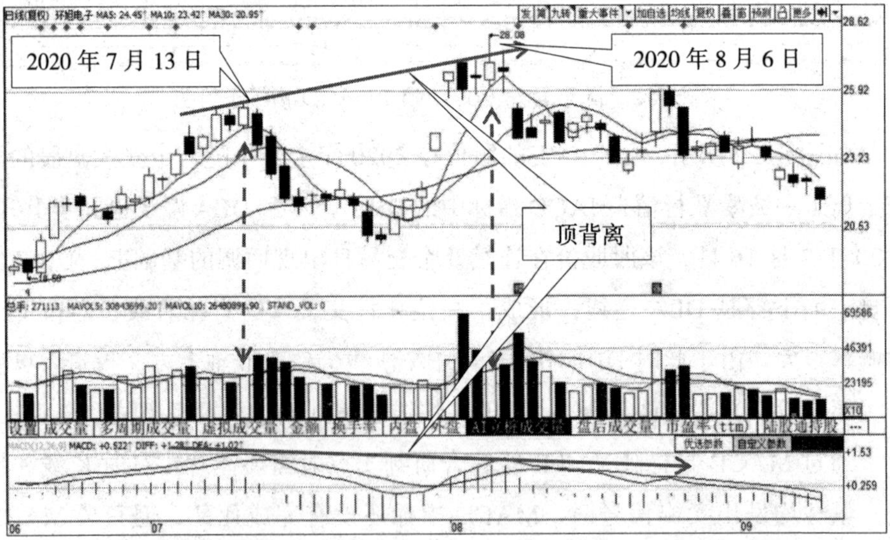

图 6-23　环旭电子（601231）MACD 指标顶背离示意图

如图 6-23 所示，环旭电子的股价在 2020 年 7 月到 8 月期间走出了一波振荡上涨行情。该股股价在 7 月 13 日和 8 月 6 日分别创下了两个短期高点，且后一个高点要高于前一个。与此同时，DIFF 快线创下的两个高点却没有形成一个比一个高的态势，这说明股价与 MACD 指标出现了顶背离，未来股价下跌的概率很高。

2. MACD 指标底背离

当股价创出新低，而 MACD 指标中的 DIFF 线和 DEA 线却未能同步创出新低，就形成了底背离现象，是买入信号。其操作要点如下。

第一，出现底背离，说明股价未来存在反弹向上的可能，但并不意味着股价会立即上涨。出现底背离时，投资者需要特别留意其他买入信号。

第二，有些股票出现一次底背离后，股价就会转为上涨走势，有些股票则可能会出现两三次底背离后才开始上涨。

第三，出于投资安全考虑，投资者可在 MACD 指标与股价出现底背离后，股价已经出现明显反弹迹象（如股价向上突破重要阻力位、K 线走出底部形态等）时再入场建仓。如图 6-24 所示。

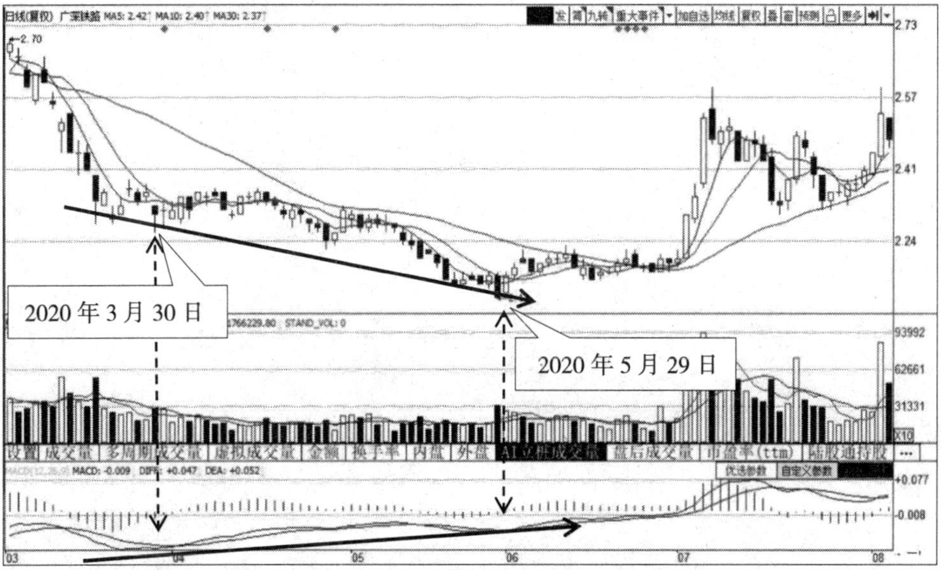

图 6-24　广深铁路（601333）MACD 指标底背离示意图

如图 6–24 所示，广深铁路的股价经历了长时间的下跌之后，在 2020 年 3 月到 5 月期间进入下跌行情的尾声。该股股价在 3 月 30 日和 5 月 29 日分别创下了两个短期低点，且后一个低点远远低于前一个。与此同时，DIFF 快线创下的两个低点却没有形成一个比一个低的态势，这说明股价与 MACD 指标出现了底背离，未来股价反弹的概率很高。

此后，该股经过一段时间的振荡整理之后，迅速触底反弹，开启了一波上升走势。

第七章

K 线图高阶技法：猎杀强势股

前面介绍了K线图的基本分析方法，本章重点讲解一些在实战中应用K线图捕捉强势股的方法与技巧。

第一节 K 线经典形态猎杀强势股

在 K 线图上，一些经典 K 线形态的出现，往往意味着股价即将出现一波规模较大的上攻。这些 K 线形态就是投资者猎杀强势股最好的参照标杆。

一、定海神针

定海神针是指股价经过一轮下跌之后，某一交易日跳空低开，随后持续下跌，其后，股价顽强地上攻，在 K 线图上留下了一根长下影线。这根长下影线像刺入深海的一根神针，支撑股价不再走低。该形态具有典型的行情反转意味，如图 7-1 所示。

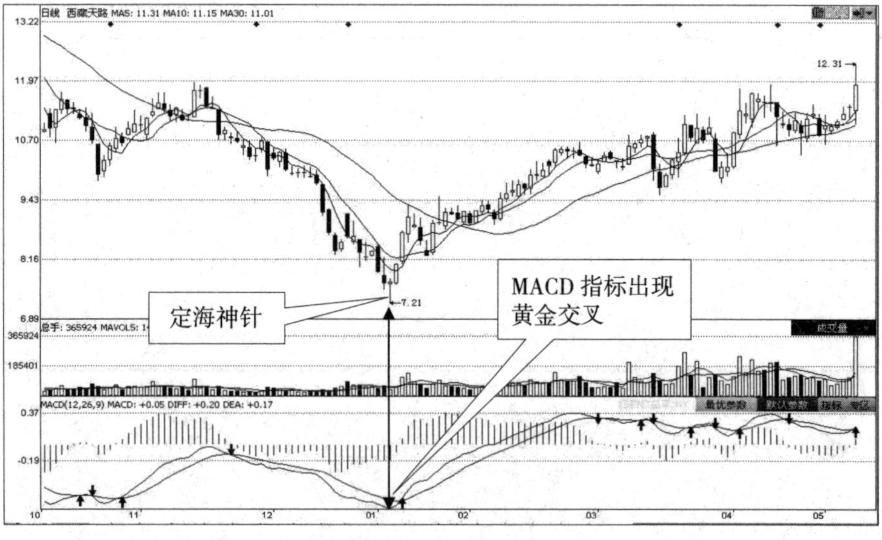

图 7-1 定海神针形态

1. K 线形态成立条件

（1）股价经过一轮下跌之后，已经到了比较低的位置。

（2）大盘开始企稳反弹。

2. K 线形态特征

（1）经过连续下跌之后，股价以向下跳空的形式开盘，随即展开了一波下跌，股价被打压到一定程度后开始反攻。

（2）股票收盘时，K 线实体可以是小阴线、小阳线或十字线。

（3）定海神针形态多出现在股价反转的点位，因而定海神针形态出现时常伴有 V 形反转形态。

（4）MACD 指标自底部拐头向上，若出现底部黄金交叉更佳。

（5）定海神针形态有时会与前后两个交易日的 K 线共同组成启明星形态，这更可增强股价上涨信号的有效性。

3. 强势股买点

（1）定海神针出现当日，投资者可少量买入该股。定海神针出现次日，如果股价高走，成交量温和放大，则可果断买入该股。

（2）如果股价下跌，说明此形态只是一个下跌过程中的中继形态，投资者不可买入股票。

4. 实盘案例

如图 7-2 所示，怡球资源的股价经过一波下跌后，在 2020 年 4 月 28 日走出了定海神针形态，预示股价将企稳上涨。

2020 年 4 月 28 日，怡球资源的股价经过了一波下跌之后，以向下跳空的形式开盘，接着不断创出新低，其后，多头开始发力，股价最终以带长下影线的阴线报收，形成了定海神针形态。该形态说明空头力衰，多头即将发力。投资者观察此时的 MACD 指标可知：该指标已经触底，即将开启反弹走势。投资者可保持对该股的关注，其后若股价反向上攻，则可追涨买入。

4 月 29 日，怡球资源的股价低开平走，在 K 线图上留下一根小阳线，且成交量萎缩至阶段新低，而 MACD 指标拐头向上。该信号出现时，股价平开高走，预示股价即将启动反弹。不过，毕竟收盘价相对较低，投资者可继续观察，激进型投资者可少量入场。

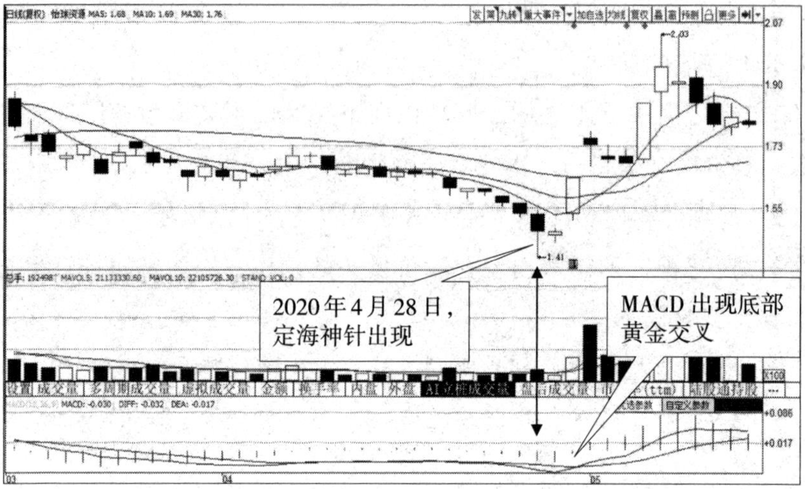

图 7–2　怡球资源（601388）日 K 线走势图

4 月 30 日，该股股价高开高走，MACD 指标出现底部金叉，这属于典型的看涨信号，投资者可积极入场做多。此后，该股出现了一波快速上升走势。

应用定海神针形态猎杀强势股时，应注意以下几点。

第一，投资者不可过早介入目标股，一定要等到定海神针形态成立，股价开始反攻时再买入。

第二，如果定海神针出现次日股价大涨且连续突破多条均线，则可增加股价未来上涨的可能性。

第三，有时候，研判定海神针形态的买入信号并不会在同一天出现，此时，投资者应保持足够的耐心，不要过早入场。

二、鱼跃龙门

鱼跃龙门是指股价 K 线经过连续几个交易日的下跌后出现拐头缓慢上涨的迹象，5 日均线、10 日均线和 30 日均线也同步出现拐头向上的迹象，某一交易日，股价 K 线上涨至 30 日均线附近时，直接跳空高开越过 30 日均线，并最终收于 30 日均线之上。该形态属于典型的看涨形态，如图 7–3 所示。

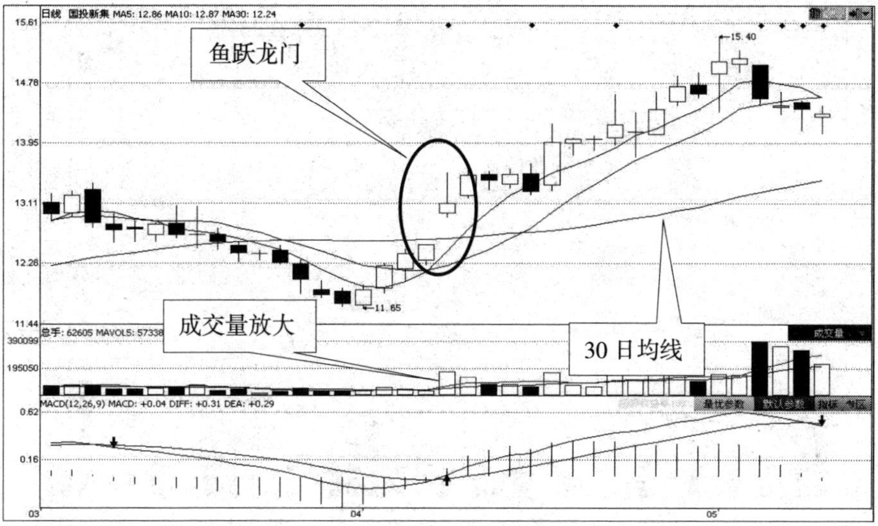

图 7–3　鱼跃龙门形态

1. K 线形态成立条件

（1）30 日均线由下跌状态转为上涨或走平状态。

（2）成交量维持在较低水平。

2. K 线形态特征

（1）某一日股价放量跳空上涨，并且直接越过 30 日均线。

（2）股价跳空当日，收盘价位于 30 日均线之上。

（3）股价跳空上涨当日，成交量放大数倍。

（4）股价跳空上涨时，均线指标如果能走出黄金交叉形态，则可增加股价未来上涨的可能性。

3. 强势股买点

当股价放量跳空越过 30 日均线，并收于 30 日均线之上时，投资者可考虑买入该股。

4. 实盘案例

如图 7–4 所示，明德生物的股价经过一波下跌后，于 2020 年 6 月初走出了鱼跃龙门形态，预示股价将企稳上涨。

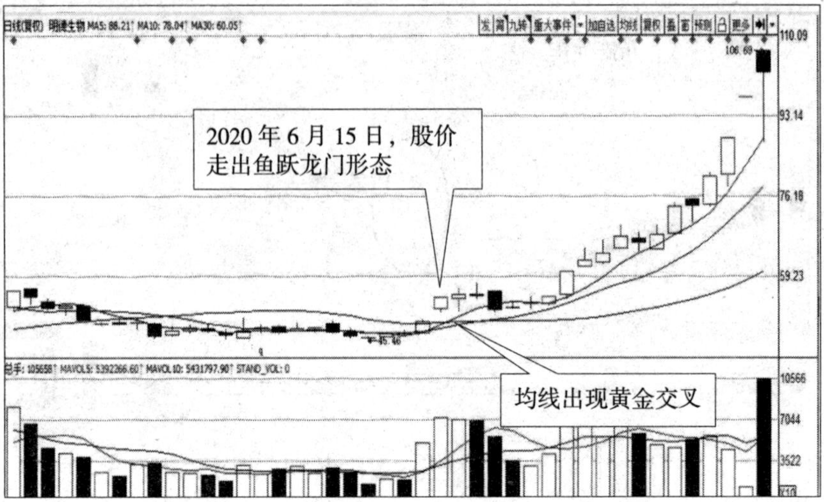

图 7-4　明德生物（002932）日 K 线走势图

2020 年 5 月中旬以后，明德生物的股价一直在 30 日均线下方运行，30 日均线呈现放平状态，这说明股价走势将要企稳。

6 月 15 日，明德生物的股价越过 30 日均线跳空高开，并最终封上涨停板，在 K 线走势图上留下了一个缺口，这说明鱼跃龙门形态形成，投资者可买入该股。观察此时的均线指标可知：此时 5 日均线上穿 10 日均线和 30 日均线形成黄金交叉形态，这也预示着股价将出现一波上涨行情。

应用鱼跃龙门形态猎杀强势股时，应注意以下几点。

第一，成交量的配合是形态成立的关键。股价越过 30 日均线前，成交量应呈萎缩状态；股价越过 30 日均线当天，成交量应呈放大状态（当日涨停个股除外）。

第二，股价跳空越过 30 日均线之后，如果出现回调，那么必然会在缺口处获得支撑。

三、出水芙蓉

出水芙蓉是指股价盘整过程中，各条均线呈现黏合状态，某日股价大幅上涨，拉出一根大阳线，且此阳线一举突破多条均线。该形态属于强烈的看涨形态，很多强势股在上涨启动时都出现过这种形态，如图 7-5 所示。

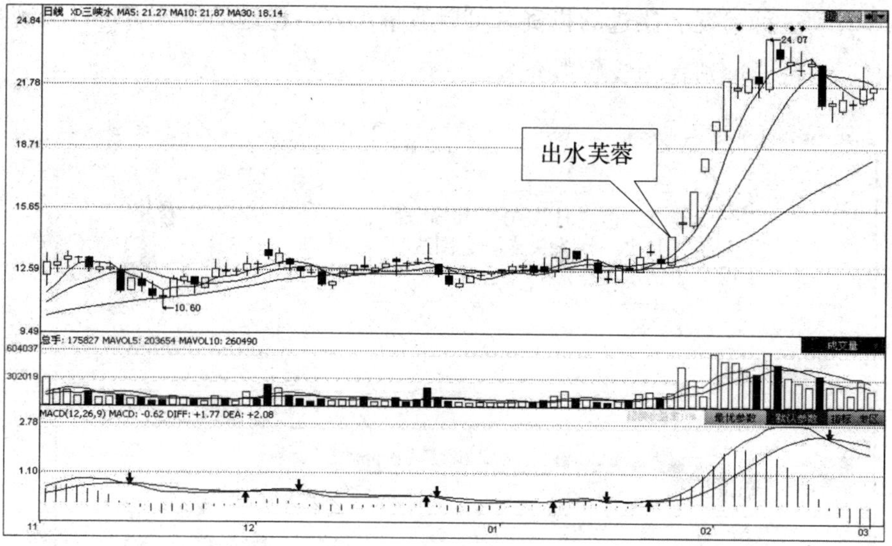

图 7–5 出水芙蓉形态

1. K 线形态成立条件

（1）股价长期处于横盘状态中，各条均线呈现黏合状态。

（2）成交量维持在较低水平。

2. K 线形态特征

（1）某一日股价低开高走，一举突破了多条均线。

（2）股价突破均线当日常常以涨停报收。

（3）股价突破之后，各条均线由黏合状变为发散状，且方向向上。

（4）股价突破各条均线当日，成交量出现放大态势。

3. 强势股买点

当股价突破各条均线并站在各条均线之上时，就是买入该股的一个较好时机。

4. 实盘案例

如图 7–6 所示，2020 年 6 月，石大胜华处于阶段性底部盘整阶段。2020 年 6 月 30 日，该股放量上涨，股价连续突破 5 日、10 日和 30 日均线，收出一根光头光脚大阳线。其后，该股各条均线由黏合状态转为多头发散状态。看到这种情况，激进的投资者可以适量买入，稳健的投资者可以再观察几日，等待股价站稳均线后再介入。

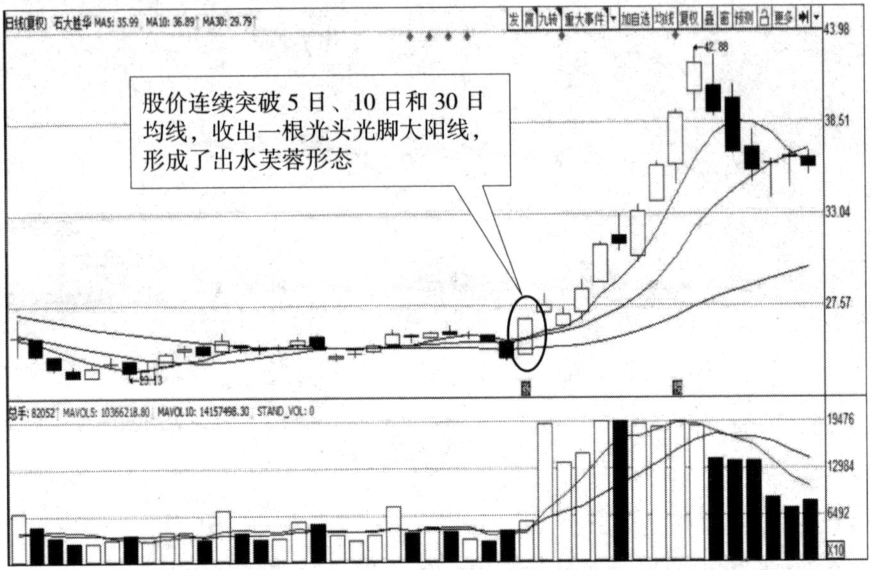

图 7-6　石大胜华（603026）日 K 线走势图

应用出水芙蓉形态猎杀强势股时，应注意以下几点。

第一，成交量的变化。股价盘整时，成交量应该呈萎缩状态，当股价突破多条均线时，成交量应该有明显的放大。

第二，股价突破多条均线后，各条均线如果出现多头发散排列，说明股价的上涨趋势将会持续一段时间。

四、双针探海

双针探海是指股价在底部盘整过程中形成双底形态，且每个底部都有一根带长下影线的 K 线。双针探海与定海神针形态有些相似，该形态发出的看涨信号更具可信度，如图 7-7 所示。

1. K 线形态成立条件

（1）股价经过一段时间的下跌之后，有明显的筑底迹象。

（2）成交量维持在较低水平。

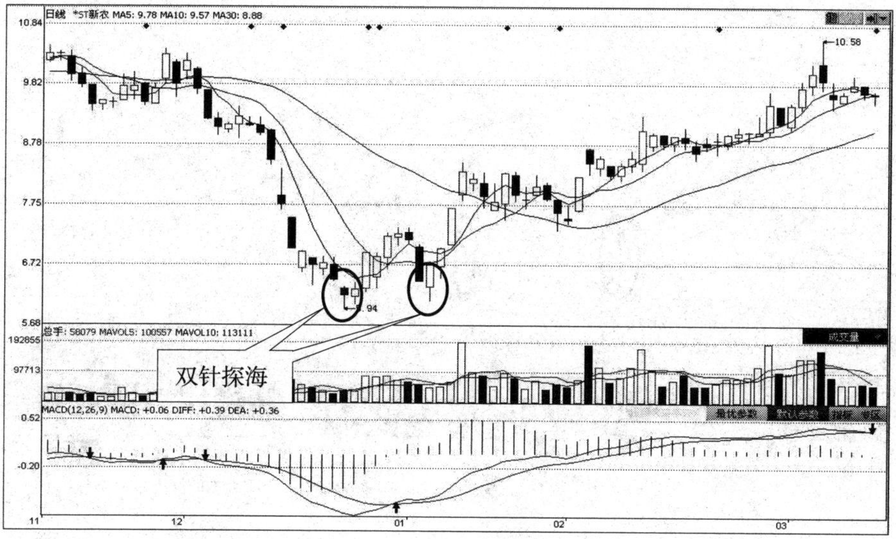

图 7–7　双针探海形态

2. K 线形态特征

（1）股价在短期内接连走出两个底部，构成了双底形态。

（2）在双底形态中，每个底部都有一根下影线。

（3）第二个底高于第一个底，说明股价有企稳反弹的迹象。

（4）股价形成双底形态时，如果 MACD 指标出现黄金交叉，则可增强股价上涨的概率。

3. 强势股买点

（1）股价走出双底形态的次日，如果股价发动上攻，就是买入该股的一个较好时机。

（2）当股价突破双底形态的颈线位置时，是一个比较安全的买点，但相对于第一个买点已经有一段涨幅了。

4. 实盘案例

如图 7–8 所示，福蓉科技的股价在 2020 年 4 月 28 日和 5 月 25 日走出了双针探海形态，预示股价将要企稳上涨。

从 2020 年 2 月下旬开始，福蓉科技的股价走出了一波下跌行情。

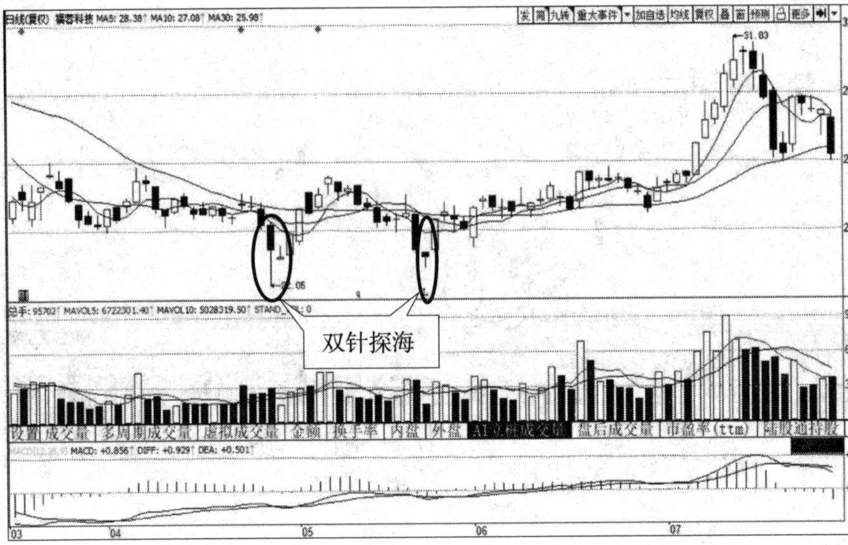

图 7-8　福蓉科技（603327）日 K 线走势图

福蓉科技的股价在 4 月 28 日和 5 月 25 日两个交易日内走出了带长下影线的阴线，并形成了双底形态，这预示着双针探海形态正式形成。投资者需要观察该股随后的走势，股价一旦企稳反弹，则可迅速跟进买入。如果股价跌破下影线的最低点，则说明下跌行情还将持续，投资者不可轻易入场。

观察 MACD 指标可知：该指标此时出现拐头向上形态，且即将突破 0 轴，这也预示股价即将上涨，投资者可在双针探海形态出现的次日买入该股。

应用双针探海形态猎杀强势股时，应注意以下几点。

第一，两根下影线的低点。双针探海形态要求后一根下影线的低点要高于前一根下影线的低点，即使只差一分钱也可以。

第二，为了安全考虑，投资者最好等双底形态形成之后再入场买入股票，以防被套在“半山腰”位置。

五、千金难买“老鸭头”

老鸭头形态是运用移动平均线分析股价走势时出现的经典形态。老鸭头形态是强烈的买入信号。在运用老鸭头形态时，最常用的均线组合是 5 日均线、10 日均线和 50 日均线。如图 7-9 所示。

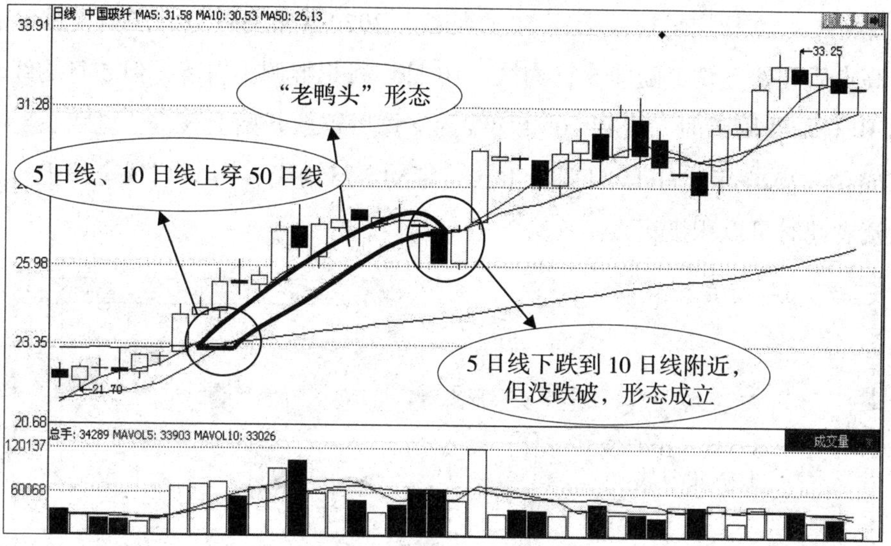

图 7-9　老鸭头形态

1. K 线形态成立条件

（1）大盘环境趋于稳定，没有大幅下跌风险。

（2）股价已经完成了振荡筑底。

2. K 线形态特征

（1）5 日均线和 10 日均线相继上穿 50 日均线。

（2）5 日均线和 10 日均线上穿 50 日均线之后，5 日均线出现阶段性高点。

（3）在 5 日均线达到高点后，5 日均线下跌到 10 日均线附近再次被托起，并没有跌破 10 日均线，此时三条均线呈多头排列。

3. 强势股买点

一般情况下，当一只股票的均线出现“老鸭头”形态时，往往意味着后市有一段上涨行情。均线出现“老鸭头”形态的个股，可以作为短线选股的一个备选标的。

4. 实盘案例

下面来看一下阳谷华泰的案例。

如图 7-10 所示，2020 年 5 月底，阳谷华泰的股价连续上涨。6 月 5 日、8 日，

5 日均线、10 日均线连续上穿 50 日均线。2020 年 6 月 8 日，股价上涨到相对高点后开始下跌，随即 5 日均线、10 日均线相继调头向下，但 5 日均线跌到 10 日均线附近时，受到 10 日均线的支撑后重新开始上涨，“老鸭头”形态成立。2020 年 6 月 15 日股价上攻，带动 5 日均线、10 日均线全线上行，投资者此时可以积极买入。

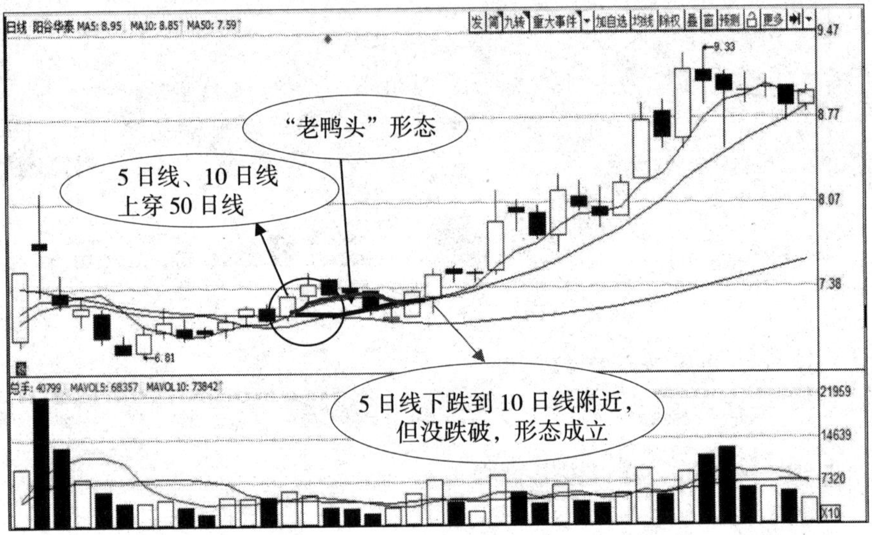

图 7-10 阳谷华泰（300121）日 K 线走势图

第二节 K 线组合形态猎杀强势股

价格、成交量、趋势是研判一只股票有无上涨潜力最重要的三个维度。本节通过 K 线与均线系统、MACD 指标、成交量指标等结合分析来识别强势股。

一、突破跳空阴线

突破跳空阴线是一个典型的洗盘信号，此时，短期均线如果能够拐头向上，与中期均线形成黄金交叉，同时，MACD 指标也拐头向上出现低位黄金交叉，则意味着股价将启动一波上涨行情，如图 7–11 所示。

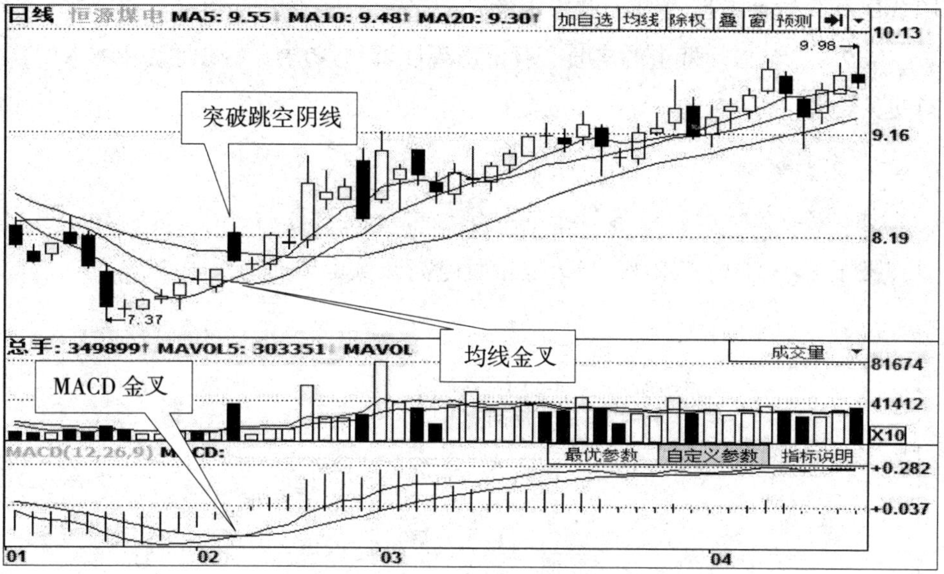

图 7–11 突破跳空阴线形态

1. 大盘环境

（1）股价启动前，大盘处于下跌或横盘环境中。

（2）股价启动时，大盘处于横盘或反转向上环境中。

2. 技术形态

（1）某一日股价跳空高开，其后股价出现回落，在 K 线图上留下一根阴线。

（2）在股价走出阴线的当天或次日，短期均线上穿中期均线形成黄金交叉形态。

（3）股价跳空高开当天，成交量可以放大，但不能出现巨量。

（4）股价跳空时，MACD 指标最好能够出现低位黄金交叉。如果 MACD 指标处于高位，则此信号无效。

（5）股价跳空高开低走之后，有时还会出现回调，投资者宜谨慎。

3. 最佳买点

（1）跳空高开低走的次日，股价可能会出现回调，当股价回调不破该阴线前一交易日最低点时，可买入该股。

（2）跳空高开低走的次日，股价出现回调且遇均线支撑而重新上涨时，可买入该股。

4. 实盘案例

如图 7–12 所示，乐鑫科技的股价经过一波盘整后，在 2020 年 6 月 22 日突破了多条均线的阻力，当天股价跳空高开低走形成一根阴线。

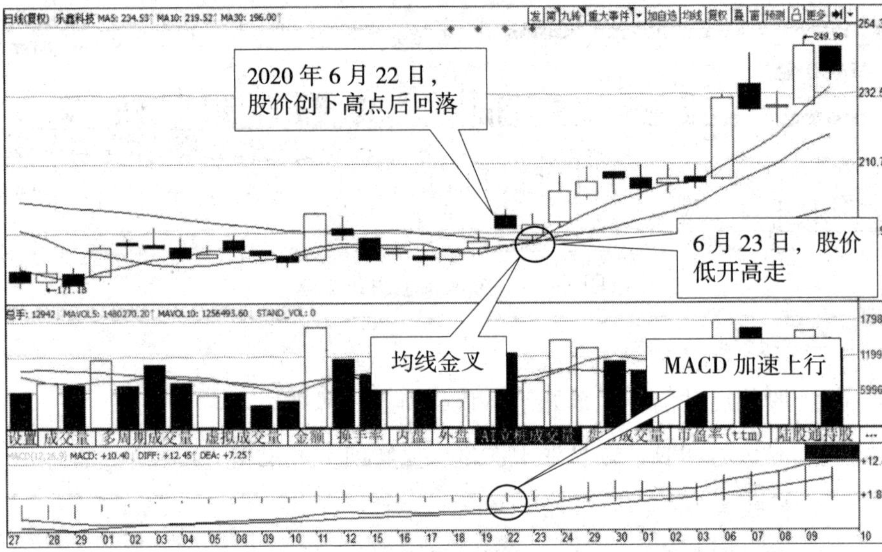

图 7–12　乐鑫科技（688018）日 K 线走势图

2020 年 5 月下旬，乐鑫科技的股价进入底部盘整行情，股价长期被 30 日均线压制。

6 月 22 日，乐鑫科技的股价直接跳空高开后逐渐走低，在 K 线图上留下了一根带长上影线的中阴线。股价跳空之前，MACD 指标已经开始自底部回升，当日 MACD 指标出现加速上升走势，预示股价短期将有一波上涨行情。

6 月 23 日，乐鑫科技的股价低开高走，且 5 日均线、10 日均线同步上穿 30 日均线形成黄金交叉，预示其后股价将走强。投资者可于股价突破跳空阴线最高点时买入该股（即6月24日正式入场）。

利用本技巧买入股票时，需要注意两点。

第一，股价跳空高开低走的次日，有回调走低的可能，投资者可以在股价重新启动上涨时再买入该股。

第二，股价跳空高开低走的次日，如果出现跳空低开，则该缺口会对股价产生一定的阻力。投资者想买入该股，需待股价突破缺口位置时方可。

二、涨停过顶

涨停过顶是一个重要的买入信号。股价涨停过顶的同时，均线如果能呈多头排列，成交量同步放大，那么，股价上涨的概率非常大。如图7-13所示。

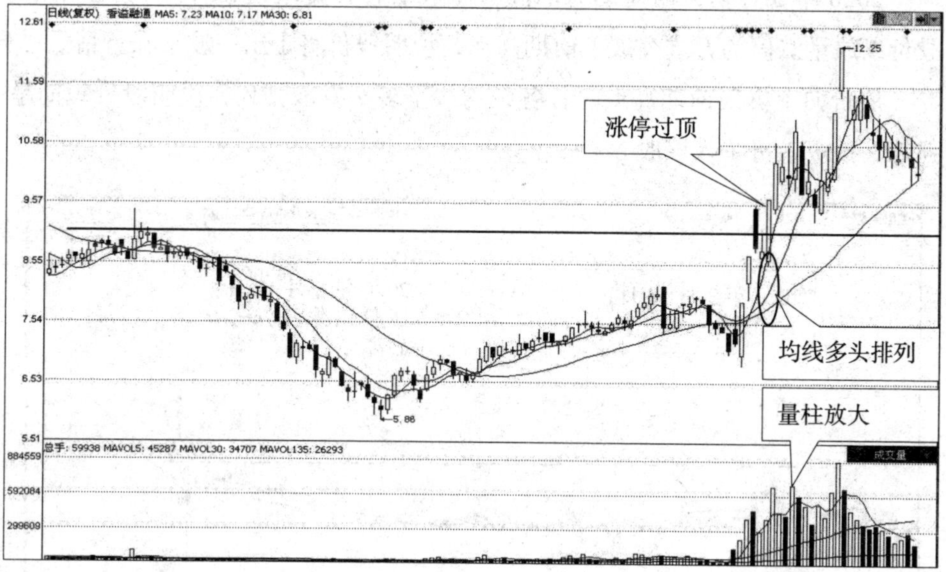

图7-13　涨停过顶形态

1. 大盘环境

（1）股价涨停前，大盘处于横盘或上涨环境中。

（2）股价涨停时，大盘延续上涨行情，如果能够大幅上涨更好。

2. 技术形态

（1）股价涨停前已经出现了一波上涨行情。

（2）股价到达前期高点位置时，突然以放量涨停的方式突破前期高点。

（3）股价突破前期高点当日，各条均线呈发散排列。

（4）股价突破前期高点前，如果已经数次突破前期高点未果更好。

3. 最佳买点

（1）当股价以涨停方式突破前期高点位置时，就是该股第一个买点。

（2）当股价突破重要阻力位时，是加仓该股的好时机。

4. 实盘案例

如图 7–14 所示，2020 年 3 月 18 日，西菱动力的股价在突破一个前期高点后出现下跌走势，其后又出现了振荡反弹行情。

2020 年 5 月初，西菱动力的股价触底后，开始缓慢攀升。8 月 17 日，股价以放量涨停的方式突破了前期高点，说明股价将走出一波上涨行情。

股价向上突破前期高点时，各条均线呈多头发散排列，说明股价短期呈强势，投资者可买入该股。

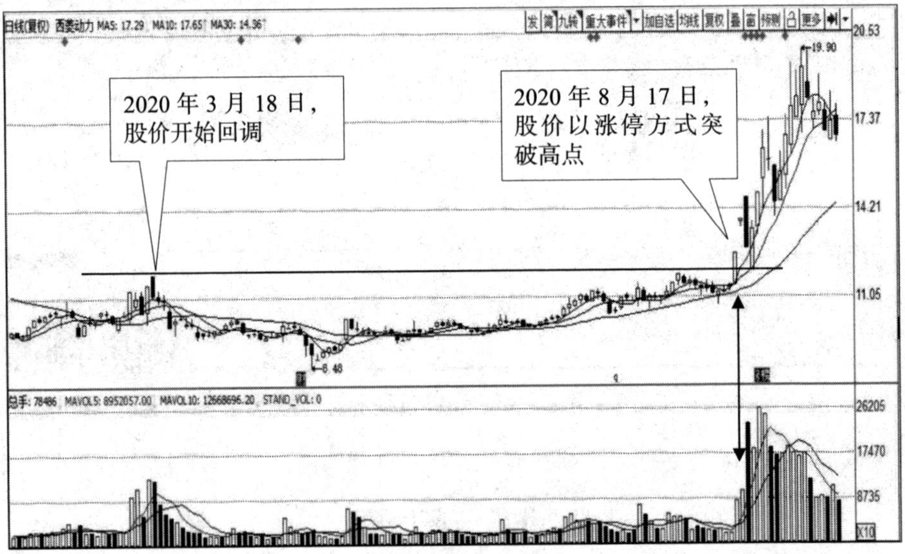

图 7–14　西菱动力（300733）日 K 线走势图

利用本技巧买入股票时，需要注意两点。

第一，收出涨停板之后，一般都会出现回调走势，这是由于获利盘回吐造成的，只要股价不跌破5日均线，投资者就可继续持股。当然，如果股价出现放量下跌，投资者应迅速撤出该股。

第二，股价突破前期高点之后，前期高点位置就成了股价下跌时的支撑位，一旦股价跌破前期高点位置，就意味着股价有加速下跌的可能。

三、蛤蟆跳空

股价某一日放量跳空突破前期高点连线，并且收于趋势线之上，与此同时，MACD指标出现拐头向上走势，表明股价上涨势头较猛。如图7-15所示。

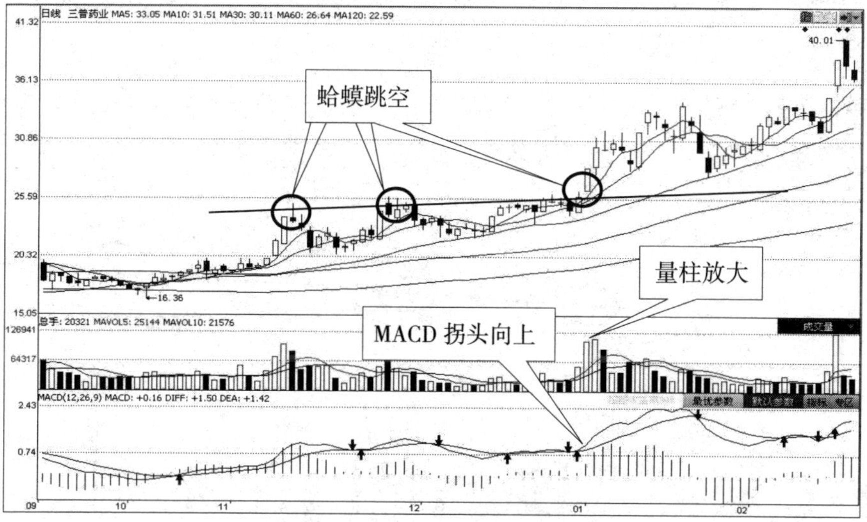

图7-15　蛤蟆跳空形态

1. 大盘环境

（1）股价上涨前，大盘处于横盘或上涨环境中。

（2）股价跳空上涨时，大盘延续上涨行情，如果能够大幅上涨更好。

2. 技术形态

（1）各条均线呈发散状态，且60日均线和120日均线呈开口状态。

（2）股价已经连续创下两个高点，且后一个高点高于前一个高点，这两个高点可以用一根趋势线连接。

（3）某一日股价放量跳空上涨，并且直接越过前期高点的趋势线。

（4）股价跳空当日，收盘价位于趋势线之上，且成交量放大数倍。

（5）股价跳空上涨时，MACD 指标如果能走出拐头向上形态，则可增加股价未来上涨的可能性。

3. 最佳买点

当股价放量跳空越过趋势线，并且肯定能收于趋势线之上时，投资者可考虑买入该股。

4. 实盘案例

如图 7-16 所示，中银证券的股价在 2020 年 5 月到 7 月期间，走出了蛤蟆跳空形态，说明该股未来走势趋于强势。

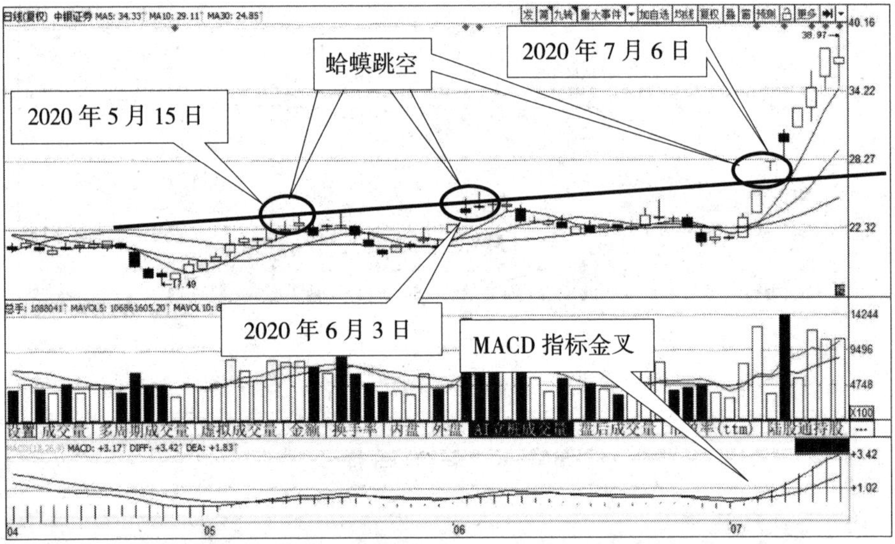

图 7-16　中银证券（601696）日 K 线走势图

2020 年 5 月 15 日，中银证券的股价创下一个短期高点后重新开始下跌。调整一段时间后再度上涨，并于 6 月 3 日突破前期高点之后再度下跌。投资者可以将两个高点用直线连接，如果之后股价跳空突破这一趋势线，就可买入该股。

2020 年 7 月 3 日，该股股价以涨停报收，并来到趋势线附近。7 月 6 日（7 月 4 日、7 月 5 日休市），该股跳空高开高走，并再度封上涨停板，此时蛤蟆跳空形态正式形成，说明股价走势较强，未来还将继续上涨。观察 MACD 指标可知：该指标此时在 0 轴上方附近位置出现黄金交叉，这也预示股价将上涨。

综合以上分析，投资者宜追涨买入该股。

利用本技巧买入股票时，需要注意两点。

第一，成交量是关键。股价每次到达高点时，成交量都应呈放大状态，每次下跌时，成交量应呈现缩量状态。

第二，股价形成蛤蟆跳空形态之后，投资者可以将止损位设置在跳空缺口上，如果股价没有跌破这一缺口，就可继续持股。

四、黄金坑

黄金坑形态特征：股价经过一段时间的横盘整理之后，展开一波下跌走势，随后股价放量反弹突破下跌起始线。如图 7-17 所示。

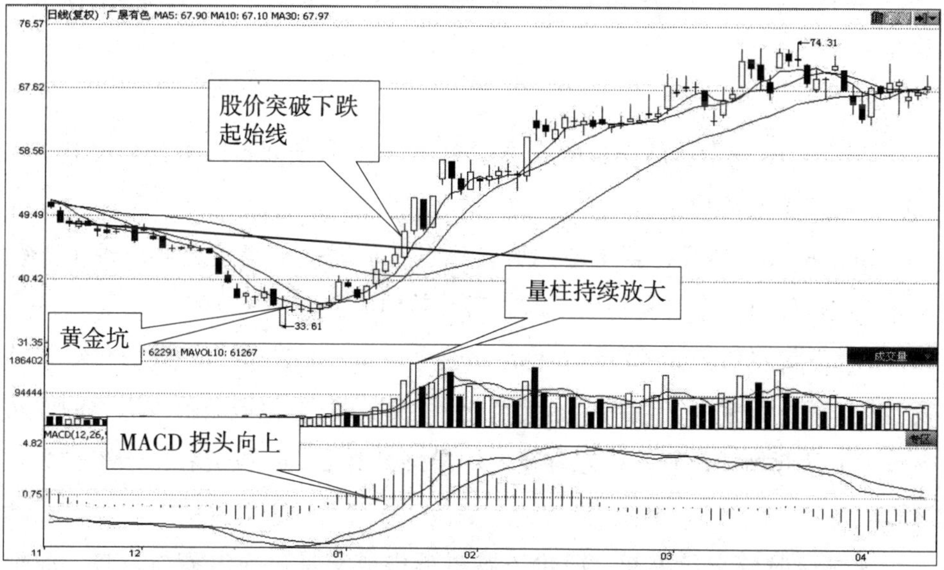

图 7-17　黄金坑形态

1. 大盘环境

（1）股价走出黄金坑前，大盘处于横盘或上涨环境中。

（2）股价上冲黄金坑下跌起始位时，大盘延续上涨行情，如果能够大幅上涨更好。

2. 技术形态

（1）股价经过较长时间的横盘整理，成交量出现萎缩态势，各条均线呈现黏合状态。

（2）某日股价启动下跌走势，经过连续数日杀跌之后出现筑底迹象。

（3）筑底完成后，股价开始缓慢上涨，成交量同步放大。

（4）股价来到下跌起始线位置时，往往会出现放量突破走势，说明股价走势趋强。

（5）股价自底部上涨时，MACD 指标如果能走出拐头向上或黄金交叉形态，则可增加股价未来上涨的可能性。

3. 最佳买点

当股价放量突破下跌起始线，并且肯定收于起始线之上时，投资者可考虑买入该股。

4. 实盘案例

如图 7–18 所示，新诺威的股价在 2020 年 3 月期间走出了黄金坑形态，说明该股未来走势趋强。

2020 年 3 月 5 日，新诺威的股价经过一段时间的盘整之后出现了下跌走势，股价经过几个交易日的下跌之后反转向上。

3 月下旬，新诺威的股价企稳后缓慢上行。3 月 22 日，该股股价放量突破多条均线，并来到了下跌起始线附近。3 月 23 日，该股股价以涨停的方式突破了下跌起始线位置，标志着黄金坑形态最终形成，投资者可于当日买入该股。

观察该股成交量可知：股价下跌过程中成交量呈现出萎缩态势，股价持续上攻时，成交量呈现持续放大态势，说明有资金持续流入该股。观察 MACD 指标可知：当股价发动上攻时，MACD 指标出现拐头向上并在 0 轴位置出现黄金交叉形态，这也是典型的买入信号。

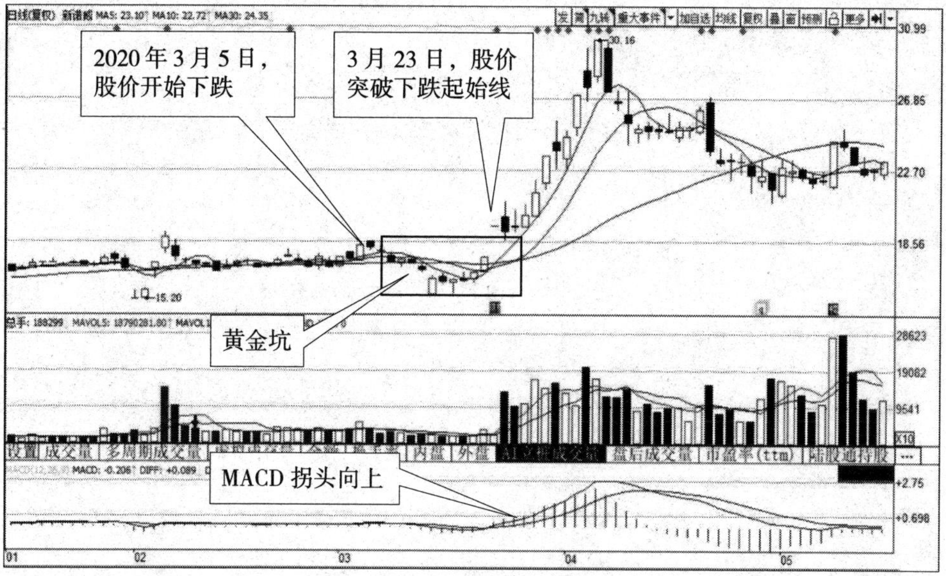

图 7-18　新诺威（300765）日 K 线走势图

利用本技巧买入股票时需注意：黄金坑又称为“散户坑”，这个坑的形成是庄家在拉升股价前，借助大盘向坏或其他利空因素进行的一次洗盘行动造成的。庄家制造黄金坑的目的，是让投资者感到股价开始破位下跌，从而卖出手中的股票。当投资者卖出手中的股票之后，庄家再反手做多，快速推动股价上涨，这时投资者想补回股票就必须追高买入，就会在一定程度上帮助庄家抬拉股价，庄家则趁机卖出股票。